Wilcox Das Turiner Grabtuch

Robert K. Wilcox

DAS TURINER GRABTUCH

Ein Beweis für die Auferstehung Jesu

Econon Verlag
Düsseldorf · Wien

Aus dem Amerikanischen übersetzt von Dr. Klaus Machold
Titel der bei Macmillan Publishing Co., Inc., New York,
erschienenen Originalausgabe: SHROUD

1. Auflage 1978

Gesetzt aus der Times der Linotype GmbH
Satz: UNI-SET GmbH, Düsseldorf
Papier: Papierfabrik Schleipen GmbH, Bad Dürkheim
Druck und Bindearbeiten: J. Ebner, Ulm
Printed in Germany
ISBN 3 430 19664 7

Für Bego,
ihre Eltern und
meine Eltern

INHALT

VORWORT

Ist das Grabtuch von Turin, das Leinentuch, in dem Jesus Christus nach der Überlieferung begraben wurde, echt? Ist es eine fromme Legende aus dem Mittelalter oder ein okkultes Phänomen, das den Beweis für die Auferstehung von Jesus liefert?

Um diese Frage zu beantworten, bin ich um die halbe Welt gereist, ich habe Sindonologen, Sindonophile und Scharlatane auf meiner Reise getroffen, und ich habe mit Experten aus einem halben Dutzend Wissenschaften gesprochen. Die Sindonologie – »Sindon« ist das griechische Wort für Leichentuch – ist ein weites Feld!

Ich bin den eigenartigsten Menschen begegnet: In London war es der »Mann mit dem Leichentuchbus«, in Südkalifornien der Bursche mit der »Leichentuchshow« und in Deutschland einer, der in der Schwarzmarktzeit nach dem Kriege von einer siebentägigen Vision von Christi Leiden und Tod wahrhaft überfallen worden war und seither nicht mehr von diesem Thema loskam. Auch den amerikanischen Priester, der sich schon 700mal selbst gekreuzigt hat, um die Auswirkungen eines solchen Vorganges auf die menschliche Anatomie zu erforschen, zähle ich ebenso zu meinen Bekannten wie den englischen Modephotographen, der mit einer Spezialtechnik dreidimensionale Photographien aus den Gesichtszügen auf dem Leichtentuch in Turin macht. Dann ist da noch der italienische Monsignore, der das Originalkruzifix nachgebaut hat, einige Nuklear- und Strahlungsphysiker, ein Nobelpreisträger aus dem Bereich der organischen und Nuklearchemie und einige Pathologen verschiedener Nationalität, die – mit ebenso frischen wie unbekannten Leichen reichlich versehen und privat ganz der Sindonologie ergeben – eine Reihe von makabren Versuchen durchführten. Nicht zu vergessen die Leute von der Eastman-Kodak-Gesellschaft in Rochester, vom FBI in Washington und vom Friedensmuseum in Hiroshima. Zu erwähnen sind schließlich noch ein Experte in Fingerabdrücken in Minnesota, ein enttäuschter Filmproduzent und ein enttäuschter König: Umberto II., seit 1946 im Exil lebend. Ihm gehört schließlich das Leichentuch von Turin.

Es ist eine seltsame und verworrene Geschichte. Die Seherin Jeane Dixon nennt das Tuch von Turin das »wichtigste okkulte Phänomen der siebziger Jahre«, und für Papst Paul VI. ist es die »wichtigste Reliquie der Christenheit«. Was ist es wirklich? Es kommt ganz darauf an, wie man die Angelegenheit betrachtet: Für den Skeptiker vielleicht einfach eine mittelalterliche Fälschung, eine fromme Malerei. Viele sind dieser Meinung, und ein englischer Jesuit und ein französischer Abbé, die beide um die Jahrhundertwende lebten, haben diese Ansicht vehement vertreten. Vehement, aber unfundiert: beide hatten das Leichentuch niemals gesehen und ignorierten alle Feststellungen von Leuten, die es gesehen und festgestellt hatten, daß nicht die geringste Farbspur auf dem Tuch zu entdecken ist. Und ein Kurator des britischen Museums behauptete, daß dieses Tuch nicht vor dem 14. Jahrhundert – auch nicht unter anderem Namen – existierte, obwohl diese Tatsache durch geschichtliche Quellen belegt ist. Und ein Mitarbeiter des renommierten amerikanischen Magazins »Scientific American« bestritt das Phänomen noch vor ein paar Jahren, obwohl bereits 40 Jahre zuvor eben dieses Magazin nach einer wohlfundierten Untersuchung an der Authentizität des Tuches von Turin nicht mehr die geringsten Zweifel gehegt hatte.

Warum? Weil nicht sein kann, was nicht sein darf? Oder soll? Darf man die Frage nach der Authentizität nicht stellen? Man sollte es doch tun. Man sollte Fragen stellen.

Etwa:

Ist dieses Leichentuch eine einmalige Erscheinung?

Wurde vor 2000 Jahren im Mittelmeerraum überhaupt Leinen in der Webeart des Turiner Tuches hergestellt?

Stammen die Abdrücke auf dem Tuch von einem menschlichen Leichnam?

Stimmt das, was aus diesem Stück Stoff über Leiden, Tod und Beisetzung herauszulesen ist, mit dem überein, was uns die Bibel darüber sagt?

Und wenn das Ganze, was ebenfalls zu untersuchen ist, eine mittelalterliche Fälschung ist: Wie hat der Fälscher das Werk vollbracht?

Und wie hoch ist die statistische Wahrscheinlichkeit, daß hier ein unbekanntes Opfer, das in gleicher Weise wie Jesus Christus zu leiden hatte, in diesem Leinentuch beigesetzt wurde?

Stellt das Bildnis, dieser seltsame Abdruck auf dem Leichentuch, auch Christus dar?

Ist der Mann im Leichentuch, ist Jesus von den Toten auferstanden?

Und schließlich: Wie ist das Abbild auf dem Leinentuch entstanden?

Eine Menge Fragen! Bevor man sich eine endgültige Ansicht bildet, sollte man sich jedenfalls mit der Angelegenheit näher auseinandersetzen. Lesen Sie bitte, was ich aus all den Büchern, Journalen und Magazinen zusammengetragen habe. Betrachten Sie die Photos, die Rekonstruktionen. Und dann treffen Sie für sich die Entscheidung: Ist das Grabtuch von Turin eine fromme Fälschung? Ein okkultes Phänomen? Oder der Beweis für die Auferstehung Jesu Christi?

MIAMI

»Das Turiner Grabtuch soll wieder ausgestellt werden? Machen Sie keine Witze!«

Ich wollte eigentlich nicht so unhöflich sein, überhaupt nicht bei einem Ferngespräch, aber es war ja wirklich unglaublich. Wir schrieben 1973, und das Leichentuch war zuletzt im Jahre 1933 ausgestellt worden. Vorher war es 1931 und davor im Jahre 1898 zu sehen.

»Aber ja!« kam es durch die Leitung. »Eine richtige öffentliche Ausstellung. Sogar mit Fernsehen!«

Frater Peter Rinaldis Stimme am Telefon zitterte ein wenig: Folge einer Kehlkopfoperation und seiner kaum verhehlten Begeisterung, als er mir diese Neuigkeit mitteilte.

»Und der Kardinal hat mir versichert, daß alle Experten, die nach Turin eingeladen werden, sich das Leichentuch ganz genau ansehen dürfen!«

Rinaldi ist auf diesem Gebiet kein Unbekannter. Bei der Ausstellung im Jahre 1933 in Turin fungierte er schon als Dolmetscher für die nicht italienisch sprechenden Besucher, und seit er in Port Chester im Staat New York als Priester wirkt, bestürmt er die zuständigen Stellen in Turin ständig mit der Bitte, das Leichentuch wieder öffentlich zu zeigen.

Seit neun Jahren bemühte er sich darum, weil er – zusammen mit vielen anderen Sindonologen – hoffte, daß es im Gefolge einer neuerlichen Ausstellung endlich zu einer entsprechenden wissenschaftlichen Untersuchung über die ganze Angelegenheit kommen mußte. Rinaldi ist ein gläubiger Mann: Er hoffte auch inbrünstig, daß eine solche Untersuchung endgültig die Echtheit des Turiner Tuches bestätigen würde.

»Wann ist es soweit?« fragte ich ihn am Telefon.

»In drei Monaten.«

Ich bin kein Sindonologe, kein wirklicher Experte, aber

ich hatte mich über zwei Jahre mit der Sache beschäftigt. »Können Sie mir eine Einladung als Experte besorgen?« fragte ich Rinaldi. Ich hatte einmal von einem Deutschen gelesen, der die Behauptung aufstellte, Christus sei nicht am Kreuz gestorben. Das Leichentuch selbst hatte mich in diesem Zusammenhang ziemlich wenig interessiert, aber die Tatsache, daß es außer der Bibel offenbar noch andere Beweise für die historische Existenz Jesu Christi gab, die faszinierte mich. Ich war damals schnell entschlossen nach Turin gefahren, besuchte dort das Zentrum für Sindonologie, interviewte alle Sindonologen, die ich in Turin und Rom auftreiben konnte, und fuhr dann nach Miami zurück. Meine vier Artikel über das Thema brachte ich dann auf der ersten Seite der »Miami News« unter, und später gingen sie sogar durch viele andere amerikanische Zeitschriften.

Am anderen Ende der Leitung war immer noch Rinaldi. »Das läßt sich machen«, sagte er ein wenig heiser. »Schreiben Sie mir einen Brief, aus dem hervorgeht daß Sie über die Angelegenheit in Ihrer Zeitung berichten wollen.«

Das Turiner Grabtuch ist etwa 426 cm lang und 106 cm breit und besteht aus gelblichem Leinen. Im Jahre 1532 geriet es bei einer öffentlichen Ausstellung in Brand. Die Folgen sind noch heute zu sehen: Brandflekken an der Seite und eingetrocknete Spuren von Löschwasser sind auch mit dem freien Auge leicht zu erkennen.

Wesentlich interessanter sind die auf dem Tuch klar erkennbaren Konturen einer menschlichen Gestalt in einem leichten Braunton. Aus der Nähe ist nicht viel zu sehen, tritt man aber ein Stück zurück, kann man es deutlich erkennen: Es ist die Vorder- und Rückansicht eines Mannes. Es sieht aus, als wäre er zunächst mit dem Rücken auf das Tuch gelegt worden und dann vom Kopf her von oben mit dem Tuch bedeckt worden. Nicht eingeschnürt wie eine Mumie, sondern einfach zugedeckt.

Der im 16. Jahrhundert lebende Künstler Giulio Clovio malte das Leichentuch vor und nach der Auferstehung Christi. Die Körperabdrücke sind deutlich erkennbar. (HSG)

Das Gesicht wirkt grotesk, irgendwie eulenhaft, die Augen sind weit geöffnet und scheinen ins Leere zu starren. Auch sie sind irgendwie grotesk, wie runde Knopflöcher. Dann eine lange und dünne Nase, einfach ein Strich in der Mitte des Gesichts. Darunter der Mund: Wie ein Schmutzfleck auf dem Stoff. Grobes und ungepflegtes Haar, in Strähnen bis zum Nacken herabhängend. Und ein unerklärlicher Zwischenraum zwischen den Haarsträhnen und den Seiten des Kopfes.

Die Füße kann man auf der Vorderansicht kaum erkennen, und die Beine sind dünne Stäbchen, die vom Rumpf nach unten ragen. Schenkel, Knie und Schienbeine sind aber zu sehen, die Hände liegen gefaltet über den Lenden, und auch Magen, Brust und Arme sind auf der Vorderansicht genau auszumachen. Hinterkopf, Schultern und Gesäßbacken heben sich auf der Rückansicht deutlich vom Stoff ab.

Und Blutspuren sind überall. Größere Tropfen unter dem Haaransatz rühren offenbar von durch dornenähnliche Gegenstände verursachten Wunden her. Auch am ganzen Körper finden sich feine Blutspuren: als wäre der Mann im Tuch gegeißelt worden. Über den Händen gibt es große Blutflecken, und kleine Blutfäden finden sich an den Armen: hier drangen Nägel durch Fleisch und Knochen. Und auch eine Seitenwunde ist vorhanden. Das Blut muß sich dort um den Einstich gesammelt haben und dann am Körper heruntergelaufen sein.

Im Jahre 1898 machte Secondo Pia, ein italienischer Photograph, die ersten Aufnahmen vom Turiner Leichentuch. Als er die belichteten Platten aus der Wanne mit den Chemikalien hob und sie in das rötliche Licht hielt, das seine Dunkelkammer spärlich erhellte, konnte er wohl seine Überraschung kaum unterdrücken: auf dem Negativ erschien ein anderes Bild, als er es zuvor gesehen hatte. Nicht die eulenhaften Konturen eines Gesichtes, sondern ein wohlgelungenes Porträt. Die Augen waren geschlossen, der Mund war voll und gut gebildet, und ein Vollbart umrahmte das Gesicht. Die Nase war lang und schmal, ihre Flügel lagen im Schatten, und das Haar erschien zwischen den Strähnen geronnenen Blutes glatt und voll.

Was Pia vor sich auf dem photographischen Negativ erblickte, war in Wirklichkeit ein positives Bild. Also, schloß er, war der Abdruck auf dem Tuch tatsächlich ein Negativbild. Wie es auf das leinerne Tuch gekommen sein mochte, wußte der Photograph natürlich nicht. Aber eines schien klar: falls der Mann Jesus Christus war, hatte er nicht nur sein Bild auf dem Leichentuch zurückgelassen, sondern auch die ganze Geschichte seiner Passion und seines Todes.

Auf dem Weg nach Europa

Vor meiner Abreise aus Miami stopfte ich alles in meine Reisetasche, was ich an Zeitungsausschnitten, Artikeln und Büchern über das Leichentuch besaß. Während der Reise würde ich Zeit zum Studium haben, und wenn ich wieder über diese Angelegenheit schrieb, mußte es wirklich fundiert sein: ich mußte jedes Detail über die Geschichte und alle Theorien über die Entstehung des Turiner Tuches kennen.

Zunächst sah ich mir einmal an, wie die Öffentlichkeit seinerzeit auf Pias Photographien reagiert hatte.

»Die Wirkung der Photographie ist unglaublich« schrieb der Turiner »Corriere Nazionale«. »Sie ist von unzerstörbarem historischem, wissenschaftlichem und religiösem Wert.«

Ein Korrespondent des Londoner »Daily Telegraph« berichtete, daß sich die Meldung über das sensationelle Ereignis »wie ein Lauffeuer in Turin verbreitet habe.«

Der Genueser »Cittadino« sprach vom »unverlierbaren Eindruck«, den das Photo machte.

»Ein wunderbares Ereignis« stellte der »Osservatore Romano« in seinem Artikel fest, der als offizielle Stellungnahme um die ganze Welt ging.

Es gab allerdings nicht nur positive Reaktionen: »Es wäre interessant, einmal die anderen von Herrn Pia hergestellten Negative zu sehen«, meinte eine französische Fachzeitschrift für Photographie etwas skeptisch. Und weiter: »Erst dann könnte man wirklich verläßlich sagen, ob diese Negative ebenso aussehen. Wenn nicht, dann handelt es sich hier nämlich entweder um einen Zufall oder um eine optische Täuschung.«

Ähnliche Zweifel wurden später immer wieder geäußert, aber mindestens drei andere Personen hatten 1898 ebenfalls photographische Aufnahmen vom Leichentuch gemacht, und alle Aufnahmen brachten grundsätzlich das gleiche Ergebnis.

Am 3. Mai 1931 begann eine für 21 Tage angesetze Ausstellung des Leichentuches in Turin. Zwei Millionen Menschen sollten in diesen Tagen das Tuch in der Sankt-Johannes-Kathedrale in Turin sehen.

Damals gab Giuseppe Enrie das italienische Photomagazin »Vita Photographica Italiana« heraus. Als nach dem ersten Ausstellungstag die großen Kirchentore um 22.30 Uhr geschlossen wurden, begab sich Enrie zum Hauptaltar der Kathedrale: er sollte das Leichentuch photographieren. Zwei Stunden hatte er Zeit für diese Aufgabe.

Das Tuch hing in einem vergoldeten Rahmen über dem Hauptaltar, so aber konnte es Enrie nicht photographieren. Er ließ das Tuch zunächst von seiner Halterung über dem Altar abnehmen. Kardinal Fossati, der Erzbischof von Turin, überwachte den Vorgang: einige auf dem Altar stehende Prälaten lösten zunächst die Halteschrauben, an denen der Rahmen hing, und reichten ihn dann vorsichtig an einige Priester herunter, die den Rahmen zu Füßen des Hauptaltars aufstellten. Das dauerte etwa eine Viertelstunde.

Da sich in der Kopf- und Kinngegend einige stärkere Falten gebildet hatten, löste Kardinal Fossati den Stoff vom Rahmen und versuchte das Leinen zu glätten. Vergeblich. Die Falten bildeten sich immer wieder. Auch Frater Antonio Tonelli, der als Textilexperte galt, versuchte als nächster ohne Erfolg sein Glück: wieder vergingen 15 Minuten. Enrie wurde langsam ungeduldig, er hatte Lampen und photographisches Gerät schon aufgebaut und wollte endlich beginnen. Mit einem Achselzukken gab Fossati schließlich das Zeichen.

Der Photograph stellte die Kamera zunächst auf die Brandflecken ein, da sie am leichtesten zu erkennen waren. Dann überprüfte er das Sucherbild genau mit einem Vergrößerungsglas, bevor er mit den Aufnahmen begann. Er machte eine Zeitaufnahme: nach neun Minuten war er fertig, nahm die belichteten Platten aus seiner Kamera und begab sich damit eilig in die Sakristei, wo man ihm eine provisorische Dunkelkammer eingerichtet hatte.

Neben zwei anderen Mitarbeitern half auch der mittlerweile 76 Jahre alte Secondo Pia bei der Entwicklung der Photos. 160 Sekunden blieben die Platten im Säurebad. Dann hörte man Pia rufen: »Es ist dasselbe.« Er hatte recht: Was da durch die Entwicklerflüssigkeit schimmerte, war das Porträt, das er so genau kannte – nur klarer und schärfer diesmal. Enrie hob die Platte aus der Wanne und hielt sie gegen das Licht. Kein Zweifel! Wieder ein Positiv, das eigentlich ein Negativ war. Enrie und seine Leute eilten in das Hauptschiff der Kathedrale zurück und präsentierten die entwickelte Aufnahme dem Kardinal und den anderen Geistlichen.

Das Leichentuch in der Johanneskathedrale in Turin. Die Aufnahme wurde während der Ausstellung der Reliquie im Jahre 1931 gemacht. (HSG)

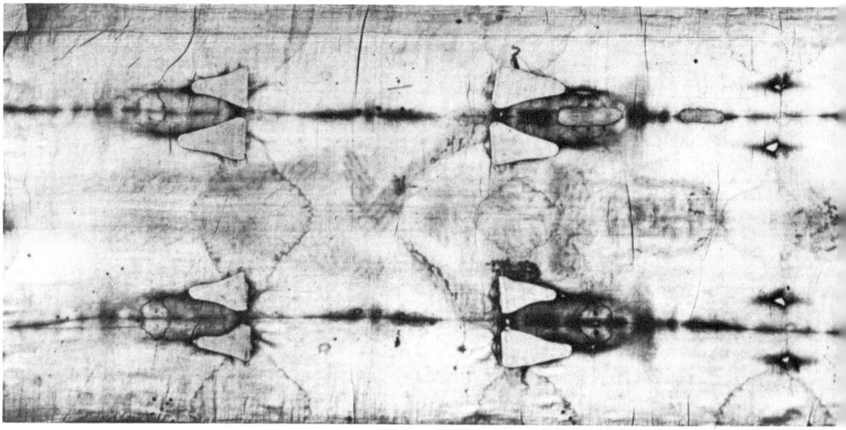

Oben: So sieht das menschliche Auge das Leichentuch
Unten: . . . und so erscheint das Abbild auf dem Filmnegativ. Die technisch perfekte Aufnahme wurde von Giuseppe Enrie im Jahre 1931 angefertigt. (HSG)

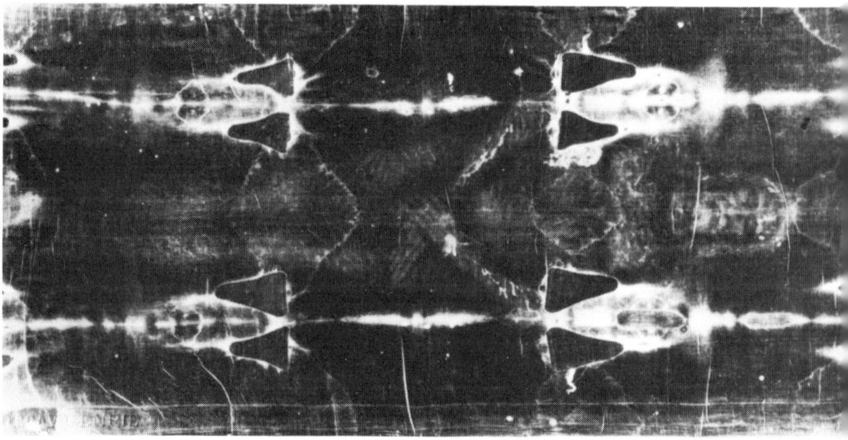

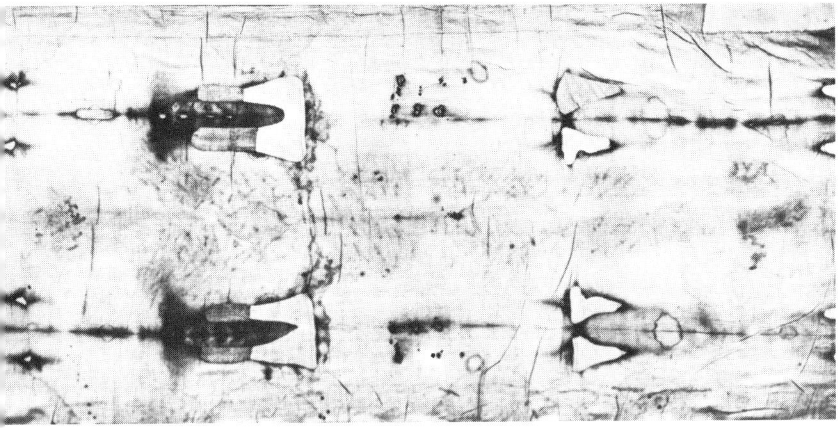

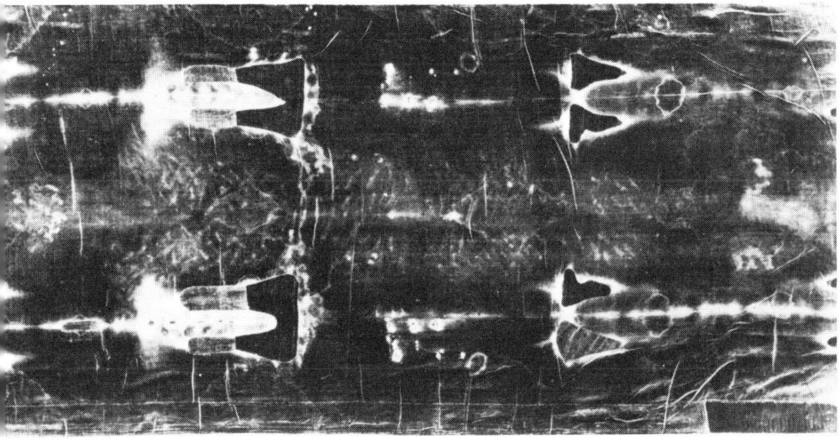

Bis 0.30 Uhr machte Enrie noch weitere sechs Aufnahmen, entwickelte sie zusammen mit seinen Helfern noch in derselben Nacht und legte sie um 10 Uhr am nächsten Vormittag dem Kardinal vor. Sechs Tage später standen die Aufnahmen mit einem offiziellen Stempel, der ihre Vervielfältigung autorisierte, wieder zur Verfügung. Die Photos gingen um die Welt.

Am 19. Mai machte Enrie neuerlich drei Aufnahmen vom Tuch, das wieder in seinem verglasten Rahmen über dem Altar befestigt worden war. Im Gegensatz zu den ersten Aufnahmen handelte es sich jetzt um Detailbilder: Enrie photographierte jeweils ein Drittel des Tuches, und die Photos ergaben schließlich gemeinsam eine Totalansicht, die ebenfalls kirchlich autorisiert wurde.

Am Abend des 22. Mai photographierte Enrie das Leichentuch nochmals. Diesmal fertigte er drei Detailbilder an: eines vom Kopf, eines von Rücken und Schultern und schließlich – mit siebenfacher Vergrößerung – eine Aufnahme der Wunde am Handgelenk. Die Glasplatte wurde zu diesem Zweck vom Tuch entfernt.

Da man Pia seinerzeit immer wieder vorgeworfen hatte, daß er seine im Jahre 1898 gemachten Bilder verfälscht habe, war Enrie schon vorsichtiger: er ließ seine photographischen Platten von fünf Berufsphotographen untersuchen. Diese bestätigten anschließend in einer eidesstattlichen Erklärung, daß nichts retouchiert worden war und daß die Bilder genau das darstellten, was auf dem Leichentuch tatsächlich zu sehen war.

In der Folge wurden durch die zuständigen kirchlichen Stellen offiziell Pias alte Aufnahmen durch die Bilder Enries ersetzt, und die Gerüchte und Beschuldigungen über irgendwelche zweifelhafte Vorgänge in der photographischen Dunkelkammer sind seither verstummt.

LISSABON

Umberto vom Hause Savoyen, 1931 Kronprinz von Italien und eigentlich noch immer König dieses Landes, lebt heute in Portugal in der Nähe von Lissabon im Exil. Da das Turiner Leichentuch schon seit einigen Jahrhunderten im Eigentum des Hauses Savoyen steht, nahm ich an, daß Umberto einiges darüber wissen sollte, eigentlich sogar mehr als alle anderen. Mich interessierte besonders, wem das Tuch eigentlich derzeit gehörte. Pater Rinaldi hatte für mich das Gespräch arrangiert.

Umberto von Savoyen lebt in Cascais, einem hübschen kleinen Fischerdorf etwa 80 Kilometer von Lissabon entfernt. Wenn man über die schmale Brücke im Norden der Bucht fährt, wo immer die kleinen Segelboote der Fischer schaukeln, kommt man bald zu einem zweistöckigen Landhaus, das direkt über der Atlantikküste liegt. »Villa Italia« steht auf einer steinernen Umfassungsmauer. Der Name ist passend: König Humbert wohnt hier. Ich fuhr durch das offene Eingangstor über einen gepflegten Kiesweg bis direkt vor den Hauseingang. Ein Diener öffnete die schwere hölzerne Eingangstür und führte mich durch den hohen Vorraum in eine Art von Empfangszimmer. Gleich darauf erschien der Sekretär des Königs, wechselte einige Worte mit jemandem, den ich nicht sehen konnte und bat mich, ihm zu folgen.

»Wie geht es Pater Rinaldi?« fragte mich der König. Er sprach englisch. Ich hatte Humbert von den Photos her, auf denen er meist neben seinem Vater stand, immer als eher kleingewachsen in Erinnerung gehabt. Aber jetzt wirkte der Kronprinz von damals größer, und ich hätte ihm auch nicht die siebzig Jahre gegeben, die er mittlerweile alt geworden war. Der König hob grüßend die Hand. Dann setzten wir uns an einen massiven Schreibtisch in der Mitte des Raumes. An den Wänden hingen Ahnenporträts, und der

Umberto II. von Savoyen. Das Photo wurde im Jahre 1973 in seinem portugiesischen Exil aufgenommen. (RKW)

Schreibtisch war voll mit Papieren und Dokumenten: er schreibe gerade an seinen Memoiren, erklärte Humbert dazu.

Als ich meinen Kassettenrecorder aus der Tasche zog, winkte der König ab: keine Tonbandaufnahmen! Aber ich könne mir natürlich genaue Notizen machen.

Zunächst unterhielten wir uns über die Ausstellung, die der König selbst besucht hatte, und darüber, was er über frühere Ausstellungen wußte. So hatte zum Beispiel Prinzessin Clothilde (1843–1911) vor der Ausstellung von 1898 mit eigener Hand und auf den Knien liegend die verschlissene Rückseite des Leichentuches geflickt: so angesehen und hochverehrt war das Tuch im Hause Savoyen.

Im Jahre 1933 hatte die »New York Times« geschrieben, daß es eine alte Familienüberlieferung bei den Savoyern gebe, nach der das Haus so lange nicht fallen werde, wie es das Leichentuch in seinem Eigentum habe. Aber das konnte nicht stimmen: bei der Volksabstimmung im Jahre 1946 hatten sich die Italiener gegen die Monarchie und für die Republik entschieden. Ich erzählte die Geschichte dem König, aber er wußte nichts von der angeblichen Familienüberlieferung.

Das Turiner Tuch wurde immer nur zu besonderen Anlässen gezeigt, meist zu bestimmten Familienfeiern der Savoyer: 1898 war es die Hochzeit von Humberts Vater Emmanuel III. gewesen, 1931 hatte Humbert selbst geheiratet, und 1933 wurde das Tuch anläßlich des Todes und der Auferstehung Christi vor 1900 Jahren wieder öffentlich ausgestellt. Öfter, meinte Humbert, solle man Ausstellungen auch nicht machen, weil die Menschen sonst nichts Besonderes mehr daran fänden.

»Wer verfügt jetzt über das Leichentuch?« fragte ich ihn.

»Früher, bevor ich Turin verlassen hatte«, sagte Humbert, »war es Sache der Familie. Natürlich besprach man sich auch mit dem Papst. Im Zweiten Weltkrieg ließ mein

Vater die Reliquie nach Süditalien bringen, da sie dort der Bombengefahr weniger ausgesetzt war. Nach Kriegsende habe ich das Tuch wieder persönlich nach Turin schaffen lassen, und als ich Italien verließ, habe ich die Verantwortung dafür dem Erzbischof von Turin übertragen. Ich bin ja jetzt nicht mehr hier, habe ich zu ihm gesagt, und Sie werden wohl am besten wissen, was damit weiter geschehen soll! Dabei ist es auch geblieben: der Erzbischof trifft alle Entscheidungen.«

Der König meinte dann, er persönlich sei sehr dafür, daß wissenschaftliche Untersuchungen durchgeführt würden, aber die Initiative dazu müsse aus Turin kommen. Außerdem sei es auch eine Sicherheitsfrage: in den letzten Monaten hätten unbekannte Täter das Leichentuch zweimal aus der Kathedrale zu stehlen versucht, und erst auf Grund dieser Vorgänge sei anschließend endlich ein entsprechendes Alarmsystem eingebaut worden.

Wir hatten etwa eine halbe Stunde geplaudert, und jetzt schienen schon andere auf eine Audienz zu warten, man hörte das Gemurmel aus dem Vorraum. »Es tut mir sehr leid«, sagte der Sekretär des Königs, »aber andere warten schon.« Humbert erhob sich, und ich dankte ihm für das Gespräch. Als ich den Raum verließ, betraten ihn vier äußerst gut gekleidete Herren, näherten sich dem Ex-König und küßten ihm die Hand. Im Hinausgehen hörte ich noch, wie sie zu ihm sagten, daß sie wünschten, er wäre noch König von Italien...

Als ich mich später im Wagen nochmals umwendete, stand Humbert auf den Stufen vor dem Eingang zur Villa und ließ sich gerade photographieren.

Im Jahre 1932 bekam ein gewisser Dr. Pierre Barbet die Aufnahmen Enries zu Gesicht. Ein Freund Barbets, der die Ausstellung im vorangegangenen Jahr gesehen hatte, wollte eine fachmännische Meinung zur Anatomie der Figur auf dem Leichentuch hören: Barbet arbeitete als Chirurg im St.-Joseph-Krankenhaus in Paris. Der Chirurg zeigte sich von den Photos ziemlich beeindruckt. Die Blutspuren ließen tatsächlich auf eine Kreuzigung schließen, aber es war natürlich nur eine Vermutung. Um sicherzugehen, gab es nur eine Methode: man mußte jemanden kreuzigen!

Dr. Barbet war ein Mann der Tat: im St.-Joseph-Spital gab es immer wieder unbekannte Leichen, nach denen niemand fragte. Nach Ablauf von 24 Stunden ab Eintritt des Todes durfte Barbet mit ihnen experimentieren.

Ein großes Kreuz gab es im Spital: aufrecht stehend, zweieinhalb Meter hoch, der Querbalken war etwa 35 Zentimeter unter dem oberen Ende angebracht...

Am Beginn seiner Arbeit legte der Chirurg das Kreuz flach auf den Boden. Dann hob er eine frische Leiche darauf. Nahm die Arme und spannte sie über den Querbalken aus. Mit einem Schlage trieb er einen Nagel durch das eine Handgelenk in das Holz, dann durchbohrte ein zweiter, den römischen Originalen möglichst genau nachgebildeter massiver Nagel mit quadratischem Querschnitt das andere Handgelenk. Als nächstes folgte ein Nagel mitten durch den linken Fuß. Dann preßte Barbet die rechte Fußsohle flach gegen das Holz des Kreuzes, legte den linken Fuß auf den rechten und trieb den Nagel tief ins Holz.

Jetzt wurde das große Kreuz vorsichtig angehoben, bis es aufrecht stand. Langsam glitt das untere Ende in die massive Halterung auf dem Boden. Blieb der Tote auf dem Kreuz? Dr. Barbet blickte nach oben: der Körper sank langsam etwa 25 Zentimeter herab, und der Brustkorb dehnte sich mächtig aus, als wollte der Gekreuzigte einen tiefen Seufzer tun. Der Kopf fiel nach vorne, bis das Kinn auf der Brust lag, und die Knie klappten nach außen. Dann kam der tote Körper zur Ruhe.

Barbet verfaßte einen schriftlichen Bericht über die physiologische Seite des Versuches und gab ihn später an Charles Villandre weiter. Villandre war Arzt und Bildhauer. Er verwertete die Angaben Barbets fachgerecht und schuf später eine Skulptur des Gekreuzigten, die durch ihren Realismus allgemeines Aufsehen erregte.

TURIN

Als ich in Turin ankam, lag noch Schnee in den Alpen. Nachdem ich mich etwas aufgewärmt hatte, entschied ich mich, zunächst einmal das erzbischöfliche Ordinariat zu besuchen: Ich wollte mich mit Kardinal Michele Pellegrino, dem Nachfolger von Kardinal Fossati, unterhalten und bei dieser Gelegenheit alles Material bekommen, das man für die ausländischen Journalisten sicher schon vorbereitet hatte.

Im Ordinariatsgebäude fiel mir zunächst die Ruhe auf, die dort herrschte: keine Spur von Aktivität. 40 Jahre war es her, seit man das Leichentuch zuletzt öffentlich ausgestellt hatte. Nachdem man sich jetzt wieder zu einer Ausstellung entschlossen hatte, tat die Erzdiözese, was sie in diesem Zusammenhang für nötig hielt: Kommissionen wurden gebildet, Presseerklärungen abgegeben und Messen gelesen. Außerdem wurde eine Bewachungsfirma für die Ausstellung unter Vertrag genommen. Das war vor einem Monat gewesen. Jetzt aber, einige Tage vor der Eröffnung, gab es keinerlei Unterlagen mehr im Ordinariat. Was an Gedrucktem zu bekommen war, war in italienischer Sprache geschrieben. Ich beherrsche das Italienische nicht, und im Ordinariat sprach niemand englisch.

Also ging ich zum Hotel zurück und kam mit einem Dolmetscher wieder. Es lohnte sich kaum: ich erfuhr nur, daß es am Tage vor der Eröffnung der Ausstellung eine Pressekonferenz geben sollte. Ja, im Laufe der Woche könnte ich vielleicht mit dem Kardinal sprechen. Jetzt nicht. Nur der Kardinal oder sein offizieller Sprecher wüßten die Details.

Mein Dolmetscher war eine ältere Dame. Sie konnte sicherlich mit Touristen umgehen, aber für Interviews war sie nicht geeignet. Wenn sie nur ausweichende oder gar keine Antworten auf ihre Fragen bekam, nahm sie es hin. Also gab ich es für den Augenblick auf und beschloß, ins Hotel »Ambasciatori« zurückzukehren, um noch in den Büchern und Artikeln, die ich mitgenommen hatte, über das Grabtuch nachzulesen.

Im Jahre 1939 war in Turin ein Sindonologenkongreß abgehalten worden. Eines der Themen, über das sich die Fachleute dabei unterhielten, war das Begräbnis Christi gewesen. Wurde er in aller Eile beigesetzt, oder war Zeit genug für ein ordentliches Begräbnis? Eine wichtige Frage auch im Zusammenhang mit dem Bildnis auf dem Leichentuch: war der Leichnam nicht gewaschen worden, konnte vielleicht der am ganzen Körper befindliche Todesschweiß zum Entstehen des Abbildes geführt haben. War der Körper den jüdischen Begräbnisriten entsprechend aber gesalbt worden, hatten möglicherweise die verschiedenen Ingredienzien zur Entstehung des Abdruckes geführt.

Man beschränkte sich allerdings nicht nur auf bloße Diskussionen. Schon vor dem Kongreß hatten zwei italienische Pathologen praktische Versuche durchgeführt. Sie hatten die Gesichter verschiedener Leichen mit Myrrhe, Terpentin, Olivenöl und sogar mit Tierblut bestrichen und sodann versucht, entsprechende Abdrücke auf Leinentücher zu übertragen.

»L'Italia«, eine in Turin erscheinende Zeitung, berichtete darüber: »Professor Romanese von der königlichen Universität in Turin und Professor Judica-Cordiglia von der Mailänder königlichen Universität haben auf diese Weise auf Stoffen, die etwa der Art des Leichentuches entsprechen, sehr interessante Abdrücke hergestellt. Bis zum gegenwärtigen Zeitpunkt bleiben allerdings Vollendung und Schönheit des Originales unübertroffen, aber man darf hoffen, daß hier ein Weg eingeschlagen wurde, der in Zukunft großen Erfolg bringen kann.«

In dem 1941 erschienenen offiziellen Abschlußbericht des Sindonologenkongresses von 1939 wurden Romanese und Judica-Cordiglia als »Bahnbrecher« auf ihrem Gebiete bezeichnet. Das war geschmeichelt: die von den beiden Professoren durch Kontaktabdruck hergestellten »Porträts« waren qualitativ in keiner Weise mit dem Bildnis auf dem Turiner Leichentuch vergleichbar.

Ich ließ mich durch mein erstes mißglücktes Interview nicht entmutigen. Schon am Dienstag der folgenden Woche saß ich frühmorgens in dem kleinen Raum, der an die Grabtuchkapelle anschloß, und wartete auf Monsignore Cottino. Diesmal hatte ich eine bessere Dolmetscherin mitgebracht. Dann kam Monsignore Cottino. Gleich bei der Begrüßung erklärte mir Monsignore Cottino, daß seine Zeit beschränkt sei und ich mich möglichst kurz fassen sollte.

»Zu welchen Ergebnissen ist die im Jahre 1969 eingesetzte geheime Untersuchungskommission für das Grabtuch gekommen?« fragte ich ihn.

»Es gibt keine anderen Untersuchungsergebnisse als die bereits im Jahre 1970 bekanntgegebenen«, antwortete er mir. »Und die kennen Sie ja bereits sicherlich. Die Kommissionsmitglieder hatten nur den Erhaltungszustand des Leichentuches zu untersuchen, sonst nichts. Außerdem hat der dafür Verantwortliche entschieden, daß das Tuch nicht einer Untersuchung nach der ›Kohlenstoff-14-Methode‹ unterzogen werden soll.«

»Warum?«

»Weil«, erklärte Cottino, »durch diese Untersuchung das Tuch Schaden nehmen würde. Wie Sie sicherlich wissen, muß bei dieser Methode ein Teil des zu untersuchenden Materials verbrannt werden. Das ist hier unmöglich. Außerdem bringt der ›C-14-Test‹ auch keine verläßlichen Ergebnisse. Man kann das Alter des Untersuchungsobjektes nur mit einer Genauigkeit von ungefähr plus oder minus 200 Jahren feststellen, aber selbst das im vorliegenden Falle nicht mit Sicherheit: das Leichentuch ist, wie Ihnen bekannt sein wird, zumindest zweimal beinahe bei Bränden zerstört worden. Der Karbongehalt muß also seinem tatsächlichen Alter gar nicht mehr entsprechen. ›C-14‹ ist eine geeignete Untersuchungsmethode für Dinge, die geschützt im Erdboden oder in Höhlen verborgen aufbewahrt waren, nicht aber für Objekte wie das Leichentuch, für das diese Gegebenheiten ja in keiner Weise zutreffen.«

Ich bohrte weiter: »Sind Sie sicher, daß das die einzigen bemerkenswerten Ergebnisse waren, zu denen die Kommission nach ihrer dreitägigen Untersuchungstätigkeit gekommen ist?«

»Absolut«, entgegnete der Priester, »andere Ergebnisse gibt es nicht. Aber bedenken Sie bitte, daß ich Ihnen im Zusammenhang mit dem Leichentuch nur anstehende religiöse Fragen beantworten kann. Über die Kommission weiß nur der Kardinal selbst Bescheid!«

»Aber Sie sind doch selber eines der Kommissionsmitglieder gewesen«, konterte ich.

Monsignore Cottino blieb hart: »Über die Kommission kann ich Ihnen nichts sagen. Aber wenn Sie Fragen zur kommenden Ausstellung haben, will ich sie gerne zu beantworten versuchen. Vielleicht kann ich Ihnen da weiterhelfen.«

Ich gab noch nicht auf: »Ich wüßte aber doch gerne die Namen der Kommissionsmitglieder.« Cottinos verbindliches Lächeln verschwand allmählich. Schon etwas irritiert erklärte er: »Nach unserer Ansicht ist es doch besser, wenn die Kommissionsmitglieder bis zur Beendigung ihrer Tätigkeit unbekannt bleiben. Das erleichtert ihre Aufgabe, denn wir glauben, daß vorzeitige große Diskussionen in der Öffentlichkeit die Arbeiten nur erschweren könnten.«

Hier war also im Augenblick offenbar nichts zu machen. Wir redeten uns nur sinnlos in eine ebenso aussichtslose wie hitzige Debatte, der überdies meine Dolmetscherin nur mehr mühsam folgen konnte. Ich wechselte das Thema und kam auf die bevorstehende Ausstellung zu sprechen.

Jetzt wurde Monsignore Cottino wesentlich aufgeschlossener. Der Zweck der Ausstellung, sagte er, sei es, die Menschen mit dem Geschehen um das Leichentuch vertrauter zu machen. Aus diesem Grunde werde man sogar das Fernsehen beiziehen: Millionen Italiener könnten dann das Leichentuch auf ihren Fernsehschirmen sehen. Die Kirche erhoffe sich davon eine Stärkung der Gläubigkeit, und außerdem habe das Ganze auch eine politische Testfunktion. »Das Grabtuch«, erklärte Cottino, »war in Italien immer ein Symbol für die Monarchie, besonders in der unmittelbaren Nachkriegszeit.«

Geschichtliche Fragen zum Leichentuch wollte Cottino nicht beantworten, aber er verwies mich diesbezüglich an Frater Piero Coero-Borga, angeblich eine Kapazität auf diesem Gebiet. Coero-Borga hatte ein im Jahre 1961 von der »Konfraternität des Turiner Grabtuches« veröffentlichtes Buch mit dem Titel »Das Heilige Grabtuch von Turin« geschrieben und war Sekretär des »Sindonologischen Zentrums«, des hiesigen Grabtuchmuseums in der Stadt.

In vielen Fragen wich mir Cottino also aus. Ausweichen und geschickt taktieren – hier hatte sich Monsignore Cottino wohl Kardinal Fossati als Vorbild genommen: Während des Zweiten Weltkrieges hatten die deutschen Verbündeten wiederholt lebhaftes Interesse am Leichentuch gezeigt. Sie führten dafür wissenschaftliche und religiöse Gründe an, aber Kardinal Fossati traute ihnen offenbar nicht ganz, denn er ließ das Tuch von seinem üblichen Aufbewahrungsort über dem Altar der Grabtuchkapelle entfernen und sorgte dafür, daß es nach Avellino, etwa 225 Kilometer südlich von Rom, gebracht wurde. Seit dem 12. Jahrhundert liegt hoch über Avellino und von dort nur auf unbefestigten Wegen zu erreichen eine alte Steinfestung, aus der die Benediktiner später das Kloster von Monte Vergine machten. Dorthin gelangte das Grabtuch durch Auftrag von Fossati, wurde in ein großes hölzernes Behältnis gelegt und anschließend unter dem Hauptaltar der Klosterkapelle sicher aufbewahrt. Im Falle eines Bombenangriffs sollten die Mönche das Tuch tief im Berginneren in Sicherheit bringen.

1945 war der Zweite Weltkrieg zu Ende und das Leichentuch hatte alle Fährnisse in Monte Vergine sicher überstanden. Ein Jahr später ließ Kardinal Fossati zum Dank und zur Ehre der fürsorglichen Mönche das Leichentuch in Monte Vergine vor den Brüdern und nur wenigen geladenen Gästen im Kloster ausstellen.

Frater Coero-Borga erwartete mich schon am Tor des Grabtuchmuseums. Er hatte wenig von einem Mönch an sich, eher wirkte er auf mich wie ein Geschäftsmann. Wie schon Cottino vor ihm, hatte auch er nur wenig Zeit: die Ausstellung stand unmittelbar bevor, und die Vorbereitungen dafür ließen ihm beinahe keine freie Minute mehr. Aber trotzdem nahm er sich Zeit und Mühe, mich und meine Übersetzerin im Museum umherzuführen. Das Museum war nicht groß, eigentlich nur ein einziger größerer Raum, der eines von mehreren um einen kleinen gepflasterten viereckigen Hof angeordneten Gebäuden in Anspruch nahm. Nicht mehr als einige Ausstellungstische und Wandregale voll mit Erinnerungsstücken an die Geschichte des Grabtuches. In einer Ecke stand das auffallendste Objekt – die Originalkamera von Secondo Pia, mit der er 1898 die ersten Bilder vom Leichentuch gemacht hatte. Beinahe rührend sah sie aus: wie eine sorgfältig gezimmerte und lakkierte große Hundehütte auf Stelzen. Auf einem großen Tisch in der Mitte des Raumes lagen dicke Bände voll mit Zeitungsausschnitten zurück bis zum Jahre 1900, und an den Wänden hingen Bilder von Persönlichkeiten, die mit dem Turiner Tuch in Zusammenhang standen, bis auf wenige Ausnahmen waren es ausschließlich Italiener.

Nach der Führung gingen wir zu dritt in Coeros Büro. Auch hier wieder ein Schreibtisch voll mit Korrespondenz: Briefe und Anfragen von Interessierten aus aller Welt. Als Kurator des Museums und Verantwortlicher für alle offiziellen Aussendungen über das Leichentuch mußte Coero alle Schriftstücke beantworten. Wir setzten uns, und ich kam auf die geheime Untersuchungskommisison zu sprechen: wer waren die Mitglieder?

»Ich würde es Ihnen ja gerne sagen«, meinte Coero, »aber ich darf nicht. Es sind hier alle eidlich zur Geheimhaltung verpflichtet. Aber – lesen Sie die Zeitungen hier. Vielleicht erfahren Sie dann mehr!« Mit diesen Worten reichte er mir eine Anzahl von Zeitungsausschnitten herüber und machte sich dann wieder an die Erledigung seiner Korrespondenz. Ich arbeitete mich mit Hilfe der Dolmetscherin durch die Zeitungsnotizen und suchte dabei besonders nach irgendwelchen Details über das Leichentuch, über die nur ein Mitglied der Kommission hätte schreiben können, weil einem Außenstehenden einfach gewisse Detailkenntnisse fehlen mußten. Auf diese Weise und auch aus anderen mir ebenfalls zur Verfügung stehenden Unterlagen stellte ich dann eine Liste von vermutlichen Kommissionsmitgliedern zusammen. Einige Namen bestätigten sich im Laufe der Zeit tatsächlich als richtig, andere blieben Vermutung.

Coero blickte von seinem Schreibtisch auf. »Wissen Sie«, sagte er, »die Kommission hat nichts Neues gefunden. Für diese Leute ist ja alles schon vollständig geklärt, aber sie leben in Wirklichkeit alle in der Vergangenheit: die dreißiger Jahre – das war die ganz große Zeit für sie. Etwas Neues nachher gibt es daher auch für sie nicht. Ich kann mir dagegen nicht vorstellen, daß jemand im Jahre 1969 das Leichentuch neuerlich untersucht und dabei keine neuen Entdeckungen macht!«

»Die Erzdiözese«, setzte er fort, »wollte erlauben, daß einige Wissenschaftler unter den Kommissionsmitgliedern ein Stück des Leichentuches herausschnitten, damit man einmal die Blutflecken wirklich objektiv untersuchen könnte. Aber die Wissenschaftler konnten sich nicht einmal über die Untersuchungsmethode einigen. Als die Leute von der Erzdiözese sahen, wie schon alleine über die richtige Untersuchungsmethode herumgestritten wurde, ließen sie die ganze Sache lieber bleiben.«

Mittlerweile war es Mittag geworden. Bevor ich das Büro verließ, gab mir der Priester einen weiteren wichtigen Hinweis: Er empfahl mir, die Gästeliste des »Ambasciatori« einmal genau durchzusehen. Es wäre immerhin nicht ausgeschlossen, daß einige Kommissionsmitglieder, die wegen der Ausstellung nach Turin gekommen waren, im »Ambasciatori« abgestiegen seien.

Beim Weggehen überkam mich das Gefühl, daß das Grabtuch wahrscheinlich für immer unter einem Mantel der offiziellen Geheimhaltung verborgen bleiben werde. Noch am gleichen Tage hatte ich eine Verabredung mit dem Kardinal: möglich, daß ich dabei einen kleinen Zipfel dieses Mantels des Schweigens ein wenig lüften konnte...

Am 1. Mai 1950 trat der erste internationale Kongreß zum Thema Grabtuch in Rom zusammen. Nicht weit vom Vatikan entfernt trafen sich hier auf Einladung der

Frater Coero-Borga, der Kurator des Leichentuchmuseums in Turin. (HSG)

Turiner »Cultores« zum ersten Male nach der Beendigung des Zweiten Weltkrieges Gelehrte aus aller Herren Ländern, um ihre Kenntnisse und Meinungen über das Turiner Leichentuch auszutauschen.

Aus den USA kam Frater Edward Wuenschel, der Mann, der den Artikel von Paul Vignon übersetzt, herausgegeben und ihn auch im Jahre 1937 an das amerikanische wissenschaftliche Magazin »Scientific American« verkauft hatte. Wuenschels Beitrag zum Kongreß bestand aus einer Schrift, in der er unter dem Titel »Das Heilige Grabtuch und die Beisetzung Christi« nachwies, daß das Turiner Tuch in keiner Weise mit den bekannten altjüdischen Begräbnisriten und den Schriften des Neuen Testamentes in irgendeinem Widerspruch stehe.

Frankreich wurde von Dr. Pierre Barbet vertreten. Sein Beitrag trug den Titel »Nachweis der Echtheit des Grabtuches in bezug auf die Blutspuren« und beschäftigte sich dementsprechend mit der Bedeutung der auf dem Tuche befindlichen Blutspuren aus der Sicht der medizinischen Wissenschaft.

Ebenfalls aus Frankreich kam Monsignore Joseph R. de Melin, Generalvikar der Diözese von Troyes, wo schon im 14. Jahrhundert Geoffrey de Charnay, die Kirchenoberen von Lirey und Pierre d'Arcis in einen heftigen Meinungsstreit über das Grabtuch geraten waren.

Vier Delegierte kamen aus Italien zum Kongreß:

Giovanni Judica-Cordiglia, der Pathologe von der Mailänder Universität, leistete seinen Beitrag in Form von zwei Schriften, von denen sich eine mit neueren Studien zum Ursprung des Abbildes auf dem Turiner Tuch befaßte, während die andere anthropologische Überlegungen enthielt.

Frater Pietro Scotti, der als Chemieprofessor an der Universität von Genua lehrte, gab einen eher allgemein gehaltenen Überblick zur Entwicklung des wissenschaftlichen Forschungsstandes seit 1898.

Monsignore Pietro Savio, ein Archivar im Vatikan, trug die Ergebnisse seiner intensiven Nachforschungen über die ungewisse Herkunft des Leichentuches vor.

Schließlich kam noch Lorenzo Ferri, Bildhauer und Professor an der Universität von Rom, zu Wort. Er hatte nach dem Abdruck auf dem Leichentuch eine Marmorstatue angefertigt und trug seine anatomischen Beobachtungen dem interessierten Forum vor.

Als Vertreter Spaniens kam Dr. Tomas L. Luna von der Universität in Saragossa. Er gab einen kurzen historischen Überblick über die in Spanien herrschende Verehrung der Turiner Reliquie. Schon im Jahre 1454, so führte er aus, habe das Königtum Aragonien das Privileg einer Geldsammlung für das Leichentuch erhalten, und in einem toledanischen Konvent befinde sich ein Wandgemälde des Grabtuches. Und schließlich, berichtete Luna, verfüge eine Kirche in Madrid über eine Nachbildung des Turiner Tuches. Der Überlieferung nach handle es sich um einen Abdruck, der am 3. Mai 1620 vom Original angefertigt worden sei.

Dr. Hermann Moedder war der einzige Vertreter Deutschlands beim Kongreß. Moedder, ein Radiologe aus Köln, referierte über Versuche mit Studenten, die freiwillig an simulierten Kreuzigungen teilgenommen hatten. Im Gegensatz zu Barbet vertrat Dr. Moedder die Ansicht, daß der Tod auf dem Kreuze durch einen starken Blutstau in den unteren Körperpartien eintreten müsse.

Einige weitere Schriften von nicht persönlich zum Kongreß erschienenen Delegierten kamen zur Verlesung.

Aus der Tschechoslowakei hatte Dr. R. W. Hynek sein Erscheinen zugesagt. Er beschäftigte sich mit medizinischen Fragen des Kreuzigungstodes, war jedoch am persönlichen Erscheinen verhindert, da ihm die Paßbehörden seines Landes das Visum verweigert hatten.

versität in Rom, nahm mit Sicherheit an, daß Jesus Christus körperlich größer als bis dahin angenommen war. Nach den Abdrücken auf dem Leichentuch mußte er sogar annähernd zwei Meter groß gewesen sein, und die Abdrücke zeigten den geschmeidigen Körper eines durchtrainierten Mannes. Es war anzunehmen, daß man die auf dem Leichentuch erscheinende Gestalt bei der Beisetzung mit hochgehobenen und abgewinkelten Beinen und mit nach vorne gebeugtem Kopf ins Grab gehoben hatte. So hatte sie sich auch auf dem Leichentuch abgedrückt. Wollte man daher die wahre Größe der Gestalt feststellen, mußte man zu den Dimensionen des Abbildes auf dem Leichentuch noch einiges hinzurechnen.

Ferris Ansicht wurde von Dr. Luigi Gedda, einem römischen Anatomen, voll geteilt und unterstützt. Auch Gedda meinte, der Mann im Leichentuch müsse mindestens 2,05 Meter groß gewesen sein. Der Anatom hatte schon anläßlich der nur für einige geladene Gäste im Jahre 1946 auf dem Monte Vergine stattgefundenen Ausstellung entsprechende Messungen vorgenommen und betonte auch, daß der Form der rechten Schulter nach der Tote durchaus ein Zimmermann gewesen sein konnte, der seine rechte Hand vorwiegend als Arbeitshand benutzte.

Wir hatten schon fast eine Stunde lang gewartet, als endlich ein bleicher junger Mann im Priesterrock den Raum betrat und uns aufforderte, ihm zu folgen. Wir gingen mit dem Priester durch einige Räume, bis wir schließlich in ein Zimmer gelangten, in dem der Kardinal vor einem großen Vorhang an seinem Schreibtisch saß. Ich streckte ihm die Hand entgegen, und er ergriff sie: es war ein eher schwacher Händedruck.

Bevor ich noch etwas sagen konnte, begann der Kardinal

Ebenfalls nicht persönlich anwesend war Dr. Muitz Eskenazi aus Istanbul. Seine Schrift, in der die Authentizität des Leichentuches entschieden bestritten wurde, kam zur Verlesung, da er aber seine Ansichten im wesentlichen nur mit längst bekannten Argumenten untermauerte, erregte sein Beitrag unter den Delegierten nicht sonderliches Interesse.

Der Kongreß endete nach einer Dauer von vier Tagen mit einer feierlichen Abschlußveranstaltung in Turin, und obwohl er eigentlich keine neuen wissenschaftlichen Erkenntnisse gebracht hatte, wurde er von der internationalen Presse doch recht ausführlich behandelt.

Der Arbeitsraum des Kardinals war groß, und die grauen Steinwände strahlten Kälte aus. Einige dunkle Porträtbilder und Samtvorhänge an den Fenstern machten die Atmosphäre des Raumes in keiner Weise freundlicher. Meine Übersetzerin und ich nahmen in den großen klobigen Lederfauteuils Platz. Wir mußten warten. Auf dem Tisch lag Rinaldis Buch »Es ist der Herr« – mit persönlicher Widmung, wie ich beim Durchblättern feststellen konnte. Dann saßen wir wieder still und warteten flüsternd auf den Kardinal.

»Wie groß war Jesus Christus?« fragte das amerikanische Magazin »Time« in seiner Ausgabe vom 15. Mai 1950. »War er ein stämmiger Mann, an die 190 Zentimeter groß und mit langen und gutgebildeten Händen und Füßen? Zog er die linke Schulter etwas höher als die rechte? War sein Gehirn 1492 Gramm schwer?«

Das Nachrichtenmagazin berichtete von dem ersten internationalen Kongreß über das Turiner Grabtuch, der zwei Wochen zuvor im freskengeschmückten Saal der päpstlichen Kanzlei in Rom zusammengetreten war.

Lorenzo Ferri, Bildhauer und Professor an der Uni-

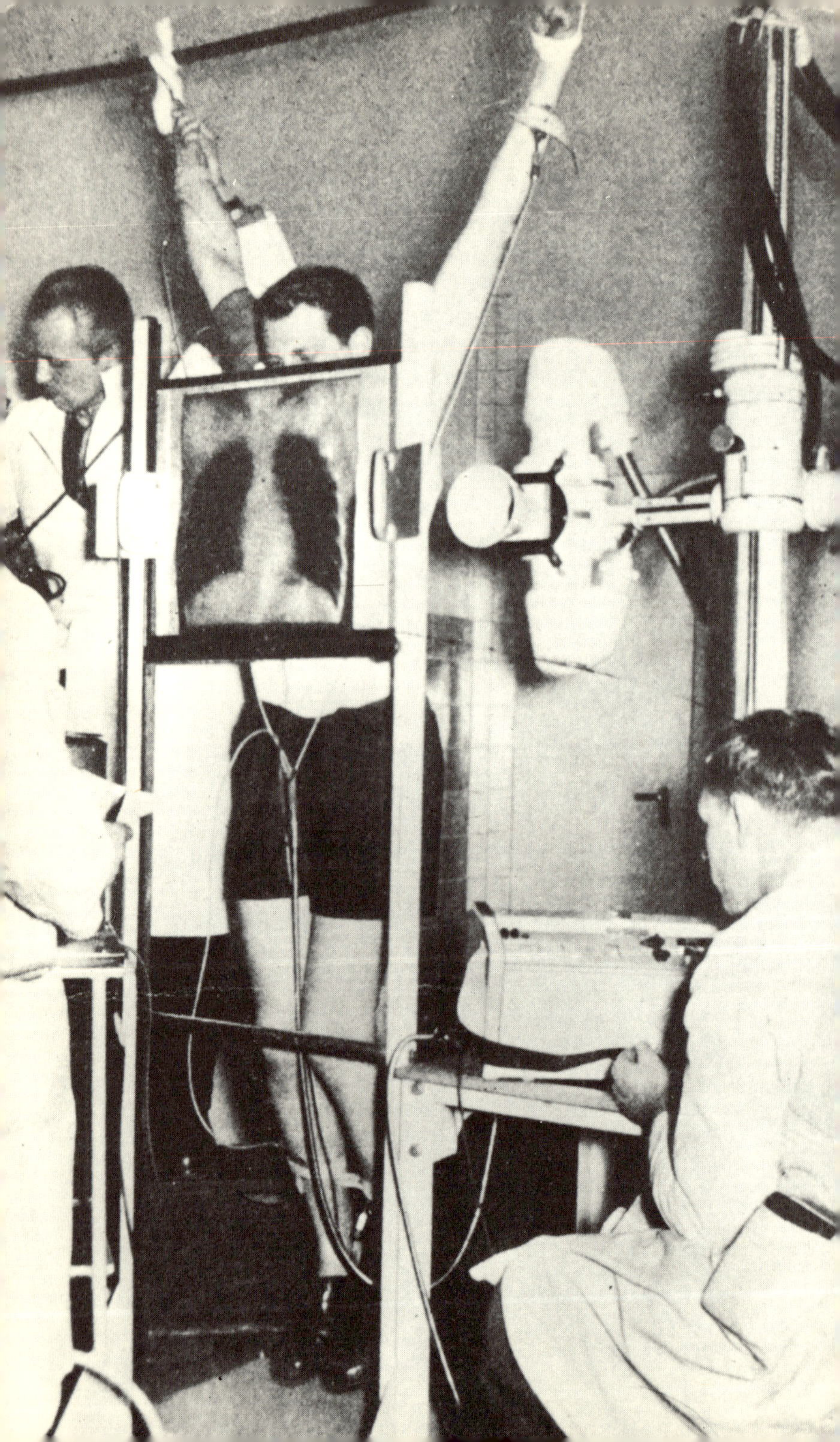

zu sprechen: er teilte mir mit, daß er Monsignore Cottino als seinen offiziellen Sprecher beauftragt habe, Auskünfte erteile daher ausschließlich dieser.

Und bevor ich das noch recht zur Kenntnis genommen hatte, erklärte der Kardinal weiter, daß am nächsten Tag eine Pressekonferenz stattfinden werde, bei der alle Fragen im Zusammenhang mit der für Samstag angesetzten Fernsehsendung besprochen werden könnten.

Das wüßte ich bereits, entgegnete ich, und bevor ich ihn noch um eine Stellungnahme zu dem internationalen Interesse, welches das Leichentuch zweifellos hervorrief, bitten konnte, sagte er schon, daß »die heilige Reliquie unter den Gläubigen allergrößte Verehrung hervorrufe«.

Damit war anscheinend alles gesagt; also dankte ich für das Gespräch und verabschiedete mich.

Während der Heimfahrt ins »Ambasciatori« kam ich zu dem Schluß, daß Turin im zwanzigsten Jahrhundert offenbar kein ideales Terrain für »public relations« darstellt.

In ihrer Berichterstattung von dem ersten internationalen Kongreß über Studien zum Turiner Leichentuch im Mai 1950 konzentrierte sich die Presse hauptsächlich auf die Frage nach der Todesart Christi. Die Kongreßteilnehmer waren sich diesbezüglich nicht einig geworden, am ehesten neigte man noch zur Annahme eines Erstickungstodes am Kreuz oder zu einer tödlichen Blutstauung in den unteren Körperpartien.

Religiöse Zeitschriften konzentrierten sich dagegen mehr auf die Frage der Authentizität des Leichentuches.

Frater Max Jordan, der für den »National Catholic News Service« vom Kongreß berichtete, beschäftigte sich insbesondere mit den Aussagen einiger deutscher Gelehrter, die – obwohl beim Kongreß nicht persönlich anwesend – starke Zweifel an der Echtheit des Grabtuches auf Grund der diesbezüglichen Beschreibungen im

Simulierte Kreuzigung in einem Kölner Spital. Die Versuche wurden von dem deutschen Radiologen Dr. Hermann Moedder (rechts im Bild) geleitet. (HSG)

Neuen Testament hegten. Pro- und Kontrastimmen hielten einander in diesem Zusammenhang etwa die Waage, und das schrieb auch Jordan in seinem Abschlußbericht über den Kongreß.

Einige Zeit später brachte die Londoner Zeitschrift »Tablet« einen Bericht über das Leichentuch. Dabei wurde besonders herausgestrichen, welch tiefen Eindruck die veröffentlichten Photos auf den Betrachter machen mußten. »Unwillkürlich drängt sich beim Betrachten der Gedanke an die überraschende Ähnlichkeit der Photographien mit vielen Christusdarstellungen der alten Meister auf«, schreibt »Tablet«, und am Ende des Artikels hieß es in sehr vorsichtig abwägender Formulierung: »Man wird demjenigen, der von der Echtheit des Turiner Grabtuches überzeugt ist, zumindest nicht ungerechtfertigte Leichtgläubigkeit vorwerfen können.«

Im Jahre 1955 kam eine kleine Engländerin erstmals mit dem Geschehen rund um das Grabtuch in Berührung: Josephine Wollam war damals ein Mädchen von zehn Jahren, dessen kleiner und gebrechlicher Körper hoffnungslos von einer schweren Knochenmarkseiterung geplagt wurde. Als Josephine die Berichte über den »Leichentuchbus« hörte, der in dieser Zeit in England von Stadt zu Stadt fuhr, fragte sie ihre Eltern, ob sie nicht einmal das wirkliche Leichentuch sehen konnte. »Leide ich nicht wie Christus?« fragte die Kleine ihre Mutter. Und sie glaubte, daß ihre gräßliche Krankheit mit Hilfe des Grabtuches geheilt werden könnte. »Wenn ich das wirkliche Grabtuch sehen kann, werde ich gesund werden«, sagte Josie zu ihren Eltern.

Diese nahmen Kontakt mit dem Mann vom »Leichentuchbus« auf, den das Anliegen dieses Mädchens tief berührte. Vielleicht bekam Josie wirklich das Tuch zu sehen, etwas, was viele Gelehrte und Sindonologen vor ihr schon vergeblich versucht hatten. Er setzte sich für die

Sache ein: zunächst fuhr er mit Josie kurzentschlossen nach Cascais, um mit König Umberto Verbindung aufzunehmen.

Als die beiden dann schließlich in Turin ankamen, hatte die Presse bereits Wind von der Sache bekommen. Schon am Bahnhof wurden sie von Reportern, Photographen, Priestern und Abgesandten Humberts erwartet. Der Exkönig hatte telephonisch sein Einverständnis gegeben, dieses erwies sich allerdings als nicht einmal von symbolischem Wert, denn als am folgenden Morgen die ganze Gruppe vor der Residenz von Kardinal Fossati eintraf, lehnte dieser es ab, sie auch nur zu empfangen. Erst als Fossati erfuhr, daß die Mutter Josies für die Kleine ein neues weißes Kleid genäht hatte, das sie für diese besondere Gelegenheit tragen sollte, entschloß sich der Kardinal, beim Vatikan telephonisch wegen der Genehmigung des Unternehmens anzufragen.

Der Vatikan stimmte zu, und um 4.15 Uhr betrat das kleine Mädchen mit seiner Begleitung die Kathedrale durch ein Seitentor und stieg die Stufen zur »Kapelle des Heiligen Grabtuches« empor. Nur der Kardinal, einige Priester, der Wächter des Grabtuches, zwei Nonnen und einige Repräsentanten Humberts betraten zusammen mit Josie und ihrem hilfreichen englischen Freund die Kapelle, dann schlossen sich hinter ihnen die Tore. Die Presseleute durften nicht eintreten. Nur halboffiziell sikkerte durch, daß noch am gleichen Abend der kleinen Kranken das Leichentuch gezeigt werden sollte.

Josie wurde in die Sakristei geführt. Als sie bald darauf in ihrem weißen Kleid in die Kapelle zurückkehrte, winkte sie der Kardinal an seine Seite. Er kniete vor dem Altar der Kapelle. Nach einigen Momenten des schweigenden Gebetes gab der Kardinal ein Zeichen, worauf sich zwei Priester dem Altar näherten und die Stufen zu der über ihm liegenden Wölbung emporstiegen. Die drei

Sicherheitsriegel an der dahinterliegenden Kammer wurden geöffnet, und dann entnahmen ihr die Priester ein längliches, schmales und reich verziertes Behältnis, das sie zwei anderen unten beim Altar wartenden Priestern herabreichten, welche es auf einen Tisch vor den Kardinal hinlegten. Dann wieder Stille. Ein Gebet.

Vorsichtig nahm der Kardinal das Behältnis auf und legte es in Josies Schoß. Nichts geschah. Als die Priester das Behältnis wieder aufnahmen und auf den Tisch zurücklegten, sah Josie den Kardinal bittend an. »Bitte lassen Sie mich das Tuch sehen und fühlen«, hieß das wohl.

Der Kardinal und seine Priester schienen ein wenig verwirrt. Dann prüfte Fossati die Siegel an der länglichen Schatulle. Versuchte das Behältnis zu öffnen ohne die Siegel zu beschädigen. Vergeblich. Eine Schere wurde geholt. Dann zerschnitt der Kardinal entschlossen die Seidenbänder und öffnete die Schatulle.

Die beiden Priester holten ein rotseidenes Bündel hervor. Wieder Siegel. Und darinnen: das Tuch. Als die Geistlichen das Tuch vorsichtig gegen Josies armselig verkrüppeltes Bein drückten, herrschte lautloses Schweigen in der Kapelle. Wieder geschah nichts, und wieder blickte Josie zum Kardinal empor. Der erlaubte ihr, in die seidene Hülle um das Tuch hineinzugreifen. Nicht mehr.

Dann wurde das seidene Bündel wieder in die Schatulle gehoben, und die Priester bargen sie in ihrer Kammer oberhalb des Altars. Josie und der Engländer beteten schweigend. Als sie die Kapelle verließen, meinte die Kleine zum Kardinal, sie fühle sich jetzt besser. Fossati schien zufrieden...

Das Turiner Leichentuch hat bisher noch keine Wunderheilungen vollbracht. Auch Josie Wollam erlebte keine solche Heilung, nicht nach ihrem ersten Besuch und nicht nach ihrem zweiten im darauffolgenden Jahr.

Die Aufbewahrungsstätte des Grabtuches: ein silberner Schrein in einer Kammer über einem Altar der Turiner Johanneskathedrale. (HSG)

Aber Josie wuchs vom Mädchen zur jungen Frau heran, und ihr Gesundheitszustand besserte sich mit den Jahren. Heute ist sie verheiratet und hat Familie. Von ihren früheren Leidenszuständen ist sie völlig genesen, und es sind offenbar keinerlei gesundheitliche Dauerschäden davon zurückgeblieben. Gibt es dafür eine Erklärung, die man im landläufigen Sinne »vernünftig« nennen könnte?

Die Pressekonferenz am Freitag sollte in einem der großen Konferenzräume des königlichen Palastes stattfinden. Der Palast, eine der ehemaligen Residenzen des Hauses Savoyen, dient jetzt als Museum, und außerdem gibt es dort auch einige Büros und kirchliche Dienststellen. Gleich neben dem Palast steht die St.-Johannes-Kathedrale, und davor befindet sich ein Platz – so groß wie ein Fußballfeld –, wo anläßlich der seltenen öffentlichen Ausstellungen des Grabtuches regelmäßig reich ausgestattete Prozessionen stattfinden.

Um 11 Uhr, dem offiziellen Beginn der Pressekonferenz, hatten sich 75 in- und ausländische Korrespondenten im Palast versammelt. Aber sie warteten ebenso vergeblich wie einige internationale Fachexperten, die ebenfalls zur Konferenz gekommen waren. Eigentlich hätte man mit einer größeren Anzahl von Teilnehmern rechnen müssen, wenn man an das Interesse dachte, welches das Grabtuch weltweit erregte. Nichts geschah, also wartete man weiter.

Ich kam mit einer gutaussehenden jungen Frau ins Gespräch, die dem römischen Büro der »Newsweek« angehörte. Auch sie hatte durch Rinaldi von der Ausstellung erfahren und vor ihrer Ankunft in Turin einen Leichentuchexperten in Rom interviewt. Das wichtigste aber war, daß sie Italienisch sprechen konnte.

»Wie groß war Jesus?« Diese Frage stellte »Newsweek« in seiner Ausgabe vom 29. April 1968 an den Anfang eines Artikels, der sich mit den Forschungen von Monsignore Giulio Ricci beschäftigte. Und weiter hieß es dann: »Auf den Heiligenbildern erscheint Jesus als hochgewachsener Mann. Ein italienischer Gelehrter aber hält diese überkommenen Vorstellungen für unrichtig: nach seiner Schätzung war Jesus Christus knapp über 180 cm groß und wog etwa 75 kg. Das entspricht dem Durchschnittsmaß und dem durchschnittlichen Körpergewicht eines männlichen Einwohners von Palästina zur Zeit Christi.«

Monsignore Ricci ist Archivar an der vatikanischen Bischofskongregation und beschäftigt sich seit vielen Jahren mit dem Turiner Grabtuch. In seiner Wohnung in Rom hängen zwei lebensgroße Reproduktionen des Tuches, und hier stellt der Monsignore auch seine minuziösen Berechnungen an.

In den fünziger Jahren erschien Riccis erstes Buch: »Der Mann im Grabtuch«. Seine weiteren Forschungen, so hieß es im Bericht der »Newsweek« weiter, erregten im Vatikan derart großes Interesse, daß im »L'Osservatore della Domenica« ein ausführlicher Artikel darüber veröffentlicht wurde.

Ricci ging bei seinen Untersuchungen von genauen anatomischen Messungen an dem auf dem Leichentuch befindlichen Abbild aus: so maß er beispielsweise eine Unterarmlänge von 36 cm, und hieraus errechnete sich wieder eine Gesamtkörpergröße von etwa 160 cm. Daraus mußte geschlossen werden, daß ältere Annahmen über die Körpergröße Christi unzutreffend waren. Es sei falsch, meinte Ricci, die Körpergröße durch die Abmessung des Abstandes zwischen Kopf und Zehen festzustellen, man dürfe richtig nur den Abstand bis zu den Fersen messen, da bei der Beisetzung die Füße nach

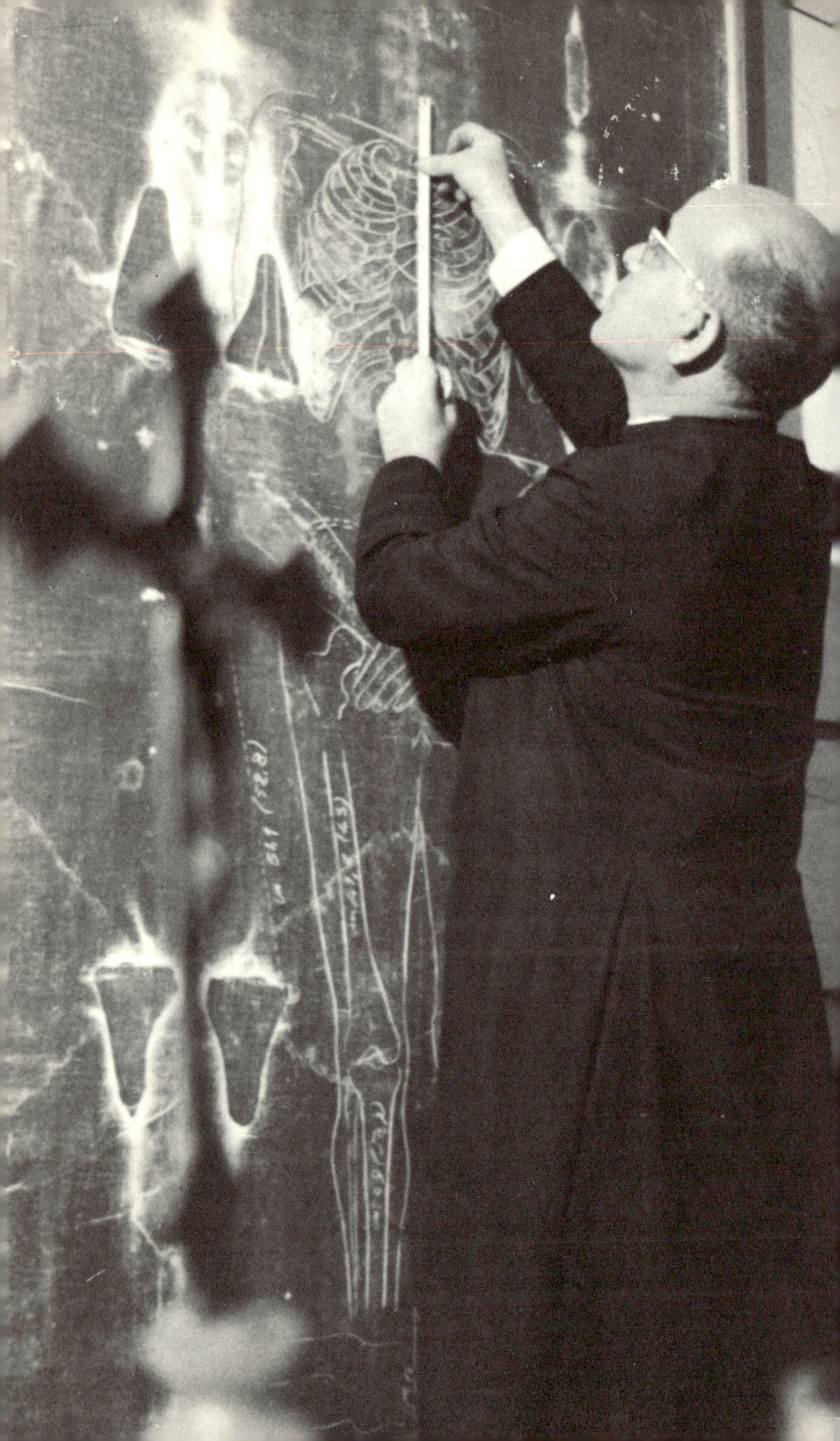

vorne gedrückt worden seien und die Figur daher auf dem Tuch zu groß erscheine.

»Zusammen mit Dr. Nicolò Miani, einem Anatomieprofessor aus Rom«, hieß es dann im Artikel der »Newsweek« weiter, »beschäftigte sich Ricci monatelang damit, Leichen in Tücher einzuschlagen, um entsprechende Unterlagen für die anatomischen Berechnungen zu erarbeiten.« Ricci kam ferner zu dem Schluß, daß Christus schon bei der Geißelung in die später auf dem Leichentuch erscheinende Zwangshaltung mit nach hinten gebogenen Füßen gebracht worden sei: dies ergab sich nach seiner Ansicht durch die in den Evangelien beschriebene Fesselung an einen »niedrigen Pfahl« während der Geißelung, die das Opfer zwangen, während der Tortur praktisch auf den Zehenspitzen zu stehen. Der Körper wies, so setzte Ricci fort, mindestens 98 typische Geißelverletzungen auf, zählte man die weniger deutlich erkennbaren Abdrücke dazu, kam man sogar auf 120 Geißelungswunden.

Im Anschluß an den Artikel im »L'Osservatore« berichtete auch der »Catholic Herald«, die führende englische katholische Wochenzeitschrift, über den italienischen Monsignore, und wenig später nahm sich auch die große französische »Paris Match« der Story an. Die Illustrierte berichtete ausführlich über Ricci und druckte auch einige Bilder von der Kreuzigung ab, die der italienische Geistliche nach den Ergebnissen seiner Forschungen gemalt hatte.

Um ein Uhr mittags begann endlich die Pressekonferenz. Als erster »Offizieller« erschien zunächst der Mailänder Pathologe Giovanni Judica-Cordiglia: der kleine und schmale Mann mit einem überraschend glatten und faltenlosen Gesicht betrat lächelnd den Saal, zeigte dabei zwei Reihen von ungewöhnlich großen Zähnen und ging dann

Messungen an einer lebensgroßen Reproduktion des Turiner Grabtuches: Monsignore Giulio Ricci, Archivar am Vatikan, ist derzeit einer der führenden Sindonologen. (GR)

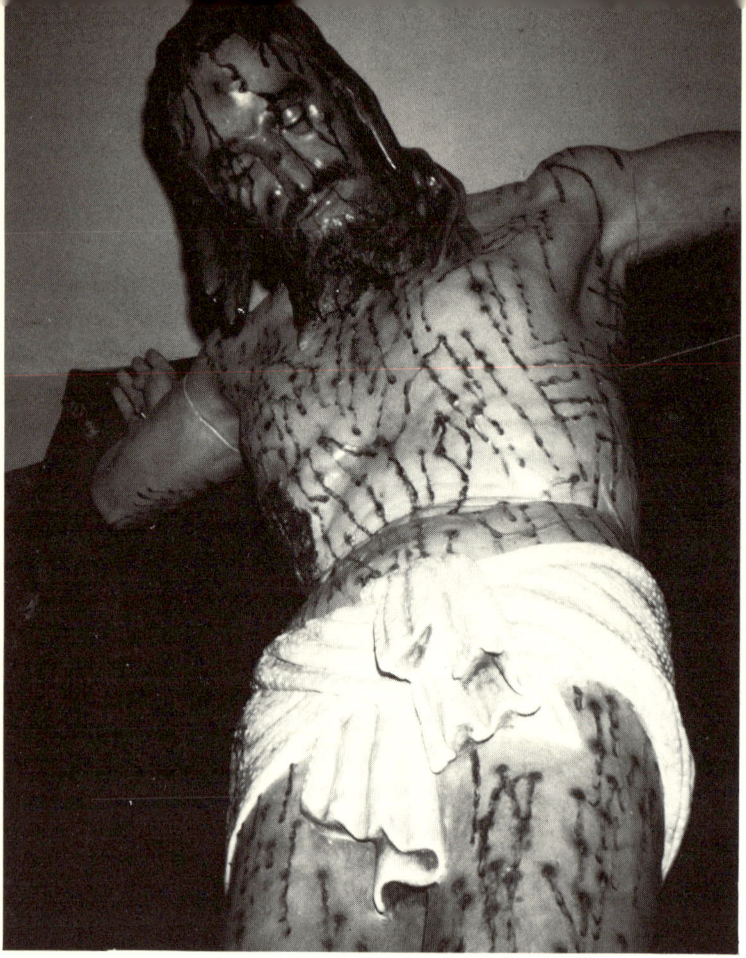

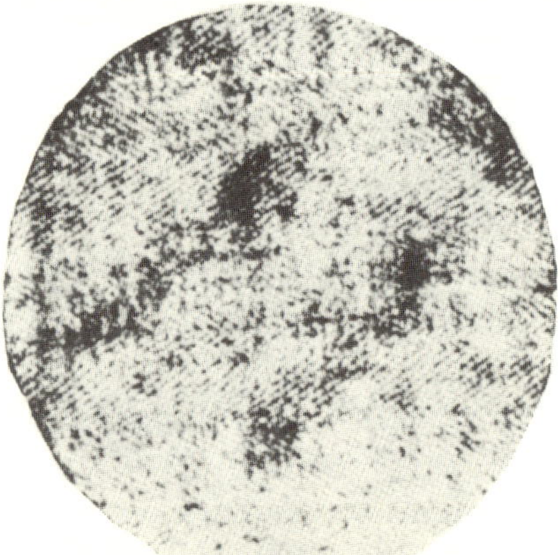

Nach Ansicht von Monsignore Ricci wurden die Geißelwunden durch Schläge mit einem römischen »flagrum« hervorgerufen. (GR)
Bild unten: Zwei verschiedene Ausführungen des »flagrum«. Die Geißelung verursachte ganz typische Verletzungen, die auch den auf dem Leichentuch sichtbaren Spuren (links unten) genau entsprechen. (GR)

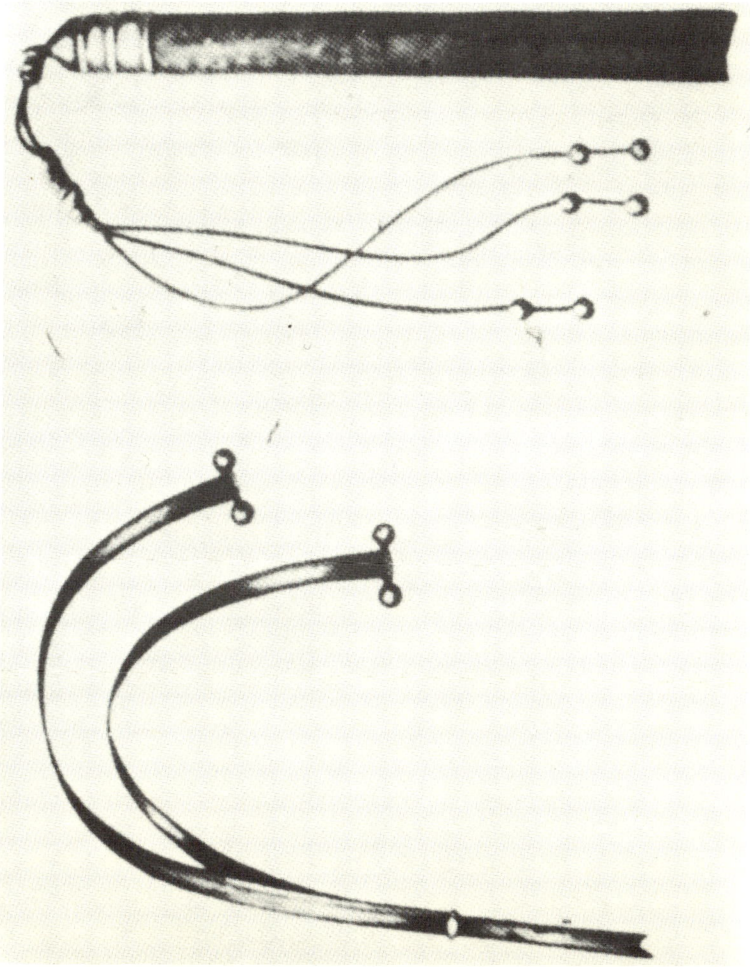

durch die Reihen der Wartenden zu seinem Platz im Hintergrunde des Raumes. Er war einer der wenigen Experten, die schon in den dreißiger Jahren dabeigewesen waren, und galt daher als Berühmtheit unter den Sindonologen. Als nächste kamen Kardinal Pellegrino und Monsignore Cottino. Cottino geleitete den Kardinal direkt zu einer erhöhten Tribüne, wo Pellegrino hinter einem Mikrophon Platz nahm. Dann begann der Kardinal zu sprechen.

»Das Turiner Grabtuch«, sagte er, »ist ein bewegendes Dokument des Leidens Christi«.

Pellegrino sprach italienisch, und ich war ohne Dolmetsch gekommen. Also bemühte ich mich mitzukommen, so gut es eben möglich war, und nach der Pressekonferenz übersetzte mir Rinaldi nochmals die ganze Rede des Kardinals.

»Der Abdruck von Christi Gesicht und Leib auf dem Grabtuch«, fuhr der Kardinal fort, »ist ein beredtes Zeugnis seines Todes und seiner Auferstehung... Diese Ausstellung gibt uns allen Gelegenheit zur Betrachtung des Gesichtes Christi... und seines aus vielen Wunden blutenden Körpers... Mögen wir bereuen, verehren und mit dankbarem Herzen bekennen... Christus wurde für unsere Sünden ans Kreuz geschlagen und sein Blut zu unserer Errettung vergossen... und sein Leiden hat unsere unsterblichen Seelen vor der ewigen Verdammnis gerettet.«

Nach der Rede des Kardinals wendete sich Cottino an das Auditorium. Er bat um Fragen.

Pater Rinaldi wollte wissen, wie international die im Jahre 1969 gebildete Untersuchungskommission für das Leichentuch tatsächlich gewesen sei.

»Nicht ganz so international, wie wir es gewünscht hätten«, antwortete Cottino. Aber er führte dann aus, daß in Zukunft noch einige ausländische Kommissionsmitglieder mehr dazukommen sollten. »Wir verschließen unsere Ohren nicht den Vorschlägen anderer«, schloß er seine Antwort.

Dann fragte man Cottino, wann die Untersuchungsergebnisse der Kommission endlich veröffentlicht würden. Immerhin war es bereits 1973, und die Interessierten in aller Welt warteten schon vier Jahre lang vergeblich auf irgendwelche Ergebnisse.

»Geduld«, bat Cottino, »haben Sie noch etwas Geduld. Schon in wenigen Wochen werden die Untersuchungsergebnisse bekanntgegeben werden.«

Gab es mittlerweile neue Erkenntnisse über das Alter des Grabtuches?

Cottino beantwortete diese Frage zunächst mit der mir schon bekannten Ablehnung der »Kohlenstoff-14-Methode«. Auch die Begründung kannte ich schon. Dann aber fügte er hinzu, daß nach Ansicht von Monsignore Pietro Savio, einem vatikanischen Archivar, schon mindestens seit dem zweiten vorchristlichen Jahrhundert Stoff mit dem auch auf dem Turiner Grabtuch aufscheinenden Fischgrätmuster in ägyptischen Webereien hergestellt worden sei.

Jetzt stellte ich eine Frage: »Handelte es sich bei den im Jahre 1969 gemachten Photos um Ultraviolettaufnahmen? Und wenn ja, wurden irgendwelche Zeichen oder Symbole sichtbar, die das menschliche Auge normalerweise nicht erkennen kann?«

»Nein«, antwortete Cottino, »es wurden nur Farbaufnahmen mit gewöhnlichem Film gemacht. Irgendwelche mit dem freien Auge ansonsten nicht erkennbare Symbole wurden dabei nicht sichtbar.«

Ob jetzt nicht Fortunato Pasqualino zum Leichentuch ein paar Worte sagen könnte, fragte ein anderer Zuhörer.

Pasqualino war einer der führenden italienischen Fernsehleute und sollte auch die Ausstellung des Grabtuches im Fernsehen kommentieren. Jetzt stand Pasqualino von seinem Platz im Auditorium auf und begab sich auf die Tribüne. Er setzte sich neben Cottino und begann mit tiefer und voller Stimme zu sprechen. Er habe, sagte der große Mann

Die Pressekonferenz im Jahre 1973

Links: Monsignore Jose Cottino (RKW); unten: Kardinal Michele Pellegrino, Erzbischof von Turin. (RKW)

mit den breiten Lippen, zum ersten Male vom Turiner Grabtuch gehört, als er den Auftrag erhielt, die Fernsehkommentierung zur Ausstellung zu übernehmen. Er hielte es für das Beste, die ganze Angelegenheit zunächst einmal ein wenig skeptisch zu betrachten, zumindest was die Echtheit der Reliquie betreffen. Aber gerade dann, setzte er anschließend fort, seien die Argumente für die Echtheit des Tuches um so überzeugender.

An diesem Punkt von Pasqualinos Kommentar brach Cottino die Pressekonferenz ab. Vielleicht zufällig – aber jedenfalls hatte der Fernsehmann alle Anwesenden glänzend eingestimmt und ihre Neugierde geweckt. Monsignore Cottino bat alle im Besitz von entsprechenden Akkreditiven Befindlichen, ihm nunmehr zu folgen.

Zwischen dem 16. und 18. Juni 1969 trat in Turin eine außerordentliche und geheime Kommission zusammen, die sich mit dem Grabtuch zu beschäftigen hatte. Kardinal Pellegrino und auch sein Vorgänger Fossati hatten sich mit Hilfe von Experten mit der Frage beschäftigt, ob nicht die Reliquie durch die wachsende Umweltverschmutzung Schaden nehmen könnte. Außerdem stand die Überlegung zur Debatte, ob das Alter des Tuches mit Hilfe der »Kohlenstoff-14-Methode« verläßlich festzustellen wäre, ohne das Untersuchungsobjekt selber bei diesem Vorgang nachhaltig zu beschädigen. Im Juni 1969 begann die Kommission endlich mit ihrer Untersuchungstätigkeit; bis zum Jahre 1973 waren aber weder die Namen ihrer Mitglieder noch die Untersuchungsergebnisse selber bekanntgegeben worden.

Mit Hilfe der mir von Pater Coero-Borga im Grabtuchmuseum zur Verfügung gestellten Zeitungsausschnitte und nach vielen intensiv geführten Interviews kam ich zu dem Schluß, daß sich die Kommission aus elf Mitgliedern zusammensetzen mußte.

Das Antlitz auf dem Turiner Grabtuch, wie es das menschliche Auge (linke Seite) sieht und wie es auf den im Jahre 1969 angefertigten Infrarotaufnahmen von Giovanni Battista Judica-Cordiglia erscheint. (HSG)

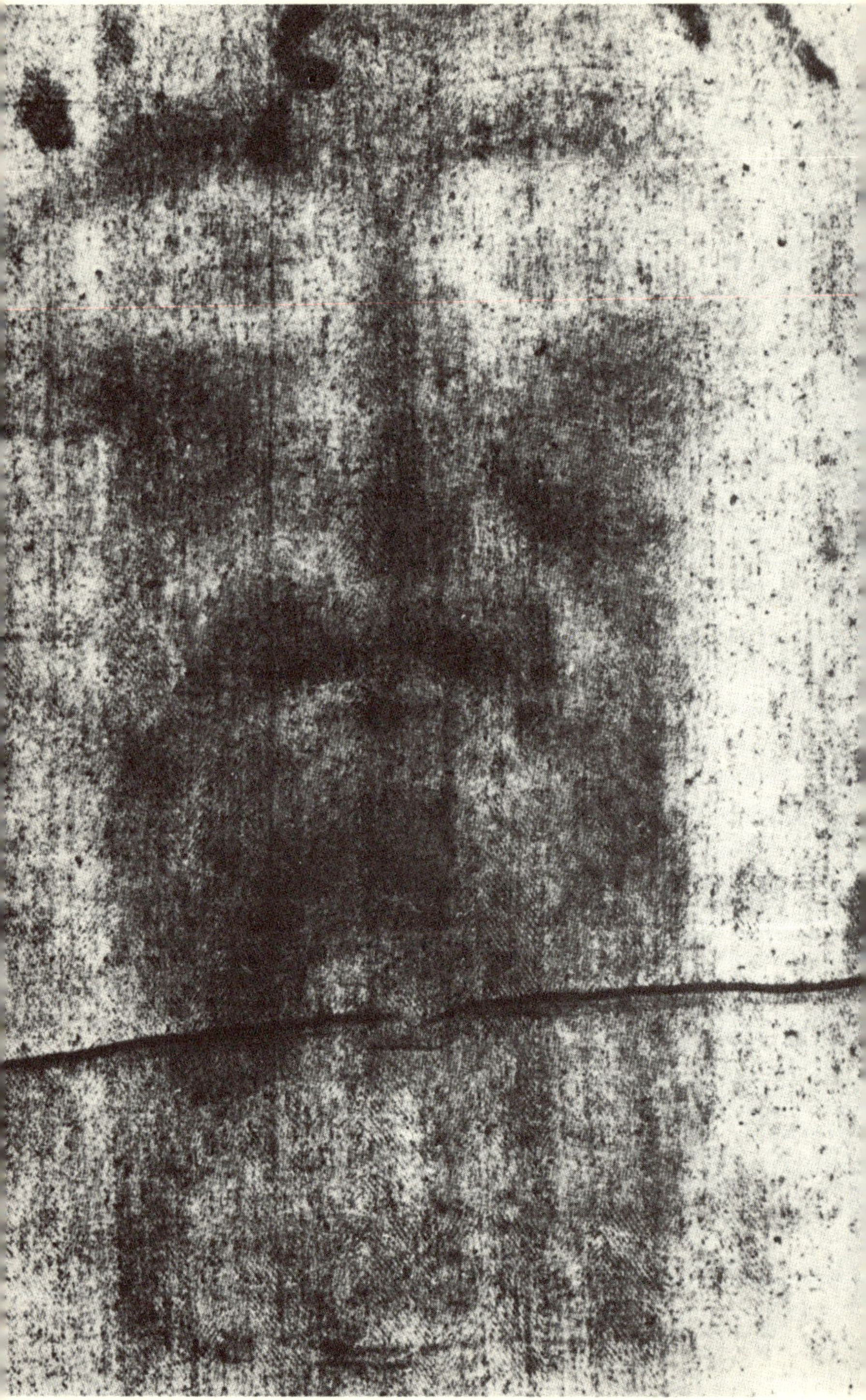

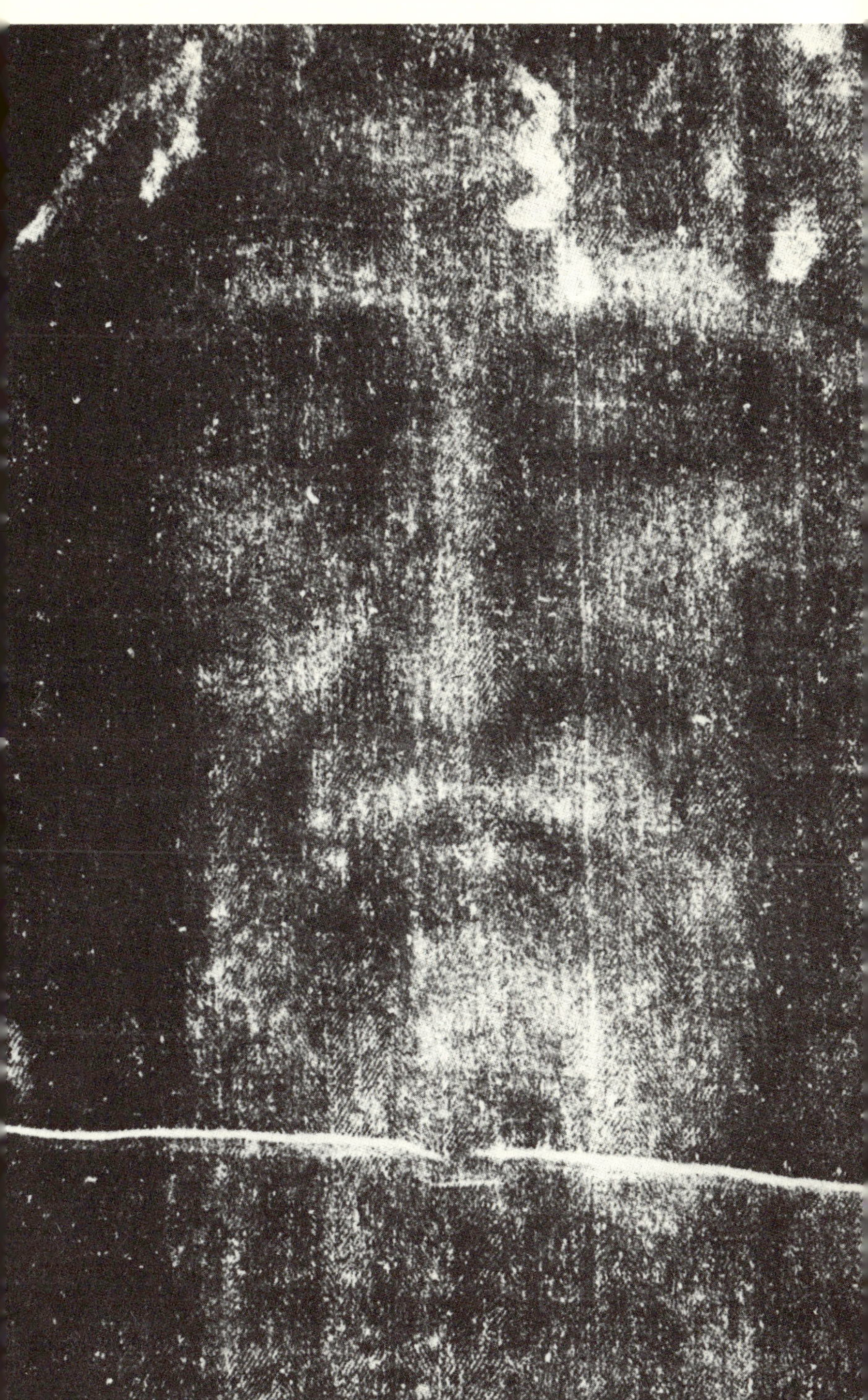

Drei davon waren Geistliche: Kardinal Pellegrino, Monsignore Cottino und Monsignore Pietro Caramello, der Rektor der St.-Johannes-Kathedrale.

Die acht anderen Mitglieder waren Wissenschaftler verschiedener Fachrichtungen: Prof. Giovanni Judica-Cordiglia wirkte als Gerichtsmediziner in Mailand und hatte schon an den in den Jahren 1939 und 1950 stattgefundenen Kongressen teilgenommen. Giovanni Frache war Professor für Pathologie an der Universität von Modena, die Herren Cesare Codegone und Enzo Delorenzi, die ebenfalls der geheimen Kommission angehörten, waren Radiologen. Dann war da noch der Physiker E. Medi von der Universität in Rom, der Anthropologe Luigi Gedda, der ebenfalls schon am Kongreß des Jahres 1939 teilgenommen und auch im Jahre 1946 bei der improvisierten Ausstellung auf dem Monte Vergine das Abbild auf dem Leichentuch genau vermessen hatte. Dazu kamen Professor Aurelio Ghio und der Arzt Spigo Robert: ihre Namen erschienen als Unterschriften auf den eidesstattlichen Erklärungen, die die Echtheit der zwischen dem 16. und dem 18. Juni 1969 vom Sohne von Professor Judica-Cordiglia angefertigten Farbphotographien bestätigten.

Der einzige Nichtitaliener und Nichtkatholik in der Kommission war vermutlich ein Schweizer namens Max Frei. Der Protestant Frei, ein Polizeipathologe, war schon an den Untersuchungen über den rätselhaften Tod von Dag Hammarskjöld im Jahre 1961 beteiligt gewesen.

Das elfte Kommissionsmitglied war vermutlich Lorenzo Ferri, der einzige Nichtwissenschaftler in der Mitgliederliste. Der Bildhauer Ferri war führend an den in den fünfziger Jahren stattgefundenen Diskussionen über die Körpergröße Christi beteiligt gewesen; trotz aller nachfolgender Bemühungen konnte ich allerdings nie-

Das Leichentuch in der »Halle der Schweizer« während der Ausstellung im Jahre 1973. (HSG)

mals mit Sicherheit nachweisen, daß Ferri der Untersuchungskommission tatsächlich angehört hatte.

Mit Cottino an der Spitze setzten sich jetzt alle in Bewegung: internationale Pressekorrespondenten, Vertreter von Lokalzeitungen, Geistliche und Sindonologen, insgesamt etwa 100 Menschen.

Zunächst gingen wir durch die offenen Arkaden entlang des großen Palasthofes, dann gelangten wir wieder in das Gebäude und stiegen über breite Marmortreppen bis in den zweiten Stock empor. Vor dem offenen Eingangstor zur »Halle der Schweizer« standen zwei uniformierte Karabinieri und dahinter, in etwa 30 Meter Entfernung, sah ich es: an der hinteren Wand des Saales hing das Leichentuch in einem etwa sechs Meter hohen Rahmen. Da stand das Abbild des Mannes deutlich vor uns auf dem Tuch, eine perfekte Vorderansicht. Und über dem Mann, auf dem Kopfe stehend, eine ebenso vollständige Hinteransicht.

Zunächst einmal verharrte die Besuchergruppe respektvoll in einiger Entfernung, dann traten die Mutigsten ein wenig näher. Ich hielt mich zurück, weil ich unentschlossen war: Durfte man hier photographieren? Möglichst unauffällig machte ich meine Kamera fertig. Ein amerikanischer Sindonologe neben mir tat das gleiche. »Ich hab' nur einen Schwarzweißfilm«, raunte er mir zu. »Wir tauschen dann unsere Aufnahmen aus, ja?«. Ich nickte mein Einverständnis, dann begann ich zu photographieren.

An der dem Leichentuch gegenüberliegenden Wand hatte das Fernsehen schon Gerüste für seine Aufnahmekameras aufgebaut, und die starken Scheinwerfer waren bereits in Betrieb. Ich kletterte auf das Gerüst und machte Aufnahme um Aufnahme: immer wieder das Leichentuch und die sich davor drängende Menge. Dann stieg ich wieder auf den Boden zurück, ging näher heran und begann, Detailaufnahmen zu machen: der untere Teil des Körpers und der große Blutfleck am Handgelenk. Die Seitenwunde. Dann das Gesicht.

Niemand schien etwas gegen die nun schon überall klikkenden Photoapparate zu haben. Also arbeitete ich mich ganz an das Tuch heran, denn ich wollte auch Nahaufnahmen machen. Bis auf etwa einen Meter kam ich an den Rahmen heran, dann fiel mir auf, daß das Glas vor dem Grabtuch an der Wand offenbar völlig blendfrei sein mußte. Die Fernsehscheinwerfer strahlten ihr gleißend helles, ja blendendes Licht an die Wand, aber es gab keinerlei Reflexe, als ich durch den Sucher meiner Kamera blickte. Eigenartig! Ich ging noch näher heran, streckte die Hand aus – und fühlte Stoff! Den Stoff des Leichentuches.

Ein unglaublicher Leichtsinn: es gab keine Glaswand vor der kostbaren Reliquie vor mir an der Wand. Jeder Anwesende konnte einfach ein brennendes Zündholz unter das Tuch halten oder es mit einem Messer zerschneiden. Oder eine Bombe daraufwerfen. Niemand hätte dies in diesem Moment verhindern können! Egal, ich hatte keine Zeit zum Nachdenken. Filmwechsel. Als ich meinen Apparat wieder hochhob, um weitere Aufnahmen zu machen, wurde gebeten den Saal zu verlassen. Ich kümmerte mich nicht darum und knipste weiter. Bild um Bild. Dann tippte mir ein Geistlicher auf den Ellenbogen: Schluß jetzt, bitte! Nur zögernd schob ich meine Kamera in die Bereitschaftstasche zurück und schloß mich den anderen an, die den Saal soeben verließen. Später zeigte man uns dann noch das mit Silber verzierte Holzbehältnis, in dem das Leichentuch normalerweise verschlossen über dem Altar der Kapelle aufbewahrt wird.

Die geheime Untersuchungskommission des Jahres 1969 blieb nicht lange geheim. Grund dafür war ein deutscher Sindonologe namens Kurt Berna. Berna hatte angeblich von einem »Offiziellen« in Turin einen Wink

Monsignore Charles Moeller bei der Übernahme jener Dokumentation, die angeblich beweisen soll, daß Christus nicht am Kreuze starb und bei seiner »Bestattung« noch lebte. Rechts im Bild Kurt Berna (recte Hans Naber). (HN)

bekommen; der Name wurde niemals bekannt. Aber schon am 16. Juni 1969, als die Kommission ihre Tätigkeit begann, begann auch Berna mit einer Reihe von Presseerklärungen: die Kirche wolle das Grabtuch manipulieren, es verfälschen oder überhaupt zerstören. Berna machte sich Sorgen, denn er glaubte, daß die Kirchenoberen dies nicht zuletzt seinetwegen täten: der deutsche Sindonologe hatte schon immer behauptet, daß Christus nicht am Kreuze gestorben sei und daß das Leichentuch die Richtigkeit dieser Behauptung nachdrücklich beweise. Das aber durfte offiziell niemals sein – also wolle man die Reliquie manipulieren. Die internationale Presse bekam Wind von der Sache, aber der Vatikan dementierte offiziell alle Gerüchte. Die Sache schien wieder einzuschlafen.

Aber schon am 28. Juni 1969 stand Berna persönlich vor den Toren des Vatikans. In der Hand trug er eine Aktentasche mit Dokumenten, und neben ihm wartete ein Photograph. Vielleicht mehr aus Gründen der Höflichkeit als aus echtem Interesse wurde Berna von Monsignore Charles Moeller, dem Untersekretär der vatikanischen Glaubenskongregation, empfangen. Moeller nahm Bernas Dokumente entgegen, der mitgebrachte Photograph ging seinem Geschäfte nach – und die Geschichte ging illustriert rund um die Welt.

Die Presseagentur UPI meldete aus dem Vatikan: »Vatikanstadt. Der Präsident der ›Schweizer Stiftung für das Heilige Grabtuch‹ überreichte im Vatikan Dokumente, aus denen angeblich hervorgehen soll, daß Jesus Christus nicht am Kreuze starb. Professor Kurt Berna vertritt in den überreichten und mit Photographien ausgestatteten Dokumenten die Ansicht, daß die auf dem Turiner Leichentuch, in dem Christus vermutlich beigesetzt wurde, befindlichen Blutflecke nicht von Leichenblut stammen…

Diese Behauptung steht im Widerspruch zu den Glaubensdogmen der römisch-katholischen Kirche. Falls Bernas Behauptung zutrifft, müßte man annehmen, daß Christus lebend vom Kreuze abgenommen wurde und in der Folge von seinen schweren Wunden genesen sein könnte. Damit aber erscheint die ›Auferstehung‹ in völlig neuem Licht. Aus dem Vatikan ist eine Stellungnahme derzeit nicht zu erhalten.«

Auch »Associated Press« berichtete in ähnlichem Sinne: »Ein deutscher Autor, der den Kreuzestod Christi in Zweifel zieht, hat den Vatikan zu einer neuerlichen sorgfältigen Untersuchung des Turiner Grabtuches aufgefordert. Kurt Berna, Verfasser von vier Büchern über das Turiner Tuch, behauptet, daß die Blutspuren auf der Reliquie beweisen, daß Christus nach der Abnahme vom Kreuz weiterlebte. Berna händigte am gestrigen Tage dem vatikanischen Geistlichen Charles Moeller ein zwanzigseitiges und mit Photos versehenes Schriftstück aus, das er als ›Dokumentation‹ bezeichnet... Ein offizieller Kommentar von seiten des Vatikans steht zur Stunde noch aus«.

Sensationell – aber trotzdem schien die Geschichte wieder einzuschlafen. Fünf Monate lang herrschte Ruhe. Dann, im Dezember 1969, bekam Berna wieder einen vertraulichen Hinweis von hoher kirchlicher Stelle, und wieder wurde kein Name genannt. Um so alarmierender schien die Nachricht selber: dem Vernehmen nach sollte ein hoher Würdenträger des Vatikans geäußert haben, daß »die Kirche keine Spaltung dulden kann. Sie darf nicht einerseits lehren, daß unser Herr Jesus Christus am Kreuze starb, um uns von unseren Sünden zu erlösen, und andererseits ein Grabtuch zur Schau stellen, in dem nie eine Leiche lag. Da muß eine radikale und endgültige Lösung gefunden werden!«

Berna alarmierte sofort das Zürcher Büro der englischen Nachrichtenagentur »Reuter«. Überraschte Reporter bekamen zu hören, daß die Kirche die Zerstörung des Turiner Grabtuches plane, denn »was sonst kann unter einer radikalen Lösung verstanden werden!«. Schon einmal hätte der Vatikan die Vernichtung des Grabtuches betrieben, und diesmal könne er, Berna, es endlich beweisen. »Reuter« war von der Seriosität Bernas überzeugt und gab die Meldung weiter.

Eine »Reutermeldung« – das war immerhin schon etwas! Die Kirche mußte eine Stellungnahme abgeben. Am 6. Januar 1970 ließ Kardinal Pellegrino offiziell verlautbaren, daß das Tuch tatsächlich von seinem üblichen Aufbewahrungsort in einem verschlossenen Schrein oberhalb des Altars in der Grabtuchkapelle entfernt worden sei. Das habe jedoch ausschließlich mit den Arbeiten eines Expertenteams zu tun, welches das Tuch auf eine allfällige bessere Konservierbarkeit für die Zukunft untersuchen sollte. Man mußte also zugeben, was man bisher immer dementiert hatte. Andererseits aber – keine Spur von Zerstörung oder Verfälschung der Reliquie.

Als ich später in das Hotel zurückfuhr, sammelte ich noch einmal meine Eindrücke über die englischen und amerikanischen Sindonologen, von denen die meisten das Leichentuch wohl an diesem Tage zum ersten Male gesehen hatten. Pater Rinaldi hatte das Tuch schon im Jahre 1933 gesehen, aber er sagte, daß es ihn diesmal mehr als je zuvor beeindruckt habe. »Durch das andauernde Betrachten der Schwarzweißaufnahmen«, meinte er, »muß ja unwillkürlich der Eindruck entstehen, daß das Ganze ein scharf konturiertes Hell-Dunkel-Bild ist. Aber in Wirklichkeit ist es anders: das Tuch wirkt wie reines Elfenbein und das Abbild darauf nicht wie ein Bild – die Konturen sind wie fast unmerklich hingehauchte zarte Schatten.«

»Fast unmerklich« – das traf die Sache genau, so empfanden es eigentlich auch alle anderen.

»Auf den Schwarzweißbildern wirken die Konturen viel schärfer«, meinte ein Engländer, »das Ganze sieht blutiger aus, und das Leinen wirkt beschädigt und mitgenommen. Das kommt davon, weil der schwach bräunliche Ton in Schwarzweißphotos wesentlich stärker und schärfer herauskommt. Man braucht nur alte Photographien zu reproduzieren: der Braunton ist weg, und die Konturen sind wesentlich schärfer als beim Original.«

Ich mußte ihm recht geben. Die Körperkonturen auf dem

Tuch waren etwa sepiafarben, aber die Blutflecke sahen anders aus. Man einigte sich allgemein auf »Karmesin« für die Farbe der Blutflecke, nur über die Nuancen konnten sich die Sindonologen nicht ganz einig werden. Die Diskussionen gingen weiter.

»Wart Ihr dabei, als sie unseren Herrn photographierten?« lautete der Titel eines im August 1971 im amerikanischen »Esquire« erschienenen Artikels. Der Verfasser, ein Journalist namens Karl E. Meyer, beschäftigte sich darin nicht nur mit der Untersuchungskommission des Jahres 1969 und mit den gewagten Theorien von Kurt Berna über den nicht stattgefundenen Kreuzestod Christi, sondern mit der ganzen Geschichte des Leichentuches seit dem Jahre 1898.

Am Freitagabend herrscht in Turin normalerweise sehr lebhafter Verkehr. So auch an diesem Freitag, als ich gemeinsam mit Pater Rinaldi ein Taxi aufzutreiben versuchte. Bald warteten wir zu dritt: Monsignore Giulio Ricci hatte sich uns angeschlossen. Wie alle anderen Sindonologen waren auch wir von der Turiner Fernsehstation zur Vorführung der Sendung über das Leichentuch eingeladen worden. Monsignore Ricci war der ranghöchste Angehörige des Vatikans, der sich aktiv für das Leichentuch interessierte. Ich war erstmals im Jahre 1968 auf seinen Namen gestoßen, als ich den schon beschriebenen Artikel über ihn im »Newsweek« las, und im Jahre 1971 lernte ich ihn auch persönlich kennen. Monsignore Ricci von der vatikanischen Bischofskongregation paßte so gar nicht in das Bild, das ich mir nach vielen anderen Interviews mit Würden- und Amtsträgern von den katholischen Kirchenoberen machen mußte. Er war eine echte Ausnahme: hilfsbereit und aufgeschlossen. Ein Mann, der sagte, was er dachte, und die lebhaft blitzenden Augen hatten mir gleich Temperament und vielleicht

Büste des »Mannes im Grabtuch« von Monsignore Giulio Ricci. (GR)

auch ein wenig Jähzorn verraten. Auch als wir jetzt endlich gemeinsam in einem Taxi saßen, versicherte mich Ricci wieder seiner Mithilfe und Unterstützung.

Einer der interessantesten Schlüsse, die Ricci schon im Jahre 1971 während des Interviews mit mir gezogen hatte, war die Feststellung, daß Christus während der Passion das schon bei Johannes 19,23 beschriebene (und später übrigens durch einen eindrucksvollen Film weltweit bekannt gewordene) Gewand tatsächlich getragen hatte. Dieses Gewand, schloß Ricci, muß Christus nach der Geißelung über die Schulter geworfen worden sein. Wohl auch aus diesem Grunde erscheinen die Geißelwunden auf Rücken, Brust und Oberarmen an der Figur auf dem Grabtuch auch wesentlich undeutlicher als die Verletzungen im Gesicht, auf den Unterarmen und an den Beinen: dort saugte der Stoff das Blut nicht auf, und die Wundmale erscheinen daher klar ausgeprägt auf dem Tuch. Außerdem, hatte Ricci fortgesetzt, sprächen auch noch andere Umstände dafür, daß Jesus ein Tuch übergeworfen worden sei. Die Wunden an den Schultern hatten ihre ursprüngliche Form behalten, obwohl dort das schwere Kreuz getragen worden war.

»Hätte er«, so sagte Ricci, »das schwere Holzkreuz auf den bloßen Schultern getragen, wären die Wundränder wohl weiter eingerissen. Dann aber fänden sich auf dem Leichentuch nicht kleinere Wunden an den Schultern, sondern aller Wahrscheinlichkeit nach nur große und weitflächige Verletzungen.

Schon 1971 hatte Ricci auch festgestellt, daß die überlieferte Geschichte mit der »Dornenkrone« offenbar nicht ganz zutreffend sein konnte. Nach den Abdrücken auf dem Leichentuch muß es sich daher eher um eine Kappe aus dornigem Material gehandelt haben. »Das stimmt im übrigen auch durchaus mit den Gegebenheiten überein«, hatte Monsignore Ricci damals fortgesetzt. »Nach unseren westlichen Vorstellungen ist eine ›Krone‹ ein etwa reifenförmiges Gebilde, das auf den Kopf gesetzt wird. Nicht so im Orient: dort wird ein König mit einer Art von Haube gekrönt, die das Haupt vollständig bedeckt. Die Form der Abdrücke auf dem Leichentuch bedeutet daher zwar einerseits eine Abweichung von den überkommenen Vorstellungen über die ›Dornenkrone‹, andererseits aber sind sie ein gewichtiges Indiz für die Echtheit des Tuches. Denn wenn man Christus als ›König der Juden‹ mit der Dornenkrone tatsächlich ›gekrönt‹ hat, dann mußte diese Krone logisch die im Orient übliche Kappenform haben – und das trifft nach den Wundabdrücken zu!«

Wir waren mittlerweile vor dem Gebäude des staatlichen italienischen Fernsehens angelangt. Der moderne und kühl wirkende Bau störte die Harmonie der ihn umgebenden meist aus dem 18. und 19. Jahrhundert stammenden Häuserfassaden. Im Inneren des Gebäudes herrschte lebhafter Betrieb in den verglasten Studioräumen und auf den mit Spannteppichen ausgelegten Korridoren. Viele Frauen in kurzen Röcken: »Das Italien Fellinis« fiel mir dazu ein. Ein junger Mann im grauen Flanell nahm sich unser an und führte uns mit routinierter Freundlichkeit in einen großen Vorführraum am Ende eines Korridors.

Dann begann die Sendung: das Grabtuch »live« aus dem »Saal der Schweizer«. Die erste öffentliche Ausstellung seit 40 Jahren. Die Fernsehleute verstanden ihr Handwerk: Im Zentrum stand immer das Tuch in seinem großen Rahmen an der Wand des Saales, daneben auf einer Seite Fortunato Pasqualino und auf der anderen Seite die Gemeinde der Gläubigen. Während Fortunato die Bilder kommentierte, schwenkten die Kameras auf die Kinder im Auditorium, dann gab es wieder Detailbilder vom Grabtuch, und schließlich hielt die Kamera auch die Alten und Versehrten fest, die sich offenbar durch die Betrachtung des Abbildes Christi neuen Mut und seelische Stärkung erhofften.

Auch Kardinal Pellegrino war zu sehen: von einer Schar von jugendlichen Ministranten umgeben, sprach er laut die Wechselgebete, und die Zuhörer gaben im Chor ihre Antworten.

Dann wurde eine Aufzeichnung eingespielt, die die Vorbereitungen zeigte: der Schrein mit dem Grabtuch wurde aus der Kammer oberhalb des Altars genommen, und dann sah man, wie das Tuch von Priestern entrollt wurde. Auch die 2000jährige Geschichte des Leichentuches wurde in einer Reihe von Szenen nachgespielt. Und schließlich sprach noch Papst Paul VI. acht Minuten lang von einem Videoband zum Auditorium.

Das Programm wurde auch von den Fernsehanstalten in Österreich, Belgien, Portugal und Spanien übernommen und ausgestrahlt: auf diese Weise mochten vielleicht 200 Millionen Menschen das Grabtuch gesehen haben, sicherlich die größte Anzahl von Interessierten, die überhaupt jemals das Tuch vor Augen bekommen hatte.

Was aber bedeutete das alles? 35 Minuten religiöse Verehrung für ein Stück Tuch. Wer noch nichts vom Turiner Grabtuch gehört hatte, für den war es wohl auch nachher nicht mehr als eine Glaubensreliquie mit seltsamer Malerei darauf. Für die in Turin anwesenden Sindonologen war die Sendung eigentlich eine Enttäuschung. Sicherlich, sie konnten das Leichentuch sozusagen aus erster Hand und im unmittelbaren persönlichen Erleben sehen, aber die Fernsehpräsentation hatte die wissenschaftlichen Aspekte des Ganzen nicht im geringsten erwähnt. Die Verantwortlichen leugneten diesen Umstand später auch keineswegs, man rechtfertigte sich aber dahingehend, daß man die wissenschaftliche Seite absichtlich nicht behandelt habe, um den religiösen Gehalt der Sendung nicht zu beeinträchtigen.

Dies bezog sich leider aber auch auf die positive Seite, das heißt also, daß beispielsweise auch der frappierende photographische Positiv-Negativ-Effekt des Abbildes auf dem Tuch, der es so grundsätzlich von allen anderen vergleichbaren Objekten unterscheidet, in der Sendung völlig unerwähnt blieb.

Pater Rinaldi fand nach der Fernsehsendung den passendsten Kommentar: »Das war eine Glaubensdemonstration«, sagte er, »aber von wissenschaftlicher Aufklärung kann keine Rede sein.«

Die Enttäuschung unter den Fachleuten war allgemein. Schon am folgenden Tage meinte Dr. Judica-Cordiglia, nicht ein einziger Sindonologe, mit dem er nach der Sendung gesprochen habe, sei mit dem Gebotenen wirklich zufrieden gewesen. Da Dr. Judica-Cordiglia allem Anschein nach der geheimen Untersuchungskommission des Jahres 1969 angehörte, war er natürlich zusätzlich darüber enttäuscht, daß man ihn zur Programmgestaltung in keiner Weise herangezogen hatte.

Die Tatsache, daß Papst Paul VI. im Zusammenhang mit dem Grabtuch im Fernsehen gesprochen hatte, war bemerkenswert, da der Papst ansonsten den Massenmedien eher reserviert gegenübersteht. Aber Paul VI. war nicht der erste Papst, der seine Stimme für das Grabtuch erhob. Schon Sixtus IV. hatte in vier zwischen den Jahren 1472 und 1480 herausgegebenen Bullen festgestellt, daß das Grabtuch nach päpstlicher Meinung der höchsten Verehrung würdig sei. Und im Jahre 1506 hatte Papst Julius II. sogar ein kirchliches »Fest für das Heilige Grabtuch« mit genau vorgeschriebenen Zeremonien und eigener Messe für die Stadt Cambery in Frankreich eingeführt, wo das Tuch damals verwahrt war. Papst Gregor XIII. ging im Jahre 1582 sogar noch weiter. Zu dieser Zeit befand sich das Grabtuch bereits in Turin,

Die Eurovisionssendung im Jahre 1973

Oben: Das Leichentuch in der »Halle der Schweizer« (RKW); unten: Überblendung des Gesichtes von Kardinal Pellegrino durch das Antlitz eines Waisenknaben (RKW).

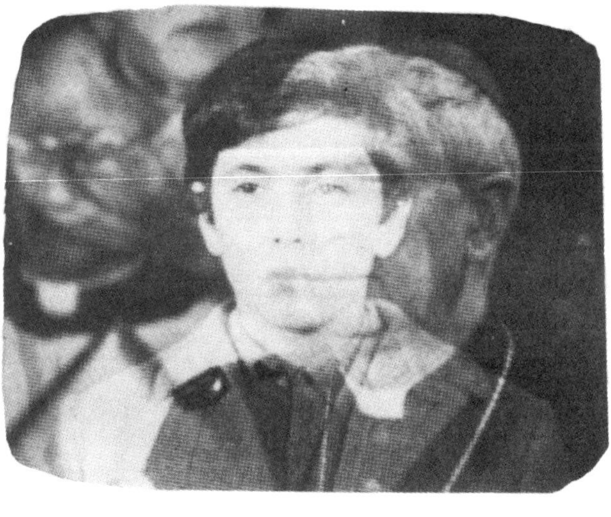

Oben: Papst Paul VI. während seiner Fernsehansprache (RKW); unten: Das Gesicht auf dem Leichentuch. So sahen es Millionen Fernseher (RKW).

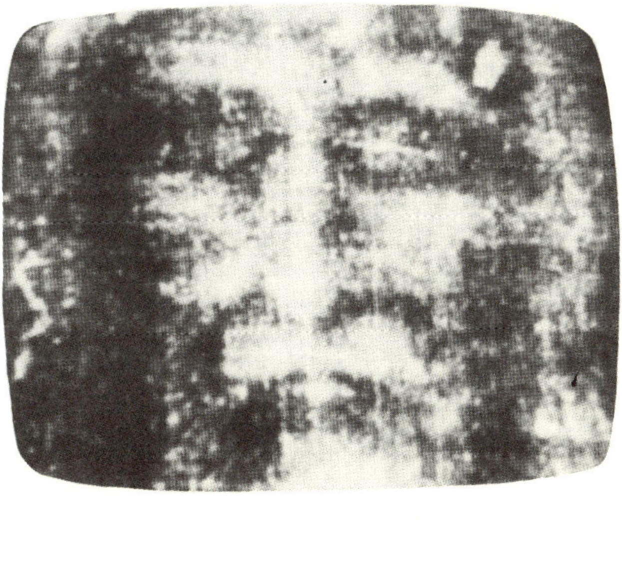

und das von Julius II. eingeführte kirchliche Fest wurde von Gregor XIII. für den gesamten Herrschaftsbereich des Hauses Savoyen ganz allgemein eingeführt. Damals gehörte auch die Diözese Troyes zu diesem Herrscherhaus, und auf diese Weise wurde das »Fest des Heiligen Grabtuches« pikanterweise auch in der Diözese gefeiert, wo man noch 200 Jahre vorher die Reliquie offiziell als Fälschung bezeichnet hatte. Aber die römische Kirche hielt unbeirrbar an ihrem Standpunkt fest: die zwischen Papst Gregor XIII. und Paul VI. regierenden 19 Päpste hatten allesamt ein ausdrückliches Bekenntnis zur Authentizität des Grabtuches abgelegt.

Vor Paul VI. hatte zuletzt Pius XII. in einer Botschaft an den »Ersten internationalen Grabtuch-Kongreß« in Rom im Jahre 1950 ausdrücklich festgestellt, »es sei sein Wunsch, daß die Kongreßteilnehmer mit dem größten Eifer dazu beitragen mögen, das Wissen um und die Verehrung für diese große und geheiligte Reliquie weiter noch als bisher zu verbreiten.« Auch Johannes XXIII. hatte, wenn auch weniger offiziell, zum Turiner Tuch Stellung genommen. »Das kann nur Gottes Werk sein«, sollen die Worte des großen Papstes gelautet haben, als ihm das Grabtuch gezeigt wurde. Und sein Nachfolger Paul VI. wies noch im Juni 1967 während einer Papstmesse in der Paulskathedrale in Rom ganz besonders auf das Leichentuch hin: »Vielleicht kündet uns gerade das Abbild auf dem Heiligen Grabtuch wie nichts anderes sonst von der menschlichen und göttlichen Natur Christi«, sagte der Papst – und der offizielle Standpunkt der römisch-katholischen Kirche war damit wohl eindeutig geklärt.

Auf dem Weg nach Paris

Schon am Tage nach der Ausstellung verließ ich Turin. Ich war enttäuscht, aber nicht ohne Hoffnung: was ich wollte, hatte ich bekommen. Eigentlich sogar noch etwas mehr. Ich kannte jetzt die Turiner Kirchenoberen genau: sie waren guten Willens, aber nicht sehr fähig. Was aber alles andere aufwog, war die Tatsache, daß ich das Grabtuch mit meinen eigenen Augen gesehen hatte. Obwohl ich mir auch Reproduktionen der Farbaufnahmen kaufte, die Giovanni Battista Judica-Cordiglia im Jahre 1969 vom Leichentuch gemacht hatte, war das Erlebnis beim unmittelbaren Kontakt mit der Reliquie doch unvergleichlich stärker gewesen – und jetzt war ich wieder auf dem Weg: diesmal nach Paris. Ich suchte nach Informationen über das Material, aus dem das Leichentuch besteht, und hoffte sie in der französischen Hauptstadt zu finden.

Mehrere Vergrößerungen der im Jahre 1931 von Enrie angefertigten Photographien waren auch einigen bekannten Textilexperten zum Studium vorgelegt worden. Diese stellten fest, daß es sich beim Leichentuch um aus Flachs gewobenes Leinenmaterial handelt. Flachs ist eine Pflanze, die am besten in sandigen und warmen Gegenden gedeiht: Palästina zum Beispiel kann als ideales Anbaugebiet gelten. Die einzelnen Webfäden, so stellte man fest, waren eher stark und wahrscheinlich handgesponnen, sie entsprechen ihrer Art nach am ehesten den Weben Nr. 50 und 70 der geltenden englischen gewerblichen Flachsnormvorschrift. Das Turiner Leichentuch weist ein Fischgrätmuster auf, das in regelmäßigen Abständen von einem stärkeren Webfaden unterbrochen wird.

Die Kunst des Leinenwebens ist uralt: ägyptische Museen beherbergen Webmuster aus dem vierten vorchristlichen Jahrhundert, und auch Tuch nach der Art des Turiner Leichentuches gab es schon lange vor Christi Geburt. Webstücke mit Fischgrätmuster aus der Zeit Christi sind allerdings nicht erhalten. Warum? Weil, so meinten manche Experten, für die Erzeugung solchen Leinens doch schon verhältnismäßig komplizierte Webstühle notwendig seien. Andererseits – solche Webstühle hat es zu Christi Lebzeiten vielleicht auch schon wirklich gegeben. Richtig, meinten andere Experten: schon auf 4000 Jahre alten ägyptischen Wandmalereien sind technisch relativ hochentwickelte Webstühle zu sehen, und man gehe also nicht fehl, wenn man annehme, daß in den folgenden 2000 Jahren, also bis zum Zeitpunkt von Christi Geburt, wohl die Technologie im Mittelmeerraum so weit fortgeschritten sei, daß man auch in Palästina Leinentuch mit Fischgrätmuster herstellen konnte.

PARIS

Das »Musée Guimet« wurde im Jahre 1879 gegründet und gehört seit 1945 zum Pariser Louvre. In einem nicht allzu großen Gebäude untergebracht, enthält das »Musée Guimet« insbesondere eine reiche kunstgewerbliche Sammlung. Das konnte für mich durchaus von Interesse sein...

Gleich beim Informationsschalter erkundigte ich mich nach der »Sammlung Gayet«.

»Ja«, sagte mir der Museumsbeamte, »einen Archäologen mit dem Namen Gayet hat es gegeben, und er hat um die Jahrhundertwende archäologische Ausgrabungen geleitet. In Antinoe war das, in Ägypten. Das Ganze ist damals von Emile Guimet finanziert worden, das ist richtig...«

Ich unterbrach den Mann: »Kann ich die Sammlung vielleicht heute noch sehen?«, fragte ich ihn.

»Heute sicherlich nicht«, antwortete er mir. »Zumindest nicht hier im Musée Guimet. Die ›Sammlung Gayet‹ befindet sich jetzt im Hauptgebäude des Louvre, und dort ist sie zu besichtigen.«

»Wie weit ist das von hier?« wollte ich wissen.

»Nicht einmal zwei Kilometer.«

Schon war ich wieder bei der Türe.

»Sehen Sie sich auch die koptische Abteilung in der ägyptischen Sammlung an!« rief mir der Beamte noch nach.

Auf die »Sammlung Gayet« war ich durch eine Schrift von Monsignore Savio aufmerksam geworden. Savio, ein überzeugter Sindonologe und Archivar im Vatikan, hatte sich darin mit den textilen Aspekten des Grabtuches auseinandergesetzt. Die Schrift beschäftigte sich insbesondere mit den schon im zweiten vorchristlichen Jahrhundert im Mittelmeerraum bestehenden hochdifferenzierten Webarten: nach Savio waren auch Stoffe mit Fischgrätmustern damals durchaus keine Seltenheit.

»Die Webereiindustrie«, schrieb der Sindonologe, »war bereits im vorchristlichen Ägypten sehr weit ausgedehnt und ist als eine der Grundlagen des wirtschaftlichen und sozialen Lebens in diesem Mittelmeerlande anzusehen.« Man bildete junge Leute in einer oft bis zu fünf Jahren dauernden Lehrzeit zu qualifizierten Webern heran, und die Lehrlinge erhielten in dieser Zeit sogar ein regelmäßiges Entgelt. Die beste Webfaser kam aus Acaia in der Gegend von Elis. Savio beschäftigte sich sehr eingehend mit dem Thema seiner Untersuchung. So schrieb er noch weiter, daß drei Männer und eine Frau etwa sechs Tage lang brauchten, um einen Stoffballen von 98 Fuß Länge herzustellen. Die fertige Webe wurde dann »gekocht« – offenbar eine Art von Reinigungsprozeß – und schließlich mit Pflanzenextrakten eingefärbt. Am meisten war purpurfarbener Stoff und auch naturfarbenes Material, »das mit einem seifenähnlichen, aus Mohn gewonnenen Extrakt« zusätzlich weißlich gebleicht wurde, bei den Kunden begehrt. Die fertigen Stoffe wurden nach der Gegend ihres Ursprungs bezeichnet und auch qualitativ eingeschätzt: das teuerste und beste Material kam beispielsweise aus Pelusium und war ein hochgeschätzter Artikel in jenen Mittelmeerländern, die sich den teuren Import leisten konnten.

Es war mein erster Besuch im Louvre, und ich muß zugeben, daß ich schon vom Äußeren des Gebäudes ziemlich beeindruckt war. Der große und langgestreckte Komplex am rechten Seineufer hat einen beinahe festungsartigen Charakter. Seit dem Jahre 1793, also bald nach der Französischen Revolution, dient der Louvre als Museum. Den Kunstliebhabern aus aller Welt ist er ein Begriff: hier steht die Venus von Milo, und Leonardo da Vincis Mona Lisa lächelt rätselhaft von der Wand eines der unzähligen Schauräume.

Mich aber interessierte damals anderes. Ich sprach mit einem der Museumsbeamten gleich hinter dem Eingangstor. Er begriff schnell, was ich wollte: schon einige Minuten später fand ich mich vor der »Ägyptischen Sammlung« wieder, welche seit 1826 besteht und eine große Anzahl von Exponaten enthält, die Napoleon oder seine kunstsinnigen Offiziere aus dem ägyptischen Feldzug mitgebracht hatten. Auch die »Koptische Sammlung« gehört zu dieser Abteilung des Louvre, und dorthin wollte ich hauptsächlich.

Keine der beiden für die Sammlung zuständigen Damen sprach auch nur ein Wort Englisch. Ich versuchte mein Bestes, um mich trotzdem verständlich zu machen, aber es war völlig hoffnungslos, die Damen konnten sich offenbar auch auf meine erklärenden Gesten nicht den geringsten Reim machen. Also griff ich zu Papier und Bleistift und zeichnete ihnen auf, worum es mir ging: Leichname mit verhüllten Gesichtern. Jetzt verstanden sie endlich. Eine von ihnen griff zum Telefon und rief ihren Vorgesetzten an. Offenbar hatte ich Glück, denn sie sprach ein paar Worte und reichte mir dann den Hörer.

Am Apparat war Pierre Bourguet, der Verantwortliche für die Koptische Sammlung. Englisch spreche er, sagte er mir auf meine Frage. Nein, heute gehe es leider nicht, denn er habe seinen freien Tag. Ich gab nicht auf und setzte ihm auseinander, warum ich ihn und die Sammlung so dringend sehen mußte. Also gut... ausnahmsweise... und ich möge in seinem Büro auf ihn warten. Ich hatte ihn überredet.

Mein lebhaftes Interesse für die »Sammlung Gayet« war nicht zufällig. Noch in Turin hatte mir ein englischer Benediktinergeistlicher eine Ausgabe der von Gayet verfaßten »Annalen« gezeigt. Was dort auf Seite 134 stand, hatte mich sofort fasziniert: »Unter diesem archäologischen Gut«, hatte Gayet an dieser Stelle des Kapitels über die unter seiner Leitung ausgegrabenen Leichentücher geschrieben, »ist das unzweifelhaft bedeutungsvollste eine Art von Gesichtsschleier. Der Schleier ist vierfach gefaltet und trägt deutlich erkennbar die Gesichtszüge des Toten, dessen Antlitz er bedeckt haben muß. Die erhabenen Stellen des Gesichtes zeichnen sich deutlich als dunkle, schwärzliche Konturen auf dem Schleier ab. Nach Meinung von Fachleuten ist diese Färbung auf einen durch die Balsamierungsmittel im Körper des Toten entstehenden chemischen Prozeß zurückzuführen. Der Abdruck läßt also ganz deutlich die Gesichtszüge des Toten erkennen.«

Dem Text waren Abbildungen beigefügt, die zwei der von Gayet geborgenen Leichname darstellten. Die Toten waren anscheinend zunächst in Leichentücher gehüllt und sodann nach Art von ägyptischen Mumien fest bandagiert worden. Das Gesicht aber wurde jeweils vor dem weiteren Vorgang offenbar mit dem bereits erwähnten Schleier bedeckt. Wenn die Angaben in den »Annalen« richtig waren, mußte es also zumindest noch ein anderes erhaltenes Leichentuch mit Körperabdrükken geben, und dann war die Turiner Reliquie keine einmalige Erscheinung mehr.

Bourguet ließ mich eineinhalb Stunden lang warten. Aber er kam: ein kahlköpfiger Mann, der sehr lebhaft wirkte und eine dünne braune Zigarre im Mund hielt. Ich stellte mich ihm vor und erfuhr ziemlich überrascht, daß er Jesuit war. Dann kam ich gleich zum Grund meines Besuches und fragte ihn, ob er jemals ein Leichentuch mit einem darauf befindlichen Gesichtsabdruck gesehen habe.

»Nein, noch nie«, antwortete er sofort und ohne nachzudenken.

Und die Grabtücher in der ›Sammlung Gayet‹?« forschte ich weiter.

»Natürlich kenne ich die Funde von Gayet«, kam seine Antwort, »aber es gibt keinen mit Gesichtsabdrücken darauf. Ein Irrtum ist da ganz ausgeschlossen!«

Ich zeigte ihm die Seite 134 aus Gayets »Annalen«. »Tatsächlich, da steht es«, sagte er mit sichtlicher Überraschung. »Da ist offenbar etwas daran an dem, was Sie mir erzählt haben. Aber ich kenne die ›Sammlung Gayet‹ ganz genau, und einen Gesichtsschleier, wie er hier beschrieben wird, habe ich noch nie gesehen.«

Bourguet las die Seite noch einmal genau durch. Dann sah er mich lange überlegend an. »Normalerweise ist das ja eigentlich nicht üblich«, meinte er dann, »aber im Hinblick auf die Unterlagen, die Sie da vorlegen, sollte ich es vielleicht doch tun.«

»Was sollten Sie tun?« fragte ich ihn hoffnungsvoll.

Nahaufnahme eines Teiles des Leichentuches zur Feststellung der Textilstruktur. Das Fischgrätmuster ist deutlich erkennbar. (HSG)

»Wenn Sie morgen wiederkommen können«, antwortete er, »könnten wir gemeinsam nach hinten in den Raum gehen, wo die nicht ausgestellten Gegenstände aufbewahrt werden. Wenn wir uns alles ansehen, was zur ›Sammlung Gayet‹ gehört, müßten wir diese Sache doch eigentlich klären können.«

Natürlich wollte ich wiederkommen. Ich dankte Bourguet für sein Entgegenkommen und machte mich auf den Heimweg.

In meinem Hotel begann ich dann mit dem Studium der Schriften aller französischen Sindonologen der letzten 80 Jahre. Paul Vignon war der wichtigste unter ihnen.

In den achtziger Jahren des vorigen Jahrhunderts war Vignon als junger Mann viel in den französischen Alpen herumgeklettert. Wahrscheinlich überforderte er mit seinen extremen Touren sowohl seine nervlichen als auch seine physischen Kräfte, jedenfalls erlitt er eines Tages einen schweren Nervenzusammenbruch, von dem er sich nur sehr langsam erholte. Während seiner langen Rekonvaleszenz begann Vignon zum Zeitvertreib zu malen, und es stellte sich heraus, daß diese Beschäftigung nicht nur als Heiltherapie sehr geeignet war, sondern auch, daß der junge Mann ausgesprochenes malerisches Talent besaß. Nach seiner Entlassung aus dem Spital beschloß Vignon aber, sich zukünftig doch seiner zweiten Lieblingsbeschäftigung, der Biologie, zu widmen und wurde Mitarbeiter des damals erscheinenden Magazins »Das biologische Jahr«. Das war im Jahre 1897 gewesen.

Schon 1898 erschienen Secondo Pias photographische Aufnahmen des Turiner Grabtuches in den meisten französischen Zeitschriften – und Vignon war sofort fasziniert. Fasziniert gleichermaßen als Künstler und als

Wissenschaftler. Das Thema packte ihn und ließ ihn nicht mehr los: wie kam ein solch vollendetes Abbild auf das einfache Grabtuch in Turin? In den folgenden Jahrzehnten beschäftigte sich Vignon ununterbrochen mit dieser Frage und entwickelte zu ihrer Lösung eigene Theorien.

Anfangs nahm er an, daß es sich bei dem Abbild um ein Gemälde handeln konnte. Aber dann mußte der Künstler die Positiv-Negativ-Technik fehlerlos beherrscht haben, er mußte ein gleichsam photographisches Negativ auf das Tuch gemalt haben. Die Reliquie war allerdings zumindest einige hundert Jahre alt. Damals wußte man noch nichts von Positiv-Negativ-Technik: die Theorie vom Gemälde konnte also nicht stimmen.

Und selbst wenn man annahm, daß da ein unbekanntes Genie am Werk gewesen wäre – wie hätten der Künstler oder ein anderer jemals das Werk richtig sehen, überprüfen oder würdigen können? Jeder Betrachter hätte zu diesem Zweck je ein photographisches Negativ und das dazugehörige Positiv gebraucht. Wozu also die ganze Mühe? Wer hätte einen Künstler tatsächlich zu einer solchen Arbeit motivieren sollen?

Es gab allerdings noch andere Möglichkeiten für die Entstehung des Negativbildes. Natürliche Ursachen: die Farben des Bildes konnten vielleicht im Laufe der Zeit so verwittert sein, daß nur mehr das Negativ übrigblieb. Oder das Bild war großer Hitzeeinwirkung ausgesetzt gewesen, und dies hatte zu der verblüffenden Verwandlung geführt.

So hatte ein Skeptiker einmal in diesem Zusammenhang geschrieben: »Die fleischfarbenen Teile des Gesichtes könnten mit einer Mischung aus Weiß – das üblicherweise aus Blei- oder Zinkoxyd besteht – und Rot (einem Quecksilbersulfat) oder Ocker oder auch Erd-

Zur Entstehung des Abbildes: Die Gemäldetheorie

Nach der Ausstellung des Leichentuches im Jahre 1898 wurden zwei italienische Künstler beauftragt, das Antlitz auf der Reliquie auf Stoffuntergrund nachzumalen. Die Gemälde wurden nach ihrer Fertigstellung photographiert. Die auf der rechten Seite abgebildeten Photographien des Bildes von Carl Cussetti (oben) und von Enrico Reffo (unten) unterscheiden sich in auffälliger Weise von dem Negativ der Aufnahme, die Secondo Pia 1898 vom Original angefertigt hatte.

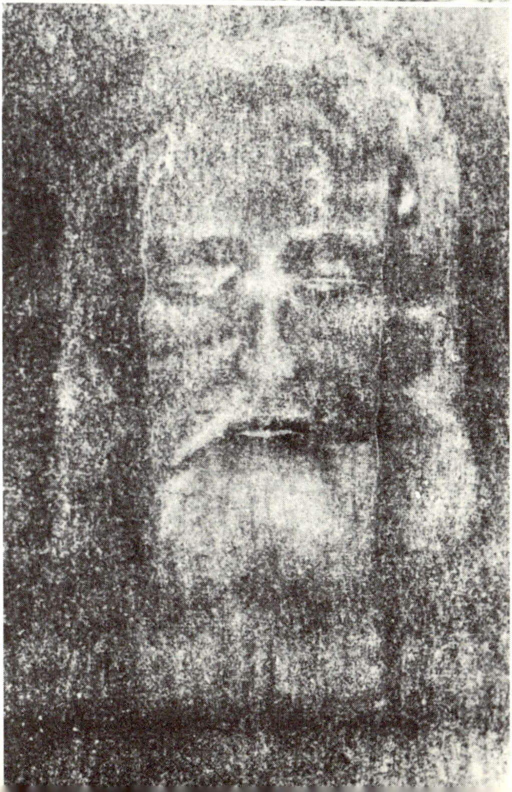

farben gemalt worden sein, und für die im Schatten liegenden Teile hat man dann ein wenig schwarze Farbe – oder auch Bitumen (Petroleum) – dazugemischt... Im Laufe der Zeit ist dann das Leichentuch gewissen extremen Umwelteinflüssen ausgesetzt gewesen. So hat sicherlich das Feuer des Jahres 1532 die Farben ganz entscheidend verändert. Die lichtere Bitumenfarbe wurde durch die Hitze sehr stark in Mitleidenschaft gezogen und ist dann im Laufe der Zeit atmosphärisch stark nachgedunkelt...

Interessante Theorien. Aber nur haltbar, falls überhaupt jemals Farbe auf dem Leichentuch war. Vignon suchte die Photographien mühsam mit einem Vergrößerungsglas ab: nicht die geringste Spur von Farbe. Er malte ein Porträt auf ein Stück Leinen, das in seiner Art ungefähr dem Turiner Tuch entsprach. Wenn man das Leinen dann mehrmals faltete, begann die Farbe abzublättern. Es leuchtete ein, daß das Bild auf dem Leichentuch nicht aufgemalt sein konnte: mindestens durch fünf Jahrhunderte hindurch war das Tuch immer wieder auseinander- und zusammengerollt worden. Und wenn das rätselhafte Abbild darauf ein Gemälde war, wäre wohl im Laufe der Zeit kein Stückchen davon unversehrt geblieben.

Eine Möglichkeit blieb noch. Man konnte das Tuch gefärbt haben, aber selbst durch langjährige Umwelteinflüsse wäre doch wohl auf gar keinen Fall eine Art von Negativabdruck auf der Reliquie entstanden. Der Abdruck ist monochrom, das heißt, er weist nur eine einzige Farbe auf, die im Ton etwa zwischen Braun und Rostrot liegt, und die lichteren Teile haben einfach die Naturfarbe des Leinentuches. Nur an den letztgenannten Stellen hätten möglicherweise auch dort früher bestehende Einfärbungen im Laufe der Zeit verschwinden können – und das erschien Vignon wohl mit Recht als ziemlich unwahrscheinlich.

Eines der heute im Pariser Louvre befindlichen ägyptischen Totenhemden aus der »Sammlung Gayet«. Der Verwesungsprozeß hat deutliche Spuren auf dem Material hinterlassen, irgendwelche Körperkonturen sind jedoch nicht zu erkennen. Das Hemd stammt etwa aus dem Jahre 130 vor Christus. (RKW)

Am folgenden Tag wanderte ich mit Pater Bourguet und einigen seiner Hilfskräfte durch das imposante Gebäude des Louvre. 500 Meter weit durch eine imposante Ansammlung von wogenden Meeren, heroischen Figuren und verträumten Landschaften an den Wänden zu einem Lagerraum von wahrhaft riesigen Ausmaßen, der bis zur Decke mit Koffern und Schachteln angefüllt war. Es war kalt im Raum, und wenn man nach oben blickte, sah man den Himmel über Paris: das Dach wurde gerade repariert.

Bourguet holte die Koffer mit den gerade nicht ausgestellten Stücken der »Sammlung Gayet« von den Wandregalen. Drei große und dunkel verfärbte sperrige Kisten. Ich hielt gespannt Kamera und Notizblock in den Händen und wartete inmitten einer großen Staubwolke, die wir bei unserer Arbeit von den Kisten aufgewirbelt hatten. Dann trugen wir das erste Behältnis, das ziemlich stark an einen Sarg erinnerte, an einen Platz genau unter dem Loch an der Decke, wo die Lichtverhältnisse am besten waren, und öffneten den Deckel. Die Kiste war bis oben angefüllt mit Totenkleidern: Leichenhemden aus schwerem und grobem Leinen, meist etwa knielang und mit einem Loch für den Kopf und zwei bis fast zu den Ellenbogen reichenden halblangen Ärmeln. An jeder Seite ein Saum. Es waren ziemlich einfach gearbeitete Kleidungsstücke, die meisten von ihnen recht schmucklos wie billige Sommernachthemden. Nur wenige hatten Schmuckränder und Stickereien an den Ärmeln oder am unteren Saum.

Wir holten ungefähr 75 Totenhemden aus der Kiste und außerdem auch einige Totenhauben und kleinere Stoffstücke in der Größe von Taschentüchern. Nach der Beschreibung von Gayet handelte es sich bei allen Stücken um Begräbniskleider koptischer Christen aus dem ersten Jahrhundert nach der Zeitenwende. Die Toten wurden nach dem Bericht zunächst in Leichentücher gehüllt, die etwa auch dem Turiner Tuch entsprachen, anschließend wurden ihnen die Totenhemden übergestreift. Das Ganze wurde dann mit Stoffbändern eng verschnürt, so daß am Ende etwa mumienähnliche Gebilde entstanden.

Ich sah mir alle Hemden genau an. Unwillkürlich hielt ich dabei den Atem an, aber es war unnötig – nach 2000 Jahren gab es keinen Verwesungsgeruch mehr. Nur Flecken waren noch auf den Gewändern zu sehen, als wären sie von öligen Substanzen verfärbt worden: Blutflecke und Verfärbungen, die das verwesende Fleisch im Leinen zurückgelassen hatte. In all den Tüchern und Hemden, die wir betrachteten, waren einst Verstorbene gelegen, aber wir fanden kein einziges Abbild eines menschlichen Körpers oder eines Gesichtes. Es war, als wären die toten Körper einfach durch den Stoff hindurchgeschmolzen und hätten nichts zurückgelassen als die üblichen Spuren des biologischen Zerfalls.

»Sehen Sie«, sagte Bourguet, »nichts zu finden!« Dann schloß er den Deckel wieder zu. Auch in der zweiten und in der dritten Kiste fanden wir nichts, obwohl wir den Inhalt ganz genau untersuchten. Nicht die Spur eines Abbildes, auch nicht auf den kleinen Stofftüchern, die wohl einst die Gesichter der Toten bedeckt hatten. Nur Bourguets Begleiter fachsimpelten interessiert über Webeart und Form der Leinenreste.

»Ich habe auch nicht angenommen, daß wir etwas finden werden«, meinte Bourguet, als er den Deckel der letzten Kiste wieder verschloß. »Aber«, setzte er dann hinzu, »jetzt wissen Sie wenigstens, daß es auch nichts zu finden gegeben hat!«

»Immerhin aber ist bewiesen«, antwortete ich ihm, »daß in Leinentüchern beigesetzte Leichen bei ihrem Zerfall gewisse Spuren im Stoff zurücklassen.« Sicher war das nur ein schwacher Trost, das war mir natürlich klar.

»Und warum ist das so wichtig für Sie?« fragte er mich.

»Das Turiner Grabtuch!«

»Aha«, kam es zurück, und dann meinte Bourguet ganz

ehrlich: »Wissen Sie, ich glaube, ich weiß darüber zu wenig. Sicher sollte ich besser Bescheid wissen, aber...«

Er gestattete mir dann noch, einige Aufnahmen von den Totenhemden zu machen. »Aber«, setzte er gleich hinzu, »beeilen Sie sich bitte, sonst erfrieren wir hier alle noch!«

Vignon hatte seinerzeit auch überlegt, ob die Abdrücke auf dem Turiner Tuch nicht durch direkte Berührung des Stoffmaterials mit dem Körper entstanden sein konnten, und daran mußte ich auch denken, als ich die vielen seltsamen und formlosen Abdrücke auf den Totenhemden aus Antinoe photographierte.

Der Franzose hatte es aber damals nicht bei bloßen Spekulationen bewenden lassen, sondern wollte seine Theorie auch gleich praktisch beweisen. Er klebte sich einen Bart von der ungefähren Größe und Form des Originals auf dem Turiner Tuch ins Gesicht, legte sich auf einen Tisch und befahl zwei Helfern, sein Gesicht mit rötlichem Kalkpulver zu bestreuen. Dann legten die Assistenten ein Leinentuch über Vignons Kopf, drückten es fest gegen das Gesicht und versuchten durch leichtes Reiben die Konturen auf das Leinen zu übertragen. Sie hatten tatsächlich Erfolg: nach dem Abschluß des Experiments befand sich wirklich ein Negativbild Vignons aus rötlichem Kalkstaub auf dem Gesichtstuch. Aber die Wiedergabe war unvollkommen: Augen, Wangen und Mund wirkten verzerrt, und die Nase war viel zu flach. Das Ganze wirkte eher wie ein Zerrbild und kam in keiner Weise an die Genauigkeit des Abbildes auf dem Turiner Grabtuch heran.

Wieder und wieder versuchte man das Experiment, wendete einmal mehr und dann wieder weniger Druck beim Reiben des Tuches gegen das Gesicht an, aber das Ergebnis blieb immer unbefriedigend; das Abbild wirkte stets verschmiert und ungenau. Das war natürlich kein Zufall.

Zur Entstehung des Abbildes: Die Theorie vom Kontaktabdruck

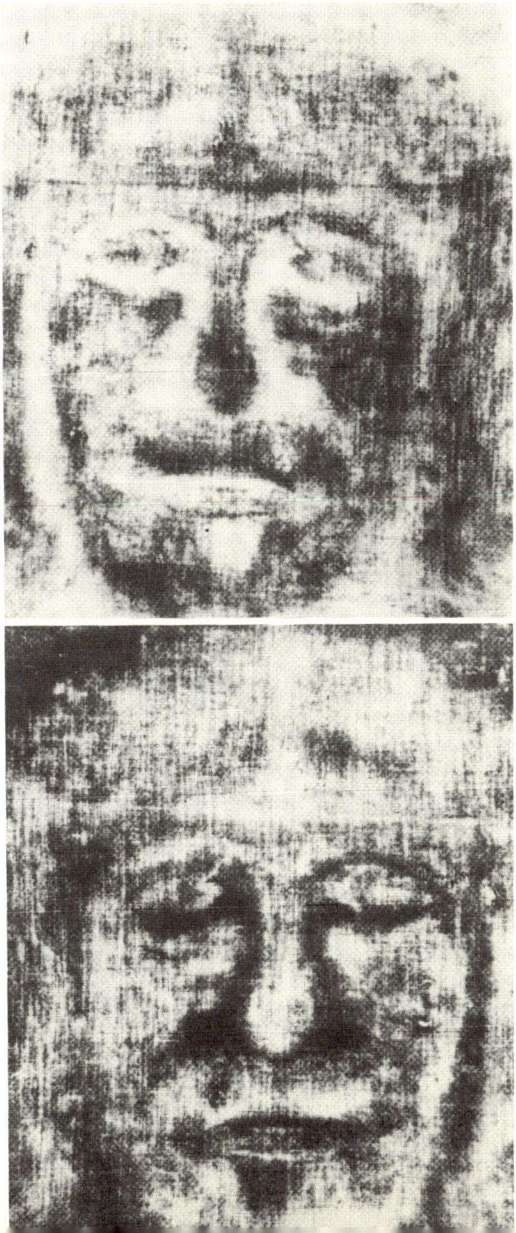

Zur Erzielung der abgebildeten Abdrücke wurden die Gesichter von Leichen zunächst mit einer Mischung aus Blut und Salben bestrichen und sodann ein Kontaktabdruck mit Hilfe eines auf das Gesicht gepreßten Tuches hergestellt. Auf dem oberen Bild das Positiv, darunter das photographische Negativ. Diese unbefriedigend gebliebenen Versuche wurden von Professor Judica-Cordiglia, der an der Universität von Mailand als Gerichtsmediziner tätig ist, durchgeführt. Judica-Cordiglia ist außerdem Direktor des sindonologischen Zentrums von Turin. (HSG)

In seinem 1963 erschienenen Buch schrieb John Walsh über die damaligen Versuche: Selbst wenn man ein Tuch gegen einen eingefärbten und mit völlig glatter Oberfläche ausgestatteten Zylinder drückt, bekommt man keinen genauen Abdruck vom Objekt, sondern ein vergrößertes und ungenaues Abbild. Wenn aber dieser Zylinder, wie eben bei einem menschlichen Kopf, noch dazu nicht glatt, sondern mit Erhöhungen und Vertiefungen versehen ist, muß der Abdruck notwendig noch weitaus ungenauer und verzerrter werden.«

Der Körper des Mannes im Turiner Grabtuch muß sich lange genug darin befunden haben, um sichtbare Spuren auf dem Tuch zurückzulassen, aber nicht so lange, daß die Verwesung bereits deutlich eingesetzt haben konnte. Wenn die Berichte im Neuen Testament richtig sind, also etwa 36 Stunden lang.

Während wir in das warme Büro von Bourguet zurückgingen, wollte mir die Frage nicht aus dem Kopf, wie das wohl möglich gewesen sein sollte.

Aber eigentlich gab es nur zwei logische Antworten auf diese Frage. Entweder der Körper war – tot oder lebendig – aus dem Grab gestohlen oder sonst entfernt worden, oder das Leben war in den noch nicht verwesenden Leichnam zurückgekehrt. Dann mochte der Mann das Leichentuch selbst abgestreift und dann das Grab verlassen haben.

Die erstere Möglichkeit ist mit den Gesetzen der Logik durchaus zu begründen – die zweitere nicht. Sie ist nicht begründbar, aber man kann daran glauben.

Vignon hatte noch eine weitere Theorie entwickelt. Es sei nicht ausgeschlossen, überlegte er, daß die vom Körper aufsteigenden Dünste und Gase im Wege einer chemischen Reaktion das Abbild auf dem Leichentuch hervorgerufen haben konnten. Vignon war auf diese Idee verfallen, nachdem er von den Filmexperimenten von René Colson gehört hatte. Colson war Physiker und wirkte an der Pariser »Ecole Polytechnique«. Vignon nahm Verbindung mit dem Physiker auf, und beide entwickelten in der Folge eine Reihe von Hypothesen, die sie auch im praktischen Versuch zu beweisen trachteten.

Vignon begann mit einem Metallmedaillon, und Colson benutzte die Plastik eines Christuskopfes als Versuchsobjekt. Die Gegenstände wurden mit Zinkpulver bestäubt und dann in luftundurchdringlichen Behältern verschlossen. Vignon legte eine unbelichtete photographische Platte unter das Medaillon, und Colson legte eine solche oberhalb des Christuskopfes in den Behälter: auf diese Weise konnten sowohl nach unten sinkende als auch nach oben steigende Dämpfe experimentell festgestellt werden. Nach Ablauf von 24 Stunden wurden die Platten entwickelt. Der Versuch war erfolgreich – in beiden Fällen waren »Aufnahmen« entstanden, richtige Negativbilder. Das Medaillon erschien ein wenig unscharf, aber das Profil des Christuskopfes war ganz deutlich erkennbar.

Beide Forscher mußten sich aber darüber im klaren sein, daß Zink niemals ein Bestandteil jener Salben war, mit denen nach altjüdischem Brauch die Verstorbenen vor der Beisetzung gesalbt wurden, aber vielleicht waren die Abdrücke gar nicht auf die Salben selber zurückzuführen. Da war beispielsweise schon eher an Urin zu denken. Urin befindet sich nicht nur in der menschlichen Harnblase, sondern er findet sich auch im Schweiß, und zwar besonders stark im Todesschweiß. Am urinreichsten ist erfahrungsgemäß der Todesschweiß von Menschen, deren Sterben besonders qualvoll verläuft. Der trockene Schweiß wird dann chemisch gesehen zu Ammoniumkarbonat, von dem in der Folge feine ammonische Dämpfe aufsteigen.

Aber wie können solche Dämpfe Abdrücke auf einem Leinentuch hervorrufen? Die beiden Forscher stellten auch hier genaue Überlegungen an. Sie nahmen an, daß vor der Beisetzung Christi das Leichentuch mit einer salbenartigen Mischung aus Myrrhe und Aloe – dieses Rezept entnahmen Vignon und Colson dem Alten Testament – bestrichen worden war. Aloe besteht im wesentlichen aus zwei chemischen Substanzen, nämlich aus Aloin und Aleotin. Beide Substanzen oxydieren, wenn sie mit alkalischen Stoffen, wie beispielsweise Ammoniak, in Kontakt kommen. Das sichtbare Ergebnis dieser chemischen Reaktion ist eine leicht bräunliche Verfärbung der Trägersubstanz, in diesem Falle also des Leichentuches.

Bald gingen Vignon und Colson daran, auch diese Überlegungen im praktischen Versuch zu überprüfen. Sie bestrichen ein Stück Leinen mit einer Mischung aus Öl und Aloe und tauchten das Tuch dann zur Hälfte in Ammoniakwasser. Sofort setzte der Oxydierungsprozeß ein, und das Tuch begann sich braun zu verfärben. Sobald das Leinen wieder getrocknet war, löste sich die Öl-Aloe-Mischung auf der einen Hälfte in kleine schuppenförmige Blättchen und in eine pulvrige Substanz auf, die leicht zu entfernen war; der verfärbte Fleck auf der ins Wasser getauchten Hälfte des Tuches aber blieb bestehen und ließ sich nicht mehr entfernen. Die Theorie schien also grundsätzlich richtig zu sein.

Jetzt wurden die beiden Männer schon kühner. Sie befeuchteten eine Porträtbüste mit ammoniakhaltigem Wasser und preßten anschließend ein mit Aloe bestrichenes Leinentuch auf das Versuchsobjekt. Das Ergebnis war ein bräunlicher Fleck auf dem Tuch. Dann folgte der nächste Versuch: Vignon und Colson streiften einen an der Innenseite mit Aloe bestrichenen Lederhandschuh über die Gipsnachbildung einer menschlichen

Hand und ließen dann vorsichtig ammoniakhaltiges Wasser zwischen die Hand und den sie bedeckenden Handschuh laufen. Nach einiger Zeit zogen sie den Handschuh ab und schnitten ihn sorgfältig auf. Die Mühe lohnte sich: im Inneren des zerschnittenen Handschuhes fand sich ein vollkommener und deutlich sichtbarer Handabdruck. Nicht gerade eine Abbildung von photographischer Wirklichkeitstreue – aber immerhin so klar erkennbar, daß auch heute noch von vielen Sindonologen die »Theorie vom Verdunstungsbild« auf dem Turiner Leichentuch mit großer Überzeugung vertreten wird.

»Jetzt können Sie nur mehr eines tun«, erklärte mir Bourguet in seinem Büro im Louvre. »Einige Stücke aus der ›Sammlung Gayet‹ wurden an eines der beiden in Lyon befindlichen Museen übermittelt. Monsieur Guimet, der seinerzeit Gayet finanzierte, stammte nämlich aus dieser Stadt. Vielleicht finden Sie in Lyon etwas, ich kenne dort den Museumskurator. Wenn Sie wollen, kann ich das arrangieren.«

»Das könnte mir sehr helfen«, antwortete ich.

Bourguet aber dämpfte gleich wieder meinen Optimismus: »Ich glaube nicht, daß Sie dort den ominösen Schleier mit dem Gesichtsabdruck finden werden.«

»Warum nicht? Jedenfalls muß es etwas Ähnliches einmal gegeben haben. Zumindest noch im Jahre 1902, als Gayet in den ›Annalen‹ darüber berichtete.«

Bourguet überlegte: »Wenn ein solcher Schleier tatsächlich existiert hat, dann könnte ihn Guimet vielleicht weitergegeben haben, gerade weil er so ungewöhnlich interessant war. Wissen Sie, Guimet war in solchen Angelegenheiten recht großzügig. Wenn ihn jemand sehr um etwas bat, konnte es vorkommen, daß er Dinge einfach wegschenkte.«

Er fuhr fort: »Von Gayet weiß ich eigentlich weniger,

vielleicht hat er sich bei der Beschreibung dieses Gesichtsschleiers einfach geirrt, oder er war bloß zu übereifrig bei der Sache. Auch Archäologen stehen ständig unter Leistungsdruck: wenn sie keine spektakulären Funde aufzuweisen haben, versiegen die Geldquellen oft allzuleicht. Vielleicht hat Gayet nach harter Tagesarbeit und bei einem guten Glas Wein ein wenig fabuliert...«

Wir lachten beide.

»Aber wer bin ich, daß ich mir solche Gedanken anmaße«, schränkte mein Gegenüber gleich wieder ein, »wenn Sie nach Lyon fahren wollen, helfe ich Ihnen gerne!« Ich mußte ablehnen: »Morgen soll ich schon in London sein. Aber vielleicht werde ich an die beiden Museen in Lyon schreiben. Sie brauchen mir ja nur mitzuteilen, ob sie einen solchen Gesichtsschleier in ihrem Besitz haben, und wenn ja, werde ich bitten, daß man mir ein Photo schickt.«

Meine Entscheidung war richtig gewesen. Ich schrieb an beide Lyoner Museen. Man beantwortete auch meine Anfragen, aber die Antwort war in beiden Fällen negativ: Monsieur R. de Micheaux, Kurator des »Musée Historique des Tissues« (etwa: Textilmuseum) und Madame Madeleine Rocher-Jauneau, Kuratorin des »Musée des Beaux-Arts« (Museum der schönen Künste) teilten mir mit, ihre Institute besäßen keine derartigen Gesichtsschleier aus der »Sammlung Gayet«. Monsieur de Micheaux fügte freundlicherweise noch hinzu, daß das Textilmuseum überhaupt keine ägyptischen Fundgegenstände in seinem Besitz habe, weil »diese allesamt an den Louvre zurückgemittelt worden sind.«

Zwischen Paris und London

Mein journalistisches Interesse am Turiner Grabtuch war anscheinend eines Tages auch Herrn Kurt Berna zu Ohren gekommen. Kurt Berna: der Mann, der die geheime Untersuchungskommission des Jahres 1969 beinahe platzen ließ, der Mann, der den Vatikan zu offiziellen Erklärungen und Dementis veranlassen konnte. Der deutsche Sindonologe nahm Kontakt mit mir auf, als er hörte, daß ich ein Buch über das Grabtuch schreiben wollte. Er schlug mir vor, mich in London zu besuchen, um mir seine Theorien persönlich zu erklären. Während des Fluges von Paris nach London las ich in meinen Unterlagen alles, was ich über den Mann finden konnte.

Die erste Überraschung war die, daß »Berna« nicht sein richtiger Name war. In Wirklichkeit hieß er Hans Naber und die Namen »Kurt Berna« oder »John Reban« benutzte er aus verschiedenen Gründen nur als Pseudonyme für seine Bücher.

Naber war getaufter Katholik und auch als solcher aufgewachsen, sein Religionsbekenntnis hatte ihm aber, wie so vielen anderen Menschen, nie recht viel bedeutet. Im Jahre 1936 verließ er im Alter von 15 Jahren die Schule und wurde Hotellehrling »von der Pike auf«. Er kam in ganz Europa herum – so betonte er immer besonders, daß er auch Winston Churchill in London an der Tafel bedient habe – und schien am Anfang einer beachtlichen Karriere zu stehen, bis ihm der Beginn des Zweiten Weltkrieges einen gewaltigen Strich durch die Rechnung machte: anstelle der erwarteten Beförderung zum »maître d'hôtel« erreichte Naber die völlig unerwartete Einberufung zur Deutschen Wehrmacht.

Da Naber aber im Umgang mit Gedrucktem recht geschickt war, wurde er bald Kompanieschreiber und verlebte die ersten Kriegsjahre verhältnismäßig unbehelligt in der Heimat. Später kam Nabers Einheit allerdings nach Frankreich und wurde bald in den allgemeinen katastrophalen Rückzug der Wehrmacht nach den alliierten Landungen im Sommer 1944 hineingezogen. Naber desertierte kurzentschlossen, beschaffte sich Zivilkleidung und kehrte später illegal nach Stuttgart zurück.

Nach dem Kriegsende mußten die geschlagenen Deutschen sehen, wo sie blieben: Naber ging es nicht besser, und so verlegte er sich auf das Schwarzmarktgeschäft, auf welche Weise er sich bis 1947 recht und schlecht durchschlug. Dann erschien ihm eines Nachts Jesus Christus im Schlafe.

Etwa um vier Uhr am Morgen des 18. Februar 1947 wurde Naber noch in der Wohnung seiner Eltern im Bette liegend ganz plötzlich von einem »Passionsfilm« überfallen, der an der Schlafzimmerwand wie auf einer Kinoleinwand vor ihm ablief. Nichts wurde dabei ausgelassen: der Prozeß Christi, die Kreuzigung, Bestattung, Auferstehung und schließlich die Himmelfahrt des Herrn. »Es war so realistisch«, teilte Naber später einer Zeitschrift in einem Interview mit, »daß ich den Eindruck bekam, all diese Dinge spielten sich tatsächlich vor meinen Augen ab. Das Ganze dauerte sieben Tage lang ohne die geringste Unterbrechung an. Ich konnte weder essen, schlafen oder mich aus dem Bett erheben. Alles, was ich zu mir nahm, war ein wenig Wasser.«

Am siebenten Tag der Vision, als Naber bereits »körperlich völlig erschöpft und schon fast verrückt geworden war«, geschah etwas noch Ungewöhnlicheres: »An einer Wand des Zimmers erschien plötzlich ein äußerst intensives Licht und verbreitete sich im ganzen Raum. Dann erschien mir Jesus im Lichte... Er war groß... trug langes Haar und Vollbart... das Licht um ihn war zwar unglaublich hell, beinahe überirdisch, aber es blendete mich nicht, und ich sah den Herrn ganz genau. Er trug ein langes weißes Gewand, und es waren keine Wunden an seinem Leib.«

Christus sprach zu Naber, und dieser griff nach Feder und Papier und schrieb wie im Traum die göttliche Botschaft mit. Diese Botschaft lautete, auf die wichtigsten Teile beschränkt: »Ich bin nicht am Kreuze gestorben... Die Wunden an meinen Händen und an den Füßen nahmen mir alle Kraft. Der Schmerz wühlte in meinem Körper... dann stach mich einer von diesen Entmenschten in die Seite... die Lanze stieß von unten her in meine Brust, aber sie traf nicht mein Herz... die Seitenwunde blutete... mein Körper war wie leblos, aber nicht tot... Das Herz schlug noch. Dann behandelten sie meine Wunden mit Balsam... Josef von Arimathäa legte mich in ein Felsengrab... mein Körper durfte ausruhen... mein Herz schlug wieder stärker und kräftiger... und dann konnte ich mich wieder erheben.«

Christus sprach und Naber schrieb, er erinnerte sich später an jedes Detail. Die letzten Worte blieben Naber besonders im Gedächtnis haften: »Ich bin Jesus, den die Menschen kreuzigten. Du, Hans, hast gesehen, daß ich nicht am Kreuze gestorben bin. Und Du mußt Zeugenschaft davon ablegen!« Dann verschwand die Vision.

Naber schlief drei Tage lang ohne Unterbrechung und erholte sich nur langsam von der offenbar überirdischen Heimsuchung. Als er wieder einigermaßen zu Kräften gekommen war, ließ er die Schwarzmarktgeschäfte bleiben und begann, Zeugenschaft für die neue Wahrheit abzulegen, die ihm gleichsam widerfahren war. Die »Neue Zeitung«, die die amerikanische Besatzungsmacht damals in Deutschland herausgab, brachte ein Interview mit Naber. Die Reaktionen waren geteilt: die meisten Leser nahmen die Geschichte überhaupt nicht ernst, andere aber gaben ihrem Unmut über die ungeheuerlichen Behauptungen des unbekannten Schwarzmarkthändlers sehr eindeutig Ausdruck. Jetzt brauchte Naber Beweise für seine kühnen Behauptungen. Wenig später hörte er erstmals vom Turiner Grabtuch.

LONDON

Als Naber und ich einander zum ersten Male in London begegneten, erzählte er mir, wie die Geschichte damals weitergegangen war. Ein befreundeter Priester hatte ihm bald nach der Vision ein Buch des tschechoslowakischen Autors R.W. Hynek geliehen, der sich darin mit den möglichen medizinischen Ursachen für den Tod Christi auseinandersetzte. Unter anderem stellte Hynek zuerst einmal fest, daß alle damit befaßten Ärzte nach dem Studium der Aufnahmen des Leichentuches einhellig zu dem Schluß gelangt seien, daß der Mann im Turiner Tuch tatsächlich tot gewesen sei.

Das konnte nicht sein: wenn das stimmte, dachte Naber, dann konnten seine Visionen nicht richtig gewesen sein. Dann mußte er sich eingestehen, daß er einer Einbildung zum Opfer gefallen war. Hatte er etwa Halluzinationen? Aber Naber war sicher, daß er sich nicht getäuscht hatte. Er kaufte alle Bücher über das Leichentuch, die er bekommen konnte und ebenso auch lebensgroße Reproduktionen der im Jahre 1931 von Enrie angefertigten Photos.

Die Blutflecken auf dem Tuch beschäftigten Naber besonders. Dann plötzlich, so erzählte er mir, fiel ihm ein Erlebnis aus der Kriegszeit ein: »Das war im Jahre 1942, daheim in Deutschland. Ein Mann von meiner Kompanie wurde bei einem Autounfall getötet. Als Kompanieschreiber mußte ich bei der Autopsie anwesend sein und einen Bericht schreiben. Ich stand also mit meinem Feldwebel da und wartete. Der Arzt setzte sein Skalpell an und führte einen kräftigen Schnitt an der Leiche durch. Sie blutete überhaupt nicht. Ich fragte meinen Feldwebel nach der Ursache hierfür, aber er wußte es auch nicht. Also befragten wir den Arzt, und der sagte uns, daß Leichen eben nicht bluten. Das heißt, sie können schon bluten, ein paar Tropfen vielleicht – aber nicht mehr.«

»Das alles fiel mir wieder ein«, setzte Naber fort, »als ich mir die Abbildungen des Leichentuches mit all den vielen Blutflecken ansah.« Und dann wußte ich plötzlich, daß ich den Beweis hatte. Der Körper im Leichentuch war voll von frischem Blut, es mußte also noch Leben in ihm gewesen sein, als man ihn in das Tuch gelegt hatte. Christi Herz schlug auch nach der Abnahme vom Kreuze noch weiter...«

Später präzisierte Naber seine Angaben noch genauer. Leichen, hatte der Doktor gesagt, könnten wohl auch ein wenig bluten, aber die starken Blutflecken auf dem Tuch in der Schädelgegend und an den Händen und Armen konnten unmöglich von einem Leichnam stammen: soviel Blut pumpt nur ein lebendiges Herz aus dem Körper.

Später wurde Nabers Theorie unter anderem in dem Aufsatz »Jesus hat die Kreuzigung überlebt« von W. B. Primrose, einem früheren leitenden Anästhesisten eines bekannten Hospitals in der englischen Stadt Glasgow, bestätigt. Tenor des Artikels: »Leichen bluten nicht!«

> Eigentlich war und blieb die Form der Blutflecken auf dem Leichentuch immer ein Rätsel. Paul Vignon und Pierre Barbet stellten praktische Versuche an, aber es gelang ihnen einfach nicht, die eigenartige Form der Blutflecken auf dem Tuch nachzuahmen. Verwendeten die beiden Sindonologen zu frisches Blut, zerlief es, einmal auf ein Stück Leinentuch gegossen, sofort in alle Richtungen des Webmusters. Nahmen sie aber nicht frisches Blut, hinterließ dieses auf dem Tuch einfach nur Krusten, und die Frage, wie die klar gezeichneten und scharf abgegrenzten Blutflecken auf das Leichentuch gekommen waren, blieb auch weiterhin ungelöst.

Naber beschäftigte sich natürlich immer wieder in der Erinnerung mit seiner siebentägigen Vision. Dabei fiel ihm ein, daß er die Spitze der Lanze aus dem linken Brustmuskel hatte herausragen sehen. Nach den Annahmen der meisten Historiker, Theologen und Mediziner war die Lanze aber zwischen den Rippen in die Brusthöhle eingedrungen und dort steckengeblieben.

Anders bei Naber: er sah die Lanzenspitze einige Zentimeter über der linken Brustwarze aus dem Körper ragen und glaubte später auch, auf den lebensgroßen Reproduktionen von Enries Photographien sogar eine kleine Verletzung an der linken oberen Brusthälfte zu erkennen. Die Wunde war kreisförmig und von den längeren und schmäleren Geißelverletzungen deutlich zu unterscheiden.

Aber es ging um einen stichhaltigen Beweis für diese Annahme und Naber machte sich an die Arbeit. Über die vermutliche Einstichstelle der Lanze waren sich Barbet und Hynek einig gewesen, sie mußte zwischen der fünften und der sechsten Rippe liegen. Also zog Naber eine gerade Linie von der Einstichstelle durch die Lunge bis zur vermuteten Austrittsstelle oberhalb der linken Brustwarze. Es sah aus, als konnte der Lanzenstich tatsächlich knapp am Herzen vorübergegangen sein, ohne es zu verletzen. Jetzt ließ sich Naber in einem Spital Röntgenaufnahmen vom Brustraum machen und dabei den angenommenen Weg der Lanze in das Bild kopieren. Die Bilder gaben Naber recht: der »Lanzenstich« lag etwa 7,5 cm über der oberen Begrenzung des Herzens.

Damit aber gab es für den Deutschen keinen Zweifel mehr, daß seine Vision keine Einbildung gewesen war – jedes Detail stimmte genau! Was aber sagt die Heilige Schrift zu diesem Thema? »Nirgendwo im Alten Testament steht geschrieben, daß der kommende Messias am Kreuze sterben muß«, stellte Naber späterhin fest und zitierte dazu aus dem 53. Kapitel des Propheten Isaias. Und im Neuen Testament heißt es im 39. Vers des 26. Kapitels bei Matthäus ausdrücklich, daß der Herr nicht am Kreuze sterben wollte...

»Erst die Himmelfahrt Christi hat die Menschheit erlöst« versuchte sich Naber als Amateurtheologe, »und die Auferstehung war in Wirklichkeit nur die Genesung von den schweren Verletzungen.« Naber meinte, daß es bei der Kreuzabnahme durchaus so ausgesehen haben konnte, als berge man einen Leichnam und erweise ihm die letzte Ehre. Vielleicht war der Atem nicht mehr zu spüren, vielleicht, ja sogar wahrscheinlich, gab der geschundene Körper kein sichtbares Lebenszeichen mehr von sich, aber dennoch mußte doch stets so viel Sauerstoff im Blut gewesen sein, um das Gehirn zu durchbluten und Christus am Leben zu erhalten. Und in der Stille und Ruhe des Grabes erholte sich der Gekreuzigte allmählich von seinen schweren Wunden.

In der Mitte der fünfziger Jahre stießen Nabers Theorien in Deutschland auf heftigen Widerstand. Der Jesuitengeistliche und Professor für Fundamentaltheologie in Frankfurt, Werner Bulst, war einer der wenigen, die bereits damals in Deutschland an die Echtheit des Leichentuches glaubten und für ihre Meinung auch entschlossen eintraten. Für Bulst war Nabers Theorie »reinste Phantasie«.

Im Jahre 1954 schrieb Naber sein erstes Buch unter dem provozierenden Titel »Das fünfte Evangelium«. Das Geld für die Druckarbeiten hatte er sich geliehen, und als das Werk erschien, schickte er mehrere Exemplare davon auch an den Vatikan. Das war alles. In Deutschland verkaufte sich das Buch ziemlich schlecht und wurde bald zu einem Ladenhüter.

Ein Jahr später aber begegnete Naber einem damals schon 75jährigen Pathologen aus Köln namens Hirt, der ihm endlich recht gab und sich auch für die Ideen des deutschen Sindonologen aktiv einsetzte. Zusammen mit Professor Hirt – an den Vornamen konnte sich Naber bei unseren

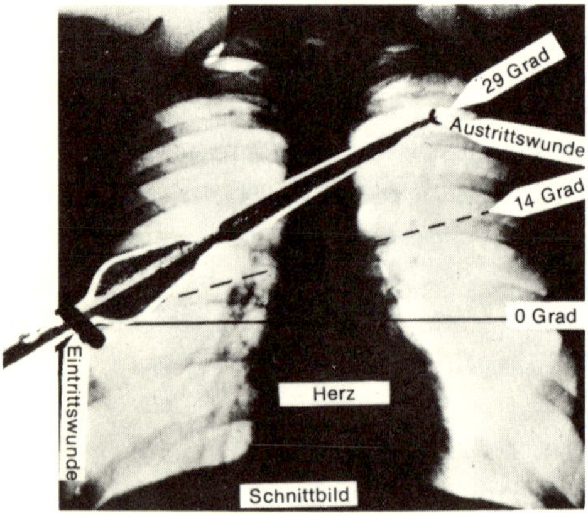

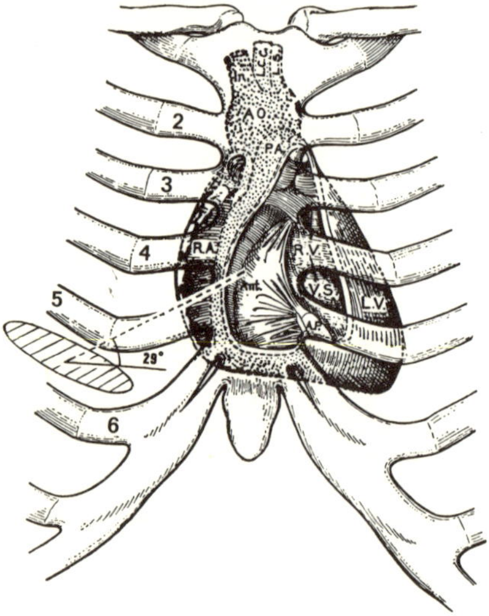

Links: Die Röntgenaufnahmen, die Hans Naber anfertigen ließ. Der Lanzenstoß führt oberhalb des Herzens durch den Brustraum und läßt das Herz unverletzt (HN); unten: Die Darstellung von Dr. Willis: Die Lanze trifft das Herz und durchbohrt es (DW); rechts oben: Die Darstellung von Barbet (DW); Mitte: Die Todestheorie von Dr. Moedder (DW); unten: Die Theorie von Sava (DW): Schnittbild / Herz/ Eintrittswunde/ Austrittswunde

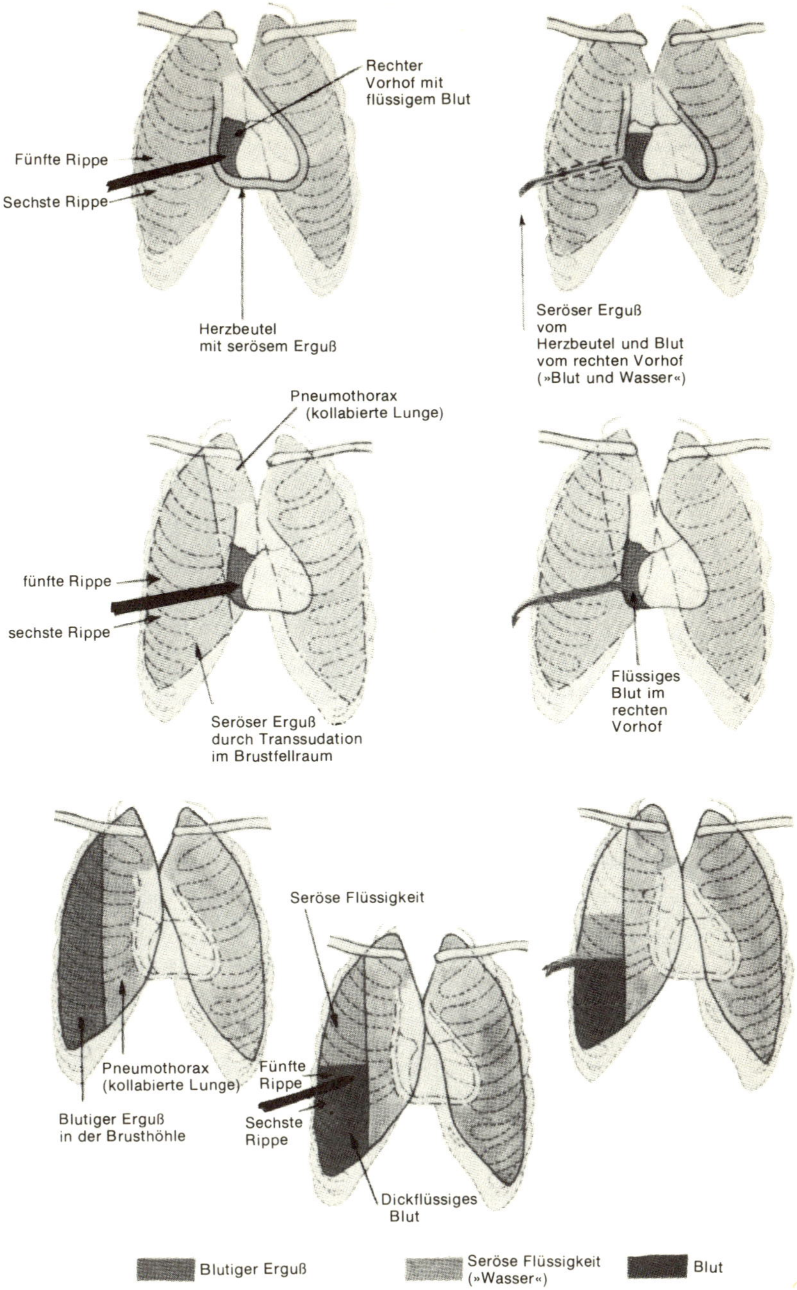
Rechter
Vorhof mit
flüssigem Blut
Fünfte Rippe
Sechste Rippe
Herzbeutel
mit serösem Erguß
Seröser Erguß
vom
Herzbeutel und Blut
vom rechten Vorhof
(»Blut und Wasser«)
Pneumothorax
(kollabierte Lunge)
fünfte Rippe
sechste Rippe
Seröser Erguß
durch Transsudation
im Brustfellraum
Flüssiges
Blut im
rechten
Vorhof
Seröse Flüssigkeit
Pneumothorax
(kollabierte Lunge)
Blutiger Erguß
in der Brusthöhle
Fünfte
Rippe
Sechste
Rippe
Dickflüssiges
Blut
Blutiger Erguß
Seröse Flüssigkeit
(»Wasser«)
Blut

Gesprächen nicht mehr erinnern – wurde damals die »Deutsche Gesellschaft für das Leichentuch Jesu« gegründet. Naber aber verwendete den Begriff »Gesellschaft« später immer nur so, als handle es sich dabei um einen ganzen Stab von Wissenschaftlern, die mit seinen Erkenntnissen vollständig übereinstimmten.

Und er ließ sich von dem einmal eingeschlagenen Weg nicht mehr abbringen: bis zum Jahre 1960 hatte er sein zweites Buch und drei illustrierte Magazine herausgebracht. Besonders die letzteren waren so geschickt und phantasievoll gemacht, daß ich unwillkürlich an Nabers Autorenschaft zweifelte. Ein Blick ins Impressum aber belehrte mich eines Besseren: als Verfasser und Herausgeber zeichnete Hans Naber.

> Der schon erwähnte deutsche Wissenschaftler Werner Bulst begann im Jahre 1960 mit einer offenen Kampagne gegen Naber und beschuldigte ihn unter anderem, daß er seine Leser ganz bewußt falsch informiere. »Der uninformierte Leser«, schrieb Bulst, »wird immer wieder dadurch beeindruckt, daß Naber sich in seinen Artikeln des öfteren auf allgemein anerkannte Persönlichkeiten wie z.B. Prof. Dr. von Campenhausen (ein Professor für protestantische Theologie an der Universität von Heidelberg), Prof. Dr. Siegmund (ein katholischer Theologe) und Prof. Dr. Reisner (ein Physiker aus Stuttgart) beruft. Interessanterweise stellt man jedoch auf Grund von persönlichen Rückfragen unverzüglich fest, daß die zitierten Gelehrten weder Herrn Berna noch seine Theorien kennen.

Etwa im Jahre 1960, erzählte mir Naber weiter, habe er einen reichen Bankier kennengelernt. Genaueres wollte er darüber nicht sagen, auch den Namen nannte er nicht, aber immerhin erklärte er, daß der Mann außerdem auch noch als Juwelier in der Schweiz tätig gewesen sei und den Gedanken verfolgte, daß Nabers Theorien möglicherweise als Grundlage für eine Aussöhnung zwischen Juden und Christen dienen konnten: wenn Jesus nämlich nicht am Kreuze gestorben war, waren die Juden folgerichtig auch nicht schuldig an seinem Tod. Naber übernahm diesen interessanten Gedankengang und baute ihn in Zukunft auch immer wieder in seine eigenen Überlegungen ein.

Auch die bekannte Seherin Jeane Dixon glaubt übrigens, daß das Geschehen um das Turiner Grabtuch zu einer Annäherung der großen Weltreligionen führen könnte. »Die Botschaft des Leichentuches ist so ungewöhnlich«, schrieb Jeane Dixon, »und die Gelehrten haben bereits nachgewiesen, daß es sich hier nicht um ein Gemälde oder um irgendeine andere Imitation handelt – daß ich glaube, daß seine Wirkung auf das religiöse Leben ebenso wichtig sein wird wie die Auffindung der Schriftrollen am Toten Meer oder die Entdeckung des wahren Kreuzes Christi!«

Und der »National Enquirer« schrieb der Dixon in seiner Ausgabe vom 30. Juni 1974 den Ausspruch zu: »Ich glaube daran, daß das Turiner Grabtuch ein ganz entscheidender Faktor für alle Religionen sein wird. Ich sehe, daß es Menschen aller Bekenntnisse zu einem wahrhaften und tieferen Glauben bekehren wird. Das Leichentuch wird unsere Seelen heilen – seit den Kreuzzügen hat es wohl kein größeres religiöses Ereignis gegeben.«

Im Jahre 1964 gründete Naber dann die »Internationale Stiftung für das Heilige Grabtuch«. Die Namen der Mitglieder wollte Naber nicht preisgeben, da er, wie er sagte, allfälligen Repressalien von seiten der Kirche kein Ziel bieten wollte. Hauptsächlicher Zweck der Stiftung war die

Aufbringung der finanziellen Mittel für die religiösen Forschungen des deutschen Sindonologen.

Schon im darauffolgenden Jahr brachte Naber wieder ein Buch unter dem Titel »Untersuchungen über Jesus Christus« heraus. Das Werk wurde später ins Englische übersetzt und von einem Londoner Verlag publiziert. Und jetzt hatte Naber endlich Erfolg, einen Erfolg, der vielleicht auch für ihn selber nach 18 Jahren mehr oder weniger frustrierender Arbeit ganz unerwartet wie aus heiterem Himmel kam: die Presseagentur »UPI« griff seine Theorien auf und verbreitete sie in kürzester Zeit rund um die ganze Welt. Bald konnte Naber nun auch neben seinem alten Büro in Stuttgart neue in London und Zürich eröffnen.

Aber auch die Anfeindungen hörten nicht auf. Im Jahre 1967 brachte das »Ampleforth Journal«, ein Presseorgan der britischen Benediktiner, unter dem Titel »Ist ER am Kreuze gestorben?« einen kritischen Artikel von Dr. David Willis, einem englischen Arzt und letzten Sproß einer alten und ehrwürdigen Medizinerfamilie – einer seiner Vorfahren, Thomas Willis, hatte beispielsweise schon im 17. Jahrhundert den Diabetes entdeckt und beschrieben, und das ringförmige System von Basalarterien, das die Durchblutung des menschlichen Gehirnes sicherstellt, der sogenannte »Circulus arteriosus Willisii basalis«, trägt seinen Namen ebenfalls nach diesem berühmten Mediziner.

Dr. David Willis griff in diesem Artikel einige der Theorien Nabers vehement an. Der englische Arzt bezog sich in seinen Ausführungen im »Ampleforth Journal« insbesondere auf die Feststellungen von Dr. Derek Barrowcliff, einem Pathologen des britischen Innenministeriums, als er schrieb, »daß man bei jeder Autopsie leicht beweisen kann, daß am menschlichen Hinterkopf hervorgerufene offene Wunden – wie sie beispielsweise auch durch die Quälereien mit der sogenannten ›Dornenkrone‹ entstanden sein konnten –, auch bei Leichen sehr stark bluten.« Dr. Willis kam sogar zu dem Schluß, »daß solche Verletzungen besonders stark und andauernd bluten, weil nach dem Eintritt des Todes die natürliche Blutgerinnung nicht mehr vorhanden ist.« »Aus den geöffneten Adern eines Leichnams«, setzte Willis fort, »läuft das Blut ungehindert so lange ab, wie es die Naturgesetze erlauben. Hier wirken nur Schwerkraft und hydrostatischer Druck, das heißt, das Blut fließt ungehindert aus allen Gefäßen ab, bis der ›Blutspiegel‹ im Körperinneren unter das Höhenniveau der die Ausflußöffnung bildenden Wunde fällt.«

Auch die Theorien Nabers über die Bedeutung der Lanzenverletzung ließ Willis nicht unwidersprochen gelten. Der Arzt stellte fest, daß die Ausführungen Nabers über die Eintrittsstelle der Lanze in den Körper viel zu ungenau seien. »Es ist völlig sinnlos«, hieß es im Artikel, »wenn man ohne nähere Beschreibung angibt, daß sich die Wunde ›zwischen der fünften und der sechsten Rippe‹ befindet. Die Rippen des menschlichen Brustkorbes sind ja nach unten gebogen, und man muß daher den Eintrittspunkt der Lanze ganz genau lokalisieren. Wenn man sich die Verletzungszeichen auf dem Leichentuch ganz genau ansieht, liegt die Eintrittswunde offenbar so am Rippenbogen, daß der Stoß mit Sicherheit den Herzbeutel treffen mußte. Wenn Herr Naber hier genauer vorgegangen wäre, so hätte wohl auch sein ›simulierter Lanzenstoß‹ auf dem Röntgenbild das Herz sehr wohl durchbohrt.«

Dr. Willis ging sogar noch weiter und bezichtigte Naber des Betruges. Grundlage dafür war eine in dem Buch »Untersuchungen über Jesus Christus« veröffentlichte Röntgenaufnahme, die der Untermauerung der Thesen des Autors dienen sollte. Willis stellte fest, daß auf dem

Röntgenphoto die inneren Organe und insbesondere das Herz eines Kindes abgebildet waren, obwohl Naber bei seinen Behauptungen selbstverständlich von den anatomischen Verhältnissen eines erwachsenen Mannes ausgehen mußte. Und darin lag nach Willis Ansicht auch der Grund dafür, warum die ominöse Lanze das Herz verfehlt hatte: das auf der Aufnahme dargestellte Kinderherz war noch nicht völlig entwickelt und daher auch kleiner als das Herz eines Erwachsenen. Kein Wunder also, daß die Waffe das Herz unversehrt ließ...

»Übrigens«, hieß es bei Willis dann weiter, »ist die Frage, ob die Lanze das Herz getroffen hat, auch gänzlich irrelevant. Die römischen Besatzungssoldaten, die die Exekution ausführten, waren mit Sicherheit gut ausgebildet und wußten wohl aus Erfahrung, wie frische Tote aussahen. Den beiden Schächern an der Seite Christi brachen sie die Knochen, um die Hinrichtung zu einem Ende zu bringen, aber bei Christus selber fanden sie dies offenbar nicht mehr für notwendig, weil er schon vorher oben auf dem Kreuze verschieden war. Der Stoß mit der Lanze war daher kein »letzter Gnadenakt«, um dem Opfer das mühselige Sterben zu erleichtern, sondern einfach die Mutwillenstat eines der Römer, der sich vielleicht bei der Exekution schon ein wenig gelangweilt haben mag.«

Nach dem Erscheinen des Artikels im »Ampleforth Journal« mußte Naber tatsächlich zugeben, daß einige der in seinem letzten Buch abgedruckten Aufnahmen retouchiert waren. Aber er räumte bloß ein, daß die Blutflecke auf den Aufnahmen nachgedunkelt worden seien, und dies nur, um die Glaubwürdigkeit seiner Theorien deutlicher werden zu lassen. Aber, so schränkte Naber gleich wieder ein, das habe mit Betrug nicht das geringste zu tun: das Blut auf dem Körper und auf dem Tuche müsse ja tatsächlich ursprünglich wesentlich dunkler erschienen sein, und diesen ursprünglichen Zustand habe er, Naber, durch die Nachdunkelung der Photographien nur deutlicher zeigen wollen.

1967 war überhaupt kein sehr erfolgreiches Jahr für den deutschen Sindonologen. Er hatte auch Ärger in den Vereinigten Staaten: eine Frauenorganisation in Trenton hatte in Nabers Auftrag Broschüren mit beigefügten Spendenaufforderungen erhalten, und die resoluten Damen übergaben die Angelegenheit gleich einem »Better Business«-Büro in New Jersey, das seinerseits sogleich Verbindung mit der Diözese von Trenton aufnahm. Die Diözese wieder fragte bei kirchlichen Dienststellen in der Schweiz nach, und die aus Zürich eingegangene Antwort war für Naber nicht gerade schmeichelhaft. Die »Internationale Stiftung für das Heilige Grabtuch«, gaben die Schweizer ganz trocken und unumwunden bekannt, sei »ein Schwindel«.

Naber aber ließ sich nicht beirren. Anläßlich der Aktion des Jahres 1969 im Zusammenhang mit der Untersuchungskommission für das Leichentuch ging sein Name neuerlich in den Meldungen der Nachrichtenagenturen um die Welt – aber auch noch beim Interview mit mir weigerte er sich entschieden, über seine angeblichen Informanten und Vertrauensleute zu sprechen.

Nach den Erfolgen des Jahres 1969 bescherte das Jahr 1971 dem deutschen Sindonologen einen schweren Rückschlag: er wurde in einem Betrugsverfahren mit einer Schadenssumme von umgerechnet 75000 Dollar angeklagt. Dazu Naber: »Man muß zwischen der Stiftung und dieser Angelegenheit eine ganz genaue Unterscheidung machen. Anfang der sechziger Jahre wollte ich wieder ein Buch herausbringen, aber die Verlage wollten es nicht haben, weil es kirchenfeindlich war. Also mußte ich es selber verlegen und das nötige Geld dafür irgendwie zusammenbringen. Ich fand etwa zwanzig Interessenten und Geldgeber, denen ich erklärte, daß das Buch ein Bestseller werden mußte. Leider kam es anders, das Buch verkaufte sich schlecht, und mein kleiner Verlag brach zusammen. Nachher haben mich dann die Geldgeber beschuldigt, ich hätte sie nicht korrekt informiert. Vielleicht habe ich wirklich das Risiko ihnen gegenüber nicht richtig dargestellt, aber wie hätte ich wissen sollen, daß die Presse mein Buch völlig ignorieren würde. Es war eine Bombe – aber es schrieb einfach keiner eine Zeile darüber!«

Naber erzählte mir, er habe versucht, das Geld zurückzuzahlen, aber einer der Geldgeber habe schließlich für seine Verhaftung gesorgt. 1972 wurde er dann wegen Betrugs zu einer Freiheitsstrafe von zwei Jahren verurteilt, strengte aber gleich danach ein Berufungsverfahren an.

Und bereits anläßlich der Olympiade in München vom 26. August bis zum 11. September 1972 wurde Naber wieder aktiv. Er verschickte an das olympische Pressezentrum ganze Pakete von Flugblättern. »An die Herren der ausländischen Presse«, hieß es darin gleich zu Beginn. »Achtung! In Deutschland besteht eine geheime Pressezensur!... Sie befinden sich jetzt in einem perfekt organisierten Land... so perfekt, daß in Deutschland gemachte Entdeckungen von weltweiter Bedeutung in diesem Lande seit nunmehr 16 Jahren in der Presse unterdrückt werden. Berichten Sie Ihren Heimatländernnicht nur über die sportlichen Ereignisse, sondern auch über Ihr jetziges Gastland und über die Menschen, denen Sie hier begegnen. Und hier sind die Tatsachen.«

Trotz der reißerischen Aufmachung ließen die internationalen Pressekorrespondenten Naber und seine Theorie völlig unbeachtet. Schon am 5. September nämlich erfolgte in München ein Ereignis, das alle anderen Vorgänge zur bloßen Randerscheinung degradierte: elf Mitglieder der israelischen Mannschaft wurden von arabischen Terroristen der Bewegung »Schwarzer September« getötet, und die internationale Presse widmete ihre Schlagzeilen tagelang diesem blutigen Drama. Für Naber und seine Theorien waren unter solchen Umständen weder Zeit noch Interesse vorhanden.

Wie schon Bulst früher in den sechziger Jahren hatte auch ich jetzt Schwierigkeiten mit der angeblichen Bestätigung von Nabers Theorien durch anerkannte medizinische Wissenschaftler und Bibelkundige. Obwohl Naber an sich schon vorsichtig war und nicht viele Namen nannte, hatte auch ich bei den wenigen mir bekanntgewordenen wissenschaftlichen Bezugspersonen des deutschen Sindonologen meist kein Glück. So schrieb ich beispielsweise an einen Radiologen in Stuttgart, der angeblich ebenfalls der Ansicht war, daß der Stoß mit der Lanze das Herz Christi verfehlt haben mußte, ein anderer Brief ging an den Medizinprofessor an der Tübinger Universität, der erklärt haben sollte, daß Leichen nicht bluten, und einen dritten schrieb ich an den englischen Verleger von Nabers Buch »Untersuchungen über Jesus Christus«. Sämtliche Briefe kamen entweder gleich mit dem lapidaren postamtlichen Vermerk »Adressat unbekannt« zurück, oder sie blieben einfach unbeantwortet. Die einzige Antwort kam von Dr. W.B. Primrose, dem Anästhesisten aus Glasgow, und er bekannte sich darin auch weiterhin zu der von ihm vertretenen Ansicht: »Leichen bluten nicht!«

Naber ist übrigens keineswegs der einzige, der glaubt, daß die Evangelien bestimmte Tatsachen über Christi Tod und Bestattung verschweigen, aber andererseits doch annehmen, daß das Turiner Grabtuch echt ist und aus dem Grabe Jesu stammt. In einem im Jahre 1965 erschienenen Bestseller mit dem Titel »The Passover Plot« vertritt der Bibelgelehrte Hugh Schonfield die interessante Meinung, daß Jesus Christus wohl am Kreuz starb

Hans Naber in der Grabtuchkapelle der Turiner Johannes-kathedrale. (HN)

und später beigesetzt wurde, gleichzeitig aber sucht Schonfield nachzuweisen, daß es eine »Auferstehung« im überlieferten Sinne nicht gegeben habe; vielmehr sei das Grab einfach deshalb leer gewesen, weil der Leichnam von dort gestohlen worden sei. Schon im Jahre 1931 hatte Schonfield im übrigen im Vorwort zu einem anläßlich der Ausstellung des Grabtuches im selben Jahr erschienenen etwas obskuren Werk die Echtheit der Turiner Reliquie entschieden verteidigt und dabei auf verschiedene der Nachwelt durchaus erhalten gebliebene Quellen für die Authentizität des Leichentuches hingewiesen.

Was aber soll man letzten Endes über Hans Naber denken? Sicherlich kann man sagen, daß die von ihm durchlebte und durchlittene Vision den Lebensweg dieses Mannes ganz entscheidend verändert hat. Er glaubte und glaubt noch an die Echtheit und Richtigkeit dessen, was er einst vor sich sah, und folgerichtig geht er seit dem Jahre 1947 bis zum heutigen Tag einen Weg, der ihm ein längst zum Fanatismus gewordener Glaube diktiert. Und er zahlt den Preis für seine bekehrungswütige Besessenheit: er verlor Freunde und Familie und geriet in die Gesellschaft von zwiespältigen Figuren. Heute steht der 150 Kilogramm schwere und völlig verfettete Mann vor dem vollständigen wirtschaftlichen Zusammenbruch und einer drohenden Gefängnisstrafe.

Seit ich die Geschichte von der kleinen Josephine (»Josie«) Wollam gehört hatte, wollte ich Leonard Cheshire kennenlernen, den »Mann mit dem Grabtuchbus«, der das Mädchen im Jahre 1955 voll Hoffnung auf eine Wunderheilung nach Turin gebracht hatte. Wir hatten schon grundsätzlich ein Interview vereinbart, aber zunächst einmal war nichts daraus geworden, denn als ich anrief, um die Details

festzulegen, erfuhr ich, daß Cheshire gerade irgendwo unterwegs war. Einer seiner Mitarbeiter teilte mir mit, daß Cheshire mich diesbezüglich auch brieflich zu benachrichtigen versucht habe, das Schreiben aber hatte mich nie erreicht.

Am 9. August 1945 befand sich Leonard Cheshire an Bord eines Boeing B-29 »Superfortress«-Bombers auf einem Einsatzflug über Japan. Es war ein ganz besonderer Einsatz, an dem Cheshire als persönlicher Repräsentant Churchills teilnahm: An Bord der B-29 befand sich eine Atombombe, und das Ziel hieß Nagasaki. Es war ein klarer und stiller Morgen bis zu dem Augenblick, als die Bombe fiel. Dann: ein weißer Lichtblitz, ein purpurfarbenes Glühen, und eine ungeheuere pilzförmige Feuerwolke... Die B-29 drehte nach dem Abwurf ab und flog zurück nach England. Ergebnis des Einsatzes: 80000 tote Japaner. Die Amerikaner konnten sich eine Invasion des japanischen Mutterlandes ersparen. 80000 Tote in Nagasaki – damit Hunderttausende von alliierten Soldaten nicht geopfert werden mußten.

Cheshire war ein guter Flieger und Soldat: er flog Bombereinsätze in der RAF und gehörte zu den »Dambusters«, Spezialisten, die freiwillig mit ihren Kampfflugzeugen selbstmörderische Einsätze gegen Punktziele wie die deutschen U-Boot-Bunker in Le Havre und Boulogne durchführten. Im Tiefstflug jagten die englischen Bomber durch das Feuer der Flak und warfen ihre sechs bis über sieben Tonnen schweren Spezialbomben auf die strategischen Ziele des Feindes. Das Vaterland dankte Cheshire mit dem »Victoria Cross«, dem »Distinguished Flight Cross« und der »Distinguished Service Order«: das waren die höchsten Tapferkeitsauszeichnungen, die das britische Königreich im Zweiten Weltkrieg an einen Soldaten Ihrer Majestät zu vergeben hatte.

Leonard Cheshire, »der Mann mit dem Grabtuchbus«, und die kleine Josephine (»Josie«) Wollam. Das Bild stammt aus dem Jahre 1955. (LC)

Das Kriegsende kam, und Cheshire hatte Zeit zum Nachdenken und zum Überlegen. Er wollte sein Leben ändern und ihm endlich einen positiveren Sinn geben. So gründete er mit einigen Kriegskameraden eine Art von Kommune, die ganz auf sich gestellt das Leben zu bewältigen versuchte. Es blieb beim Versuch: die brüderliche Gesellschaft hatte kein echtes gemeinsames Ziel und zerfiel sehr bald wieder.

Cheshire selbst erkrankte schwer und zog sich nach seiner Genesung zur Erholung ins kanadische Bergland zurück. Dort war es auch, wo er sehr starke religiöse Erlebnisse hate, das »Wunder der Schöpfung«, wie er es später auszudrücken versuchte, faszinierte ihn und stärkte seine religiöse Haltung.

Nach seiner Rückkehr nach England widmete sich Cheshire ganz einem von ihm begründeten Heim für unheilbar Kranke. Sein erster Patient war ein Mann namens Arthur Dykes, der an unheilbarem Krebs litt. Die beiden Männer wurden Freunde, führten lange Gespräche über Religion, und als Dykes schließlich starb, konvertierte Cheshire zum Katholizismus.

Das war im Jahre 1948 gewesen. Mitte der fünfziger Jahre gründete Cheshire dann, von der Presse und durch finanzielle Zuwendungen vieler Förderer unterstützt, die »Mission für die Erlösung der Leidenden« und eröffnete zwei weitere Pflegeheime. Und wieder mutete sich der ehemalige Fliegerheld zuviel zu, er erkrankte an Tuberkulose und mußte für 18 Monate in ein Sanatorium. Dort hing an einer Wand seines Zimmers eine Reproduktion der Turiner Reliquie.

John Messent, ein guter Freund von Cheshire, erzählte mir dann, wie die Geschichte weiterging. Messent, der als Beamter bei den Londoner Wasserwerken arbeitet, hatte mich eines Tages während der Abwesenheit von Cheshire angerufen und angeboten, mir die weitere Lebensgeschichte seines Freundes zu erzählen. Wir trafen uns an einem Spätnachmittag nach den Bürostunden, und Messent berichtete:

»Schon vor seinem Aufenthalt im Sanatorium hatte Cheshire eine Broschüre über das Grabtuch gelesen, und die wissenschaftliche Seite der Sache hatte ihn gleich fasziniert. Jetzt aber in der Heilanstalt hatte er Zeit zum Nachdenken. Und er fand, daß das Leichentuch und die Tätigkeit, die er zu seiner eigenen Lebensaufgabe bestimmt hatte, eine Gemeinsamkeit aufwiesen: in beiden Fällen stand menschliches Leiden im Vordergrund. Cheshire ging es um die Linderung dieses Leidens, und im Leichentuch sah er ein geeignetes Ausdrucksmittel, um die Bedeutung des Leidens sichtbar zu machen. Diesen Gedanken wollte der langsam Genesende in einer besonders für die englischen Leser bestimmten selbstverfaßten Schrift zum Ausdruck bringen.

Nach seiner Entlassung aus dem Sanatorium ging Cheshire sogar noch weiter. Er kaufte einen Omnibus und ließ ihn als fahrbares Grabtuchmuseum herrichten. Bei G. Enrie bestellte er eine Kopie der seinerzeitigen Aufnahme von dem Abdruck auf dem Turiner Tuch. Dann ließ der Engländer das Photo auf die Originalmaße des Leichentuches vergrößern und – von unten her beleuchtet – auf einem Gestell am Boden des Omnibusses anbringen. Dazu kam noch eine Lautsprecheranlage für die Wiedergabe von Gregorianischen Chorälen und einige Käfige, aus denen Cheshire in jeweils geeigneten feierlichen Augenblicken einige Tauben davonfliegen lassen wollte. Dermaßen ausgerüstet, begab er sich schließlich auf eine Reise quer durch England, während der er an passenden Orten Vorträge über das Grabtuch hielt und anschließend selbstverfaßte Broschüren zum Thema verteilte.

Die Amtskirche zeigte sich von der Vorgangsweise des Engländers eher peinlich berührt, die Presse aber hatte Schlagzeilen: der Kriegsheld und die religiöse Reliquie – das war noch nicht dagewesen! So lautete beispielsweise eine Schlagzeile: »Das heilige Grabtuch legt in London stumme Zeugenschaft ab« und eine andere: »Ein Victoriakreuzträger erzählt die Geschichte des Grabtuches«. (Das »Victoria Cross«, eine hohe englische Militärauszeichnung, ist in Rang und Ansehen etwa mit dem früheren »Ritterkreuz« in Deutschland vergleichbar. Anmerkung des Übersetzers.) 2000 Londoner sahen alleine in der Osterwoche 1954 das fahrende Grabtuchmuseum, und 10000 von Cheshires Broschüren wurden kostenlos an Interessierte verteilt.

Cheshire schrieb einen Artikel für den Londoner »Daily Sketch«. Der Titel lief als Aufmacher über eine Doppelseite: »Ich sah das Gesicht Christi«. Der mittlerweile schon ziemlich bekannt gewordene Expilot beschrieb zunächst die gesicherten historischen Fakten über das Leichentuch und schloß dann, daß ihn diese Reliquie tiefer beeindruckt habe als früher die Atombombe: Zwar sehe das Leichentuch nur aus wie irgendein Porträt und die Atombombe habe den Lauf der Weltgeschichte entscheidend bestimmt, aber trotzdem schätze er das Turiner Tuch höher ein, denn in ihm »liegt vielleicht der Schlüssel für einen künftigen Weltfrieden«.

NOTTINGHAM

Am nächsten Tag fuhr ich nach Nottingham, um Mr. D. Allen-Griffiths zu besuchen. Der damals 71jährige Mann war Sekretär des »Informationszentrums für das Heilige Grabtuch«, einer von mehreren englischen Gesellschaften, die sich mit der Turiner Reliquie beschäftigen. Allen-Griffiths hatte auch ein Buch mit dem Titel »Wessen Bildnis und Abbild« zum Thema Grabtuch geschrieben. Mir persönlich half er sehr, indem er mir viele und meist unbekannte Details über die Fahrt mitteilte, die Cheshire im Jahre 1955 mit der kleinen »Josie« Wollam nach Turin unternommen hatte.

Über die Geschichte des Leichentuches wußte Cheshire nicht besonders genau Bescheid. Ich hatte ihn brieflich um Mitteilung von Details über die Geschichte des Tuches vor dem 14. Jahrhundert gebeten, aber die Antwort fiel leider eher unbefriedigend aus. »Die Geschichte ist leider nicht mein Fach«, schrieb mir Cheshire, »und ich muß zugeben, daß ich an den historischen Aspekten niemals besonders interessiert gewesen bin. Was mich interessiert und womit ich mich beschäftigt habe, ist die technisch-wissenschaftliche Seite und der äußerliche Eindruck der Reliquie.«

Später beschaffte ich mir eine Broschüre mit dem Titel »Das Gesicht eines Königs« von Vera Barclay, in der sich die Verfasserin näher mit der Rolle von Cheshire befaßte, und ich las auch eine Beschreibung von der Fahrt, die der Engländer zusammen mit »Josie« Wollam nach Turin unternommen hatte. Der von Cheshire unter dem Titel »Pilgerreise zum Leichentuch« selbst verfaßte Bericht war im Jahre 1956 publiziert worden.

LONDON

Ich wollte endlich Genaueres über die Geschichte des Tuches in der Zeit vor 1350 wissen, und ich hatte in diesem Zusammenhang zwei Personen in Erfahrung gebracht, von denen ich mir einiges versprechen konnte. Da war zunächst Pater Maurus Green, der Benediktinergeistliche, der mich schon auf die »Annalen« von Gayet aufmerksam gemacht hatte. Greens Vater Charles war Offizier in der englischen Armee gewesen und hatte trotz seiner sich schnell und steil entwickelnden militärischen Laufbahn immer Zeit und Gelegenheit gefunden, sich mit dem Turiner Grabtuch zu beschäftigen. Charles Green hatte, wie auch schon vor ihm ein französischer Sindonologe, eine »Ikonographentheorie« aufgestellt: das Leichentuch, so lautete diese Theorie, müsse als direkte Vorlage für viele Christusdarstellungen auf frühchristlichen Ikonen gedient haben.

Der ältere Green starb im Jahre 1959, und sein Sohn, der jetzige Benediktinergeistliche, erbte unter anderem ein vollständiges und unveröffentlichtes Manuskript über die sindonologischen Forschungen seines Vaters. Maurus Green beschloß, die Arbeit des Verstorbenen fortzusetzen, wendete seine ganze Energie für die diesbezüglichen Studien auf und wurde schon bald zu einem der führenden Sindonologen der Welt. Sein Ruf als *der* Experte schlechthin steigerte sich noch nach einer im Jahre 1969 erfolgten Veröffentlichung im »Ampleforth Journal«, in der Green unter dem Titel »Eingehüllt in die Stille« sich in einem ausführlichen Beitrag an Hand der vorliegenden historischen Quellen mit der Geschichte des Leichentuches im ersten Jahrtausend nach Christus auseinandersetzte.

Ich rief Pater Green in London an und wir vereinbarten ein Gespräch.

Das Gesicht des Mannes im Leichentuch ist geheimnisvoll und rätselhaft – aber es weist eine verblüffende Ähnlichkeit mit den Christusdarstellungen auf vielen Ikonen der frühchristlichen Ostkirche auf.

Die ältesten uns erhalten gebliebenen Darstellungen Christi sind sehr stark idealisiert, sie zeigen das glatte

Gesicht eines jungen und noch nicht vom Leben gezeichneten Mannes, der kaum noch dem Knabenalter entwachsen scheint. Etwa im sechsten Jahrhundert aber tritt plötzlich ein überraschender und unerklärlicher Darstellungswandel auf: auf den Ikonen erscheint Jesus jetzt als erwachsener bärtiger Mann mit langem Haar und ungewöhnlich großen und ausdrucksvollen Augen. Es ist, als habe man die Darstellung auf dem Leichentuch für diese Ikonenmalereien direkt kopiert.

Kunstgeschichtler vermögen diesen plötzlich einsetzenden Wandel in der Art der Christusdarstellung nicht zu erklären. In der Heiligen Schrift selber finden sich keine genaueren Beschreibungen über das Aussehen Jesu, und die wenigen diesbezüglichen Hinweise in einigen apokryphen Schriften sind ebenfalls ungenau und zum Teil auch widersprüchlich. Es erhebt sich also die Frage, ob nicht das Abbild auf dem Grabtuch den Ikonenmalern als direkte Vorlage gedient haben könnte. Und daraus ergibt sich die weitere Frage: Ist das Leichentuch zu einem bestimmten Zeitpunkt den Künstlern zugänglich geworden, und änderte sich erst seither der Stil der Christusdarstellungen?

Eine faszinierende Idee, die schon Paul Vignon im Jahre 1902 stark beschäftigt hatte. Im Jahre 1939 faßte Vignon dann seine Erkenntnisse in Buchform zusammen: er hatte alle Ikonendarstellungen, die er in den Pariser Museen und öffentlichen Bibliotheken finden konnte, genau studiert und war zu dem Schluß gelangt, daß ihre Ähnlichkeit mit dem Abbild auf dem Leichentuch mehr als bloßer Zufall sein mußte. Diese Feststellung bezog sich nicht nur auf so auffallende Gesichtsteile wie Augen, Nase und Bart, sondern Vignon fand viele kleine Details, die eine verblüffende Ähnlichkeit der Ikonenbilder mit dem Abbild auf dem Turiner Tuch zeigten. So gibt es zum Beispiel ein höchst eigenartiges

Zeichen zwischen den Augen, das eigentlich nicht als Gesichtszug im üblichen Sinne verstanden werden kann: es hat die Form eines großen »V« mit einem darüber befindlichen Quadrat, wobei die obere Seitenlinie des Quadrats – also die dem Ansatz des Haupthaares nächstgelegene – fehlt.

Diese eigenartige, anatomisch nicht zu begründende Form findet sich auf den Ikonen in verschieden abgewandelter Darstellungsweise: auf den ältesten Ikonenmalereien wie beispielsweise auf der aus dem 6. oder 7. Jahrhundert stammenden und in der St.-Pontianus-Katakombe in Rom befindlichen Ikone erscheint nur die Form des auf der Stirne befindlichen Quadrates mit einer fehlenden Seitenlinie. Ein »V« ist auf der Darstellung allerdings nicht sichtbar. Auf späteren, beispielsweise aus dem elften Jahrhundert stammenden Ikonen findet sich das Zeichen in stilisierter Form wieder. Die bekannte Christusikone von Daphne in Griechenland ist ein gutes Beispiel dafür: die quadratische Form ist jetzt aufgelöst und erscheint weicher und runder, etwa in der Art eines Tropfens oder einer Träne.

Vignon hatte Hunderte von byzantinischen Ikonen untersucht – und etwa 80 Prozent davon wiesen das eigenartige Symbol zwischen den Augen auf. Der französische Sindonologe fertigte eine ganze Liste von immer wiederkehrenden Eigentümlichkeiten an: keine Ohren, kein Hals, keine Schultern, ein zweigeteilter Vollbart und eine höchst typische und eigenartige Form des Oberlippenbartes. Weiterhin stellte Vignon bei seinen Untersuchungen folgende Übereinstimmungen fest: gerade Nase, vergrößerte Nasenlöcher, eine Augenbraue immer etwas höher gezogen als die andere, Stirnfalten und immer entweder ungewöhnlich stark eingefallene oder dann wieder beinahe unnatürlich stark aufgeschwollene Wangen. Und zuletzt: eine eigenartige Linie quer über die Kehle verlaufend. Das Leichentuch hat an der gleichen Stelle eine Querfalte... Nicht auf allen Ikonenbildern finden sich sämtliche Eigentümlichkeiten gleichzeitig, aber einige davon waren auf jeder einzelnen Darstellung deutlich sichtbar.

Die frühesten Ikonen, die Vignon zum Studium vorlagen und an denen er Ähnlichkeiten mit dem Leichentuch feststellen konnte, waren Kopien des »Bildnisses von Edessa«, ein Porträt Christi, das man im Jahre 544 in Edessa, einem Zentrum der damaligen syrischen Christenheit, wohl durch Zufall entdeckt hatte: es handelte sich um eine Stoffmalerei, die in einem Steinwall eingemauert gewesen war. Das Bildnis gelangte als die »Wahre Gestalt Christi« schnell zu Berühmtheit und wurde in Byzanz hoch verehrt.

Und auch Pater Maurus Green war dieser Ansicht, als ich ihn am nächsten Tag traf: »Edessa – das muß der Schlüssel sein!« sagte er. »Ich bin sicher, wenn ich Zeit genug für wirklich konzentrierte Forschungen hätte, könnte ich mit großer Wahrscheinlichkeit nachweisen, daß sich auch das Leichentuch früher einmal in Edessa befunden hat. Damit wäre«, setzte er fort, »die Glaubwürdigkeit von Vignons Theorie weiter zu belegen, und ich könnte dann endlich auch das begonnene Buch meines Vaters zu Ende bringen. Und außerdem wüßte man damit endlich allgemein mehr über das Turiner Grabtuch.«

Schon im Jahre 1937 hatte Vignon in einer Zeitschrift geschrieben: »Es ist ganz offensichtlich, daß viele Christusdarstellungen – und hier wieder ganz besonders das »Bildnis von Edessa« – nur nach dem Original auf dem Turiner Grabtuch angefertigt worden sein können. Eine erst vor kurzem von mir abgeschlossene genaue Studie dieser Malereien zeigt mit Sicherheit, daß offenbar be-

Die Ikonographentheorie:

Nach der Ansicht des Benediktinergeistlichen Rev. Maurus Green müssen viele zwischen dem 6. und dem 13. Jahrhundert wirkende Künstler das Turiner Grabtuch direkt oder indirekt als Vorlage für ihre Christusdarstellungen benutzt haben. Nach Meinung von Green sind besonders charakteristisch A: die Quetschung an der Stirn / B: ein oben offenes Viereck zwischen den Augenbrauen / C: eine V-förmige Verbindung zur Nasenwurzel / D: die hochgezogene Braue über dem linken Auge / E: übergroße Nasenlöcher / F: der in der Mitte geteilte Oberlippenbart / G: dunkelfarbene Linie unter der Unterlippe / H: freier Raum zwischen dieser Linie und dem Ansatz des Kinnbartes / I: über die Kehle verlaufende Querlinie. Die aufgezählten charakteristischen Merkmale erscheinen zumindest jeweils zum Teil auch auf den folgenden Christusporträts: Daphne, Griechenland (Seite 132), 11. Jh. / St.-Pontianus-Katakombe in Rom (Seite 133) (DW), 13. Jh. / St. Bartholomäus, Genua (Seite 134), 13. Jh. (Dw) / »Heiliges Antlitz von Laon« (Seite 135) (DW), im Jahre 1200 von einem slawischen Meister geschaffen (DW)

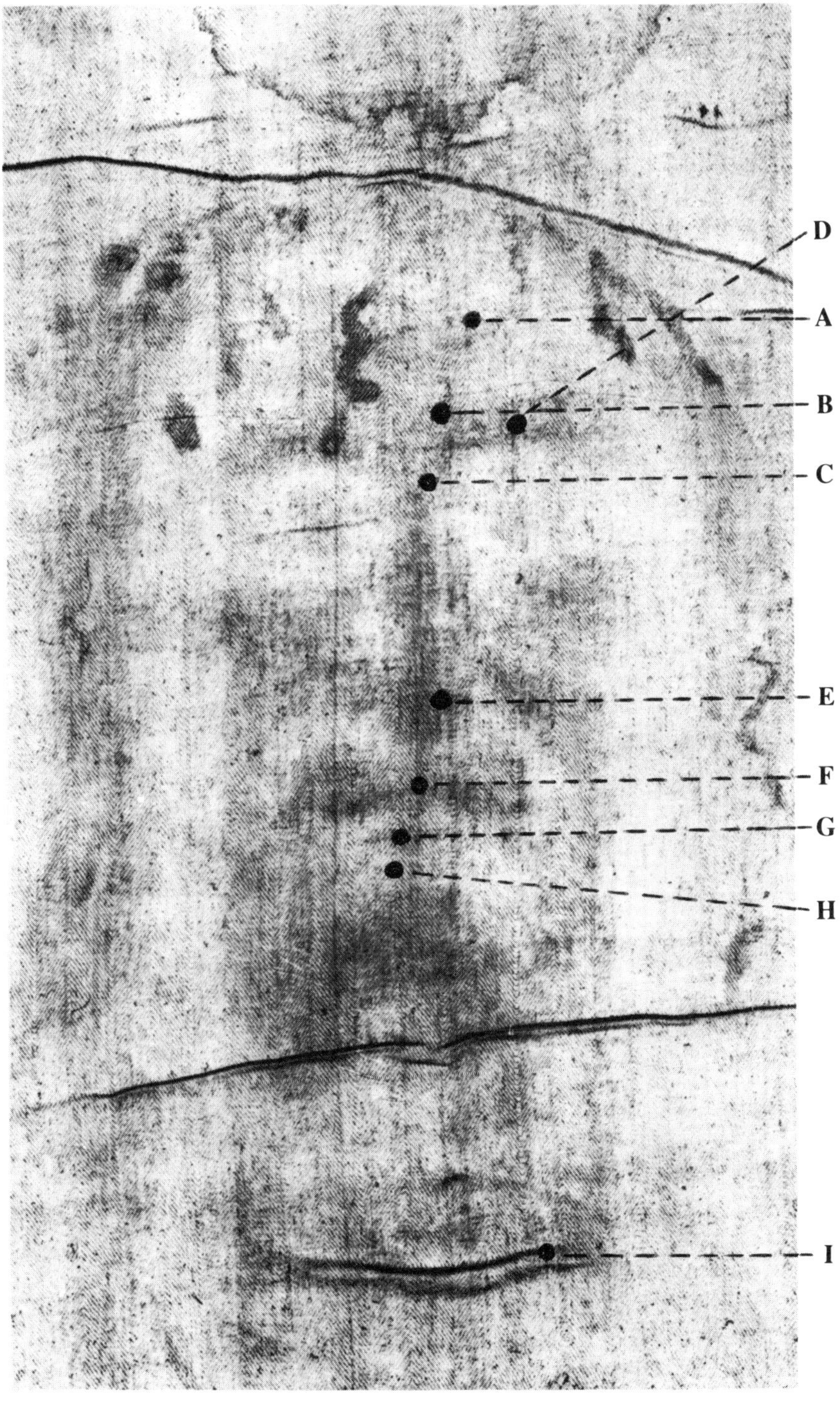
D
A
B
C
E
F
G
H
I

reits im 5. Jahrhundert Christusporträts nach dem Abbild auf dem Leichentuch angefertigt wurden. Hierbei beschränkten sich die Künstler nicht auf das bloße Abmalen des Originals, da es hierfür wohl zu maskenhaft wirkte, sondern man bemühte sich, lebensechte Darstellungen zu schaffen, wobei allerdings das als Vorbild dienende Original stets deutlich erkennbar bleibt.«

Im Jahre 1938 erschien das zweite Werk Vignons über das Turiner Grabtuch unter dem Titel »Das Heilige Grabtuch von Turin versus Wissenschaft, Geschichte, Ikonographie und die Logik«. Es handelte sich bei dem Buch um eine verbesserte und erweiterte Neuausgabe des bereits im Jahre 1902 zum selben Thema verfaßten Werkes. Vignons Argumente erschienen logisch und schlüssig, aber dennoch setzte sich der Sindonologe mit seiner Meinung nicht gegen die Skeptiker durch, die immer wieder auf das Fehlen gesicherter Unterlagen für die Zeit vor dem Jahre 1354 verwiesen und die Echtheit der Reliquie aus diesem Grunde bezweifelten.

»Je mehr ich mich in die Sache vertiefte«, berichtete Pater Green weiter, »desto überzeugter wurde ich davon, daß es neue und unbekannte dokumentarische Hinweise geben mußte, die noch auf ihre Entdeckung warteten. Die vorhandenen Dokumente waren natürlich alle schon genauestens gesichtet und durchforscht worden, und es sah so aus, als gebe es nichts Neues mehr zu finden. Aber da war diese starke Ikonenverehrung in der Ostkirche, die sich besonders intensiv auf das »Bildnis von Edessa« konzentrierte. Die Menschen bekehrten sich alleine auf Grund der großen Verehrung für dieses Bildnis in großer Zahl zum Christentum, und dieser Umstand mußte den Fachmann zumindest verwundern. Warum waren die Christen der Ostkirche von einem bloßen Bildnis so beeindruckt, während wir im Westen doch die echte Reliquie hatten? Und genau an diesem

Punkt hakte Ian Wilson mit einer völlig neuen Theorie ein: Vignon, so sagte er, habe unrecht gehabt. Das »Bildnis von Edessa« war in Wirklichkeit nicht die erste nach dem Grabtuch angefertigte Kopie, sondern das eigentliche Original. Der Fund in Edessa war echt und das Turiner Tuch die Kopie!«

Green beschrieb mir, wie er anfangs »mit Zähnen und Klauen« gegen diese Theorie gekämpft habe. Alle Gelehrten waren sich einig, daß das »Bildnis von Edessa« nur ein Bildnis war, ein gutgelungenes Porträt eben. Das stand fest – oder man hatte es zumindest immer angenommen. Andererseits, sagte Green, mußte man aber auch zugeben, daß es kein bloßes Porträt war, sondern eine Abbildung auf Tuchmaterial. Und die Christen der Ostkirche hielten das »Porträt« in so großer Ehre, daß man möglicherweise nicht ganz ausschließen konnte... Vielleicht hatten sich die Forscher einfach geirrt?

»Je intensiver ich mit meinem Freund Ian Wilson über das Ganze diskutierte und wir unsere Meinungen und Informationen austauschten«, setzte Green fort, »desto mehr kam mir zu Bewußtsein, daß Wilsons Theorie vielleicht der fehlende letzte Stein im geschichtlichen Mosaik sein konnte. Und je mehr ich mich mit der Angelegenheit beschäftigte, desto vernünftiger erschien mir diese neue Theorie.«

Der Anfang der Geschichte um das »Bildnis von Edessa« wurzelt in der Legende. Es hieß, Abgar V., einer der frühen Könige von Edessa, sei eines Tages sehr schwer erkrankt und habe nach dem wundertätigen Meister senden lassen, der damals durch die Lande zog, Christus aber, so will es die Legende, sei nicht zum König gekommen, aber er habe gegen sein Gesicht ein Tuch gepreßt, auf dem hierauf in wunderbarer Weise seine Gesichtszüge sichtbar geworden seien. Dieses Tuch ließ Jesus dem todkranken König Abgar durch dessen Boten senden, worauf der Herrscher gesundet sei und sich in der Folge viele seiner Untertanen zum Christentum bekehrt hätten. So wurde der Ruhm des wundertätigen Tuches begründet, und es stand bald in hoher Verehrung. Aber als die römischen Legionen kurz darauf das ganze Land besetzten, verschwand das Bild und blieb unauffindbar.

Als das Tuch im Jahre 544 eingemauert in einer der Stadtbefestigungen wieder entdeckt wurde, stieg es in kürzester Zeit zur wertvollsten Reliquie der ganzen damaligen Christenheit auf. Man schrieb ihm übernatürliche Kräfte zu, und aus diesem Grunde blieb es auch immer an seinem Platz in der Stadtmauer: auf diese Weise, so nahm man an, werde die Stadt Edessa für alle Zeiten vor der Eroberung und Zerstörung durch fremde Angreifer geschützt bleiben. Zunächst erhielt die Reliquie den Beinamen »Archeiropoitos«, was auf Griechisch soviel bedeutet wie »Nicht von Menschenhand gemacht«, und den Gläubigen war es allgemein als die »Wahre Gestalt Christi« bekannt. Später bürgerte sich dann die einfachere Bezeichnung »Mandylion« (griechisch: der Stoff, der Schleier) ein, und jeder wußte, was in diesem Falle damit gemeint war. Zu Ende des sechsten Jahrhunderts wurden drei oder vier Kopien der Reliquie angefertigt, dann aber wurde die weitere Verbreitung von Kopien durch die »Bilderstürmer«, welche Byzanz im 8. und 9. Jahrhundert beherrschten, lange Zeit mit Erfolg verhindert. Nach dem Ende dieser bilderfeindlichen Epoche aber setzte wieder um so stärker die Verehrung und die Verbreitung von Kopien der geheiligten Reliquie ein.

Schon im 10. Jahrhundert hatte das Bildnis solche Berühmtheit erlangt, daß der damalige Kaiser von Byzanz, Romanus Lecapenus, den Wunsch äußerte, die Reliquie solle in Zukunft im kaiserlichen Palast in Konstantinopel ihren Platz haben. Edessa war damals hauptsächlich von Moslems bewohnt, und aus diesem Grunde unterstrich der Kaiser seinen Wunsch nach Herausgabe des Bildnisses durch die Entsendung eines stattlichen Heeres, das vor den Stadtmauern von Edessa aufmarschierte. »Herausgabe auf dem Verhandlungswege« lautete der kaiserliche Auftrag an seine Soldaten, und falls notwendig auch: »Brechung des Widerstandes und gewaltsame Wegnahme des Tuches«. Die Bewohner von Edessa fügten sich in weiser Erkenntnis ihrer militärischen Unterlegenheit in das Unvermeidliche und gaben dem Wunsche des Kaisers ohne Widerspruch nach.

Und der Kaiser in Konstantinopel zeigte sich großzügig: Freilassung von 200 eingekerkerten Moslems und 1200 Silbermünzen in bar ließ er sich die Erfüllung seines Herzenswunsches kosten. Das »Mandylion« wurde im Jahre 944 nach Konstantinopel gebracht, wo man ihm einen triumphalen Empfang bereitete. Die Chroniken berichten, daß das Tuch im feierlichen Umzuge um die Stadtmauern getragen wurde, dann seinen Einzug durch die »goldenen Tore« hielt und schließlich zur immerwährenden Aufbewahrung in die kaiserliche Kapelle von Bucoleon geleitet wurde. Bereits im Jahre 1150 wurde das Bildnis als einer der vielen Schätze der Stadt Konstantinopel genannt, und ein anonym gebliebener englischer Pilger führte das »Grabtuch« – also nicht bloß ein Abbild des Antlitzes Christi! – als einen der Schätze in der kaiserlichen Kapelle an. Ebenso gibt es gesicherte Hinweise aus den Jahren 1171 und 1202, die beide von einem »Grabtuch Christi« in der Kapelle von Bucoleon sprechen. Als im Jahre 1204 Konstantinopel während des vierten Kreuzzuges (der von den Venezianern durch ihre geschickte Politik von seinem ursprünglichen Ziel dorthin »umgeleitet« worden war! Anmerkung d. Übersetzers) erobert wurde, erlitt das »Bildnis von Edessa«

wieder sein altes Schicksal: es verschwand und blieb trotz intensiver Nachforschungen unauffindbar.

Green führte weiter aus, es gäbe insgesamt drei Quellen, die den sicheren Schluß zuließen, daß das »Bildnis von Edessa« eine Ganzkörperdarstellung Christi enthalten habe.

»Und das«, sagte er, »veränderte natürlich die Situation ganz beträchtlich«.

Erklärend berichtete er dann weiter: »Der erste Hinweis ist eine Stelle in einer Rede über das ›Bildnis von Edessa‹, die Stefan III. im Jahre 769 anläßlich seiner Erwählung zum Papst gehalten haben soll. Der genaue Text dieser Rede ist in einer Abschrift erhalten, die offenbar zwischen dem 9. und dem 12. Jahrhundert angefertigt wurde.«

In der Rede heißt es zunächst einmal in einer Passage, die möglicherweise aber auch erst lange nach dem Tode des Papstes nachträglicherweise hinzugefügt wurde, daß das auf dem Tuch befindliche Bild ein Abbild Christi sei: »Denn der Mittler zwischen Gott und den Menschen... legte seinen Leib auf ein schneeweißes Tuch, und das Bildnis unseres Herrn, sein Antlitz und sein ganzer Leib wurden auf göttliche Weise so abgebildet, daß die, welche den Herrn nicht körperlich von Angesicht zu Angesicht hatten sehen können, ihn ebenso genau auf der Übertragung auf dem Tuche wahrnehmen konnten.«

Dann wird das eben beschriebene Abbild ganz eindeutig als das »Bildnis von Edessa« bezeichnet: »Dieses Tuch, unberührt vom Zeitablauf, befindet sich wohlerhalten im mesopotamischen Syrien in der Stadt Edessa im Hause der großen Kirche.«

Die beiden anderen Quellen, setzte Green dann fort, stammten aus dem 12. Jahrhundert. Im Jahre 1142 führte Ordericus Vitalis in einer Schrift über den Ursprung der »Ikone von Edessa« aus: »Abgar regierte als Tetrarch von

Edessa. Ihm sandte der HERR... ein kostbares Tuch, mit dem er den Schweiß von seiner Stirne gestrichen hatte. Auf dem Tuche war aber das Bildnis des Erlösers genau zu sehen, und jeder Betrachter konnte das Aussehen und die Größe der Gestalt des HERRN genau erkennen.«

Wenig später schrieb Gervase von Tilbury, Jesus Christus habe dem König Agbar einen Brief übermitteln lassen, in dem es hieß: »Ich sende Dir ein Tuch, auf dem mein Antlitz und mein ganzer Leib abgedrückt sind.«

»Das sind natürlich nur sehr fragmentarische Quellen«, führte Green dazu erklärend aus, »und sie haben für sich allein gesehen auch kein besonderes dokumentarisches Gewicht. Man ist sich ziemlich einig, daß Vitalis und Gervase – wie übrigens auch viele andere mittelalterliche Schreiber – es mit der Wahrheit nicht allzu genau nahmen und manches einfach kritiklos abschrieben. Aber dann stieß Ian Wilson eines Tages auf die einzige offizielle Darstellung der Geschichte des Bildnisses, die es wahrscheinlich jemals gegeben hat. Wilson ließ das Buch ins Englische übersetzen – was nach unserer Kenntnis bis dahin noch niemals geschehen war –, und wieder fanden sich ganz klare Hinweise dafür, daß das ›Bildnis von Edessa‹ und das Turiner Leichentuch vielleicht identisch sein konnten.«

Das Werk wurde unter dem lateinischen Titel »De Imagine Edessana« von einem im 10. Jahrhundert lebenden byzantinischen Hofbeamten verfaßt. Das war während der Regentschaft von Kaiser Constantinus Porphyrogenitus und bald, nachdem die Reliquie von Edessa nach Konstantinopel gebracht worden war. Was so stark auf eine Identität zwischen dem »Bildnis von Edessa« und dem Turiner Grabtuch hinwies, war die Beschreibung, die der Autor von dem ersteren gab: »...wie ein noch feuchter Abdruck ohne jeden Zusatz von Farbe oder sonstigen künstlichen Hilfsmitteln...«

»Und diese Beschreibung«, meinte Green, »würde ja

wohl auch ziemlich genau auf das Abbild auf dem Turiner Leichentuch zutreffen.«

»Ian Wilson hat auch die Bedeutung eines aus dem Jahr 944 erhaltenen Hinweises richtig erkannt«, erklärte mir dann Green weiter. »Damals zeigte man die Reliquie den Söhnen des Kaisers. Die Thronfolger fanden das Bild wenig eindrucksvoll, aber Porphyrogenitus, der künstlerische Qualitäten besaß, vermochte die Darstellung auf dem Tuche klar zu erkennen. In diesem fast wie zufällig beigefügten Vermerk ist doch ein eindeutiger Hinweis auf das ebenso ›wie hingehaucht‹ wirkende Abbild auf dem Turiner Grabtuch deutlich zu erkennen.«

»Aber wenn das stimmt«, mußte ich jetzt geradezu fragen, »warum weist dann die Mehrzahl der Quellen über das ›Bildnis von Edessa‹ ausdrücklich darauf hin, daß dort nur die Formen eines Antlitzes abgebildet waren? Und auf den ja ziemlich zahlreich vorhandenen Kopien sieht man auch nur immer ein Gesicht und nicht mehr! Warum das, wenn es wirklich eine Ganzkörperdarstellung war?«

»Eine interessante Frage!« gab mir Green zurück.

Als Greens Vater, der Oberst Charles Green, in der Mitte der fünfziger Jahre nach einer Bestätigung der »Ikonographentheorie« von Vignon forschte, wurde er einmal aus einem Londoner Museum beinahe hinausgeworfen, als er das Turiner Grabtuch erwähnte. Oberst Green beschrieb die Szene später in einem Brief: »Ich hatte in dem Museum einen guten Byzantinisten entdeckt und mit ihm einen Termin für ein Interview vereinbart... Er war ein unglaublich gebildeter junger Mann... er gab mir eine Liste von Büchern, die ich lesen sollte, um mich mit dem Thema vertraut zu machen: Als ich ihm dann erklärte, daß ich auf der Suche nach einer möglichen Verbindung zum Turiner Grabtuch war, sagte er mir gleich, daß das zu nichts führen könne. ›Über das

Tuch gibt es keine älteren Quellen als solche aus dem 14. Jahrhundert‹, belehrte er mich. Ich aber belehrte ihn dann meinerseits, und eigentlich hätte er einsehen müssen, daß seine Ausführungen unrichtig gewesen waren. Aber im Gegenteil: nur sein Benehmen wurde von einem Augenblick zum anderen ausgesprochen unhöflich und unangenehm... Er gab mir nicht einmal die Hand und versuchte nur, mich möglichst schnell loszuwerden. Ich bin sicher, daß er stark christenfeindlich eingestellt war und daß er offenbar in meiner Person eine gewisse Gefahr für die Neubelebung des alten ›Aberglaubens‹ erblickte.«

»Hat es auf dem ›Bildnis von Edessa‹ auch Körperabdrücke gegeben«, war die erste Frage, die ich Ian Wilson stellte, als ich ihm zum ersten Male in Turin begegnet war. Der Oxfordschüler und Sindonologe Wilson war ein gelehrter Mann, soviel wußte ich damals schon. Und er wußte mir einiges auf meine Frage zu erwidern: es ergebe sich aus einem aus dem 10. Jahrhundert stammenden griechischen liturgischen Text, daß das Bildnis tatsächlich so hoch verehrt und so gut bewacht war, daß es nur wenige Auserwählte jemals wirklich zu sehen bekamen. Die Reliquie war in einem Schrein verwahrt, der dem, in welchem heute das Turiner Tuch liegt, durchaus ähnlich gewesen sein mag, und selbst diesen Schrein konnten die Gläubigen nur durch ein kleines Fenster sehen – auch hier wieder eine ziemliche Ähnlichkeit zur Turiner Reliquie. Nur an besonderen Festtagen durfte der Erzbischof selber – und nur er, sonst aber niemand – das Behältnis eröffnen und das Bildnis betrachten. Kein Außenstehender durfte einen Blick auf die Reliquie als Ganzes werfen: ideale Bedingungen, um beispielsweise die wahre Größe des Objektes mit Erfolg geheimzuhalten.

Eine andere Quelle, setzte Wilson fort, berichtete, daß das »Bildnis von Edessa« immer in einer bestimmten Form gefaltet aufbewahrt wurde. Wilson beschaffte sich daraufhin ein Photo des Turiner Tuches in voller Größe und faltete es ebenso. Das Resultat war verblüffend: nur der Kopf des Abbildes blieb für den Betrachter sichtbar! »Das Bildnis war also so gefaltet«, erklärte mir Wilson, »daß man auch nach Eröffnung des Schreines immer nur den Kopf sehen konnte. Waren andere Körperpartien auch abgebildet, so waren sie jedenfalls für den Betrachter auch bei vollständiger Öffnung des Behältnisses nicht sichtbar.«

»Es gibt aber auch noch andere stichhaltige Hinweise«, erklärte Wilson dann weiter, »nämlich die byzantinischen liturgischen Kleider, die die Bezeichnung ›epitaphioi‹ tragen. Die heute noch vorhandenen epitaphioi stammen aus dem 13. Jahrhundert. Sie zeigen Bilder des tot ausgestreckt daliegenden Erlösers und weisen eine bemerkenswerte Ähnlichkeit – auch was die Lage und Haltung des Körpers anbelangt – mit der Darstellung auf dem Turiner Grabtuch auf. Jacques Grimaldi, der im Jahre 1618 ein in lateinischer Sprache abgefaßtes Buch zu diesem Thema schrieb, wies darauf hin, daß es die epitaphioi wohl schon im 8. Jahrhundert gegeben haben muß.«

Nach einer kurzen Pause fuhr Wilson fort: »Nachdem das ›Bildnis von Edessa‹ im Jahre 944 nach Konstantinopel gebracht worden war, häufen sich die überlieferten Hinweise dafür, daß es tatsächlich mit dem heutigen Turiner Grabtuch identisch war. Es ist uns überliefert, daß sowohl das ›Bildnis von Edessa‹ als auch das Leichentuch Christi in der kaiserlichen Kapelle Bucoleon verwahrt waren. Aus dem Jahre 1201 ist uns ein Bericht eines Palastpriesters namens Nicolaos Mesarites überliefert, aus dem sich ergibt, daß sich in der Kaiserkapelle unter anderem eine Abbildung des nackten Körpers Christi befand. Und etwas später, im Jahre 1204, schrieb Robert de Clari, der offizielle Chronist des vierten Kreuzzuges, er habe in der Stadt Konstantinopel das Leichentuch Christi gesehen, und es habe Abdrücke eines vollständigen menschlichen Körpers getragen...

»Dazu kommen dann noch die Beschreibungen von Vitalis und Tilbury...«, dachte ich mir, als ich Wilson zuhörte.

Die Kernfrage lautete: Waren das »Bildnis von Edessa« und das Leichentuch von Konstantinopel identisch? Und waren beide wieder mit dem Turiner Grabtuch identisch? Gewißheit darüber ist wohl sehr schwer zu erlangen!

Was Green schließlich ganz auf die Linie von Wilson einschwenken ließ, war die vergleichende Betrachtung des Turiner Tuches mit dem »Heiligen Antlitz von Laon«, ein Mandylion, das um 1200 entstanden war und möglicherweise direkt nach dem Vorbild des »Bildnisses von Edessa« geschaffen wurde. Das »Heilige Antlitz von Laon« überzeugte Green davon, daß der Künstler das letztere also offenbar genau studiert haben mußte.

Die Theorie von der Identität der Reliquien hat allerdings einen beachtlichen Schwachpunkt. In den Überlieferungen über die im Konstantinopel des 12. und 13. Jahrhunderts befindlichen Reliquien erscheinen das »Bildnis von Edessa« und das Grabtuch Christi jeweils selbständig, es müßte sich dabei also doch um zwei verschiedene Reliquien gehandelt haben. Dieser scheinbare Widerspruch aber, führte Wilson aus, ließe sich durchaus aufklären: es ist wahrscheinlich, daß es sich bei den in den Verzeichnissen angeführten »Bildnissen von Edessa« um Kopien eines Originals handelte, eben des einzigen und echten Originales, das neben dem Abbild des Antlitzes auch die vollständigen Körperabdrücke enthielt. Und dieses Original, meinte Wilson, habe man eben als das »Leichentuch« bezeichnet.

»Wenn Wilson tatsächlich recht hat«, meinte Green zu mir, »dann wissen wir nicht nur, wo sich das Grabtuch in den ersten 1000 Jahren seiner Existenz befunden hat, sondern es wird gleichzeitig auch klar, warum es in der Geschichte von Byzanz eine nicht unwichtige Rolle gespielt hat.«

»Und wenn Sie beide recht haben«, entgegnete ich darauf, »dann bleibt eigentlich nur mehr ein letztes historisches

Rätsel zu lösen. Das Tuch verschwand aus Konstantinopel im Jahre 1204 und tauchte erst um 1356 in der französischen Stadt Lirey wieder auf. Wo aber war es in der Zwischenzeit geblieben?« Allem Anschein nach hat die Antwort auf diese Frage einiges mit den Rittern des Templerordens zu tun.

Die Tempelritter gehörten einem religiösen und militärischen Orden an, der um das Jahr 1119 von einer kleinen Gruppe von Kreuzfahrern in Jerusalem begründet wurde. Acht oder neun Kreuzritter, die im Heiligen Land für die Sache der Christenheit gekämpft hatten, beschlossen, aus ihren heimatlichen Heeresverbänden auszuscheiden und einen religiösen Orden ins Leben zu rufen. Sie hatten genug von dem äußerst weltlichen Treiben, das sie bis dahin angeführt hatten, und unterwarfen sich den strengen Gelübden von Armut, Keuschheit und Gehorsam; darüber hinaus aber wollten sie sich insbesondere auch dem Schutz der Pilgerfahrer vor den Angriffen der herumziehenden Moslems widmen. Als Ordenskleid wählten sie einen weißen Mantel mit einem großen roten Kreuz. Ihren weltlichen Besitz legten sie für die gemeinsame Sache zusammen, und ein Zehntel allen Erwerbs sollte nach den Ordensregeln an die Armen verteilt werden. Und in einem zusätzlichen Gelübde schworen die streitbaren Männer einander vor Gott, daß jeder von ihnen in jedem Kampfe für die rechte Sache in Zukunft mindestens drei Gegner besiegen wollte.

Die Ordensregeln schienen viele andere Ritter und Reisige mächtig anzuziehen, denn im Verlauf von nur 50 Jahren entwickelte sich aus der kleinen Gruppe von Idealisten eine starke Armee. Geldmittel strömten durch die vielen Gnadenopfer der Neuaufnahmen und durch die Weitergabe ihrer Lehensgelder reichlich ein, und die Ordensritter lebten recht sparsam: der Orden wurde reich, und wegen der militärischen Tüchtigkeit seiner Mitglieder wollte sich niemand mit ihm anlegen. In ihren Burgen waren die Tempelritter ihre eigenen Herren und völlig unabhängig. Im Laufe der Zeit wurde der Orden zum Schwertträger der römischen Kirche im Osten des Mittelmeerraumes, und im Jahre 1163 erhielten die Ritter ein päpstliches Privileg, das sie aus der normalen kirchlichen Territorialverfassung und Jurisdiktion vollständig ausnahm. Der Schritt zum »Staat im Staat« war damit endgültig getan, ja noch mehr, denn die Templer verfügten praktisch über einen eigenen Staat.

Gegen Ende des 12. Jahrhunderts aber war der Höhepunkt der Ordensmacht bereits überschritten. Die Ordensgründer waren alle bereits verstorben. Die militärischen und Keuschheitsgelübde wurden zwar weiterhin abgelegt, aber mit der Armut war es nicht mehr weit her: der Orden war reich und erwarb Grundbesitz in allen Mittelmeerländern. Die Templer besaßen im Osten Boden in Jerusalem, Tripoli, Antiochia und Zypern, und in Spanien, Portugal, Frankreich und England im Westen. Ein Historiker schrieb dazu wohl nicht zu Unrecht: »Am Höhepunkt ihrer Macht besaßen und verwalteten die Templer siebentausend Rittergüter und Landwirtschaftsbetriebe in Europa.«

Um 1200 waren die Templer der bedeutendste politische und militärische Machtfaktor im Nahen Osten. Ihre Befestigungen entlang der afrikanischen Küste und an der Südküste des europäischen Kontinents galten als uneinnehmbar. Die Araber arrangierten sich mit den mächtigen Herren, und man kam miteinander aus: viele reiche Araber deponierten sogar ihre wertvollsten Besitztümer in den Templerfestungen. Im Jahre 1204 nahm das Ritterheer während des vierten Kreuzzuges schließlich auch Konstantinopel ein.

Und die Frage stellt sich: »Ist das ›Bildnis von Edessa‹,

das Grabtuch von Konstantinopel oder das Grabtuch von Turin – möglicherweise alle miteinander identisch – ein Stück Kriegsbeute?« »Wurde die wertvolle Reliquie von den siegreichen Kreuzfahrern ›befreit‹ und in den Westen gebracht?«

»Beweise für eine direkte Verbindung zwischen den Kreuzrittern und dem Grabtuch habe ich nicht«, hatte mir Ian Wilson in Turin gesagt, »aber ich habe drei indirekte Hinweise dafür, daß eine solche Verbindung bestanden hat.«

Zunächst: im Jahre 1307 waren die Templer den europäischen Monarchen endgültig zu mächtig geworden. Die Staatsräson verlangte, daß die stolzen Ritter in die Knie gezwungen wurden. Der König von Frankreich ließ alle Templer im Machtbereich der Krone festnehmen und ihnen den Prozeß machen. Die Anklage lautete, daß sie insgeheim ein mysteriöses Idol anbeteten »in der Form eines Männerkopfes mit einem langen rötlichen Bart«. Das Idol selber wurde niemals entdeckt, aber Wilson sagte mir, daß die Beschreibung doch recht gut auf das Abbild auf dem Turiner Grabtuch gepaßt haben konnte.

Dann: in den Resten eines alten Templerklosters in England wurde ein farbiges Porträt gefunden. Ein Männerkopf, möglicherweise eine Kopie des geheimnisvollen Idols, das im Ritterorden offenbar verehrt wurde. Dazu Wilson: »Die Ähnlichkeit dieses Porträts mit dem Abbild auf dem Turiner Grabtuch ist unverkennbar!«

Und schließlich: Im Rahmen der großen Säuberungswelle in Europa wurden drei ranghohe Tempelritter auf dem Scheiterhaufen verbrannt. Einer von ihnen trug den Namen Geoffrey de Charney. Und in der Kirche eines Kirchenherrn namens Geoffrey de Charny kam das Grabtuch 50 Jahre später im Jahre 1354 wieder zum Vorschein... Die Familiennamen weichen in der Schreibweise wohl etwas voneinander ab, aber Wilson meinte, er glaube trotzdem, die beiden de Charneys (oder eben: de Charnys) seien miteinander verwandt gewesen.

»Und was ist mit der Schrift von d'Arcis?« mußte ich jetzt Wilson fragen. »Haben Sie dafür eine Erklärung?« Die Schrift, die ich nun erwähnte, stammte vom Bischof Pierre d'Arcis: mit ihr versuchte der Kirchenobere nachzuweisen, daß das um 1356 in Lirey ausgestellte Leichentuch ein gemaltes Bild war und daher nicht echt sein konnte.

»Die ganze Affäre d'Arcis war einfach ein großer Irrtum«, entgegnete mir Wilson dazu. »Der Bischof war sicher ein rechtschaffener Mann, aber er hat die Tatsachen mißverstanden. Man kann sich durchaus vorstellen, daß die Witwe von de Charney nach seiner Hinrichtung auf dem Scheiterhaufen in finanzielle Schwierigkeiten gekommen sein konnte und aus diesem Grund den Beschluß faßte, das im Familienbesitz befindliche Grabtuch auszustellen, um sich damit einige bescheidene Einnahmen zu verschaffen. Damit aber ist die Witwe de Charneys sicherlich sofort auf das Mißtrauen und den Widerstand der lokalen Geistlichkeit gestoßen, die sich ja fragen mußte, wie eine derart wertvolle Reliquie – falls es sich eben um eine solche handeln sollte – in das Eigentum einer zwar nicht gerade armen, aber doch auch nicht besonders wohlhabenden Familie gekommen sein mochte. Geoffrey de Charney war tot und konnte daher nicht mehr erklären, wie er das Grabtuch erworben hatte und woher es gekommen war. Also erklärte man das Tuch kirchlicherseits einfach als eine unechte Nachbildung.

»Ich glaube aber«, meinte Wilson dazu abschließend, »daß es gar nicht notwendig war, soviel Mühe zur Widerlegung der Schrift des Bischofs d'Arcis aufzuwenden. In Wirklichkeit waren die vom Bischof angeführten Tatsachen durchaus zutreffend und von großem Wert, falsch war die Auslegung dieser Tatsachen, da sie zum Schluß führte, die Reliquie sei nicht echt gewesen.«

Mehr wollte mir Wilson dazu nicht sagen. »Da müssen Sie sich schon noch ein wenig gedulden und warten, bis mein Buch erscheint!« meinte er dazu.

Die Schrift des Bischofs d'Arcis beweist, daß das Leichentuch auch im Jahre 1389 noch in Lirey war. Von diesem Zeitpunkt an ist die weitere Geschichte des Tuches dokumentarisch vollständig belegt und gesichert: Im Jahre 1452 verkaufte Margarete, die Enkelin von Geoffrey de Charney, die Reliquie an das Haus Savoyen, in dessen Eigentum es sich bis heute befindet.

Von London nach New York

Als ich London verließ, konnte ich eigentlich recht zufrieden sein. Über die Geschichte des Leichentuches war ich schon ziemlich gut informiert, und auch was ich über die rein technisch-textilen Fragen der Angelegenheit in Erfahrung gebracht hatte, war überzeugend. Jetzt aber wollte ich noch genaue Interviews mit amerikanischen Sindonologen durchführen und auch einige eigene Nachforschungen über das mögliche Entstehen der Abdrücke auf dem Leichentuch anstellen.

ESOPUS

Meine erste Station in den Vereinigten Staaten war das Mount-St.-Alphonsus-Redemptoristenseminar in Esopus, etwa 160 Kilometer von New York entfernt. In einem neben der Seminarbibliothek gelegenen Raum befindet sich dort die größte Sammlung von »Sindonalien« – also mit dem Leichentuch in Verbindung stehenden Gegenständen –, die es überhaupt gibt. Nur die Sammlung in Turin ist noch größer. An den Wänden befinden sich lebensgroße Photographien des Leichentuches, auf Sockeln und Tischen sind Skulpturen und nach dem Abbild auf der Reliquie angefertigte Modelle ausgestellt, und außerdem finden sich dort 700 Bücher zum Thema, hiervon allerdings leider nur etwa 60 in englischer Sprache, bei den anderen Werken handelt es sich meist um Ausgaben in deutscher und französischer Sprache. Darüber hinaus gibt es aber noch drei große Sammelordner, in denen sich eine beachtliche Anzahl von bisher noch nicht katalogisierten Notizen, Artikeln, Manuskripten und sonstigen Korrespondenzen des ersten großen amerikanischen Sindonologen Edward A. Wuenschel befindet.

Wuenschel trat im Jahre 1913 bei den Redemptoristen ein und wurde 1924 zum Priester geweiht. Im Jahre 1927 erwarb er seinen Doktor der Theologie und kehrte als Dogmatiklehrer bald darauf wieder nach Esopus zurück. Schon in den dreißiger Jahren galt Wuenschel als bekannter und begehrter Vortragender und schrieb auch selber sehr viel. Im Jahre 1947 wurde er Rektor der Seminarschule und erreichte schließlich im Jahre 1960 einen Höhepunkt seiner Karriere, als er anläßlich des für das Jahr 1962 vorgesehenen Zweiten Vatikanischen Konzils zum besonderen theologischen Berater für Kardinal Francis Spellman, den Erzbischof von New York, bestellt wurde.

Schon 1934 hörte Wuenschel erstmals vom Turiner Grabtuch, stand der Reliquie zunächst aber eher skeptisch gegenüber. Er beschäftigte sich jedoch mit der Sache, studierte die vorhandenen Unterlagen und Beweise und revidierte allmählich seinen Standpunkt vollständig. Aus dem Skeptiker wurde ein glühender Verfechter der Echtheit des Turiner Grabtuches. Im Jahre 1937 erschienen auf Grund der Bemühungen von Wuenschel in »Scientific American«, »Reader's Digest« und in der Zeitschrift »Look« Artikel über die Reliquie im fernen Italien. Von Form und Inhalt

Zwei bekannte amerikanische Sindonologen: Der Redemptorist Rev. Edward A. Wuenschel (oben) und der Jesuit Rev. Francis L. Filas (unten). (HSG)

her waren diese Beiträge oft nicht ganz zufriedenstellend, aber sie erfüllten ihren Zweck: Das Leichentuch und die ganze Problematik darum wurden auf diese Weise einem großen Publikum bekannt, das ansonsten wahrscheinlich über die ganze Angelegenheit niemals auch nur das geringste zu hören bekommen hätte. In den vierziger Jahren beschäftigte sich Wuenschel eingehend mit den jüdischen Begräbnisriten und publizierte die Ergebnisse in der katholischen Vierteljahreszeitschrift »Catholic Biblical Quarterly«. Auch in den fünfziger Jahren hatte das Thema Wuenschel noch nicht losgelassen: In den Sommermonaten fuhr er nach Europa, besuchte alle Städte, die in einer Beziehung zu dem Leichentuch standen, und durchforschte systematisch alle erreichbaren Buchläden nach einschlägigem Material. Nach seinem Tod – er starb, ohne das Grabtuch jemals gesehen zu haben – wurden alle seine Unterlagen aus Rom nach Esopus gebracht, wo aus ihnen zum großen Teil die auch nach Wuenschel benannte dortige Sammlung aufgebaut wurde.

Das Studium der Sammlung Wuenschel war für mich sehr vorteilhaft, und ich lernte daraus eine ganze Menge. Besonders interessant waren Wuenschels Beziehungen zum Herausgeber der Zeitschrift »Scientific American« und die Entdeckungen, die der Amerikaner zur Geschichte des Leichentuches in den Jahren 1354 bis 1452 gemacht hatte.

Der erste Brief, den Wuenschel an den »Scientific American« richtete, landete dort auf dem Schreibtisch von Albert Ingall. Wuenschel gab Anregungen für einen möglichen Artikel in der Zeitschrift und fügte dem Schreiben auch alle gesicherten wissenschaftlichen Unterlagen für die Echtheit der Reliquie bei, über die er damals verfügen konnte.

Albert Ingall, der Mann von der Redaktion des

»Scientific American«, interessierte sich nicht sonderlich für religiöse Fragen. Sein Fall waren Teleskope – ihre Anfertigung, das Schleifen der Linsen und ihre praktische Verwendung bei der Erforschung der Gestirne. Ingall war wirklich ein Experte auf diesem Gebiet: Gleichsam als Vermächtnis bleiben nach seinem Tod im Jahre 1958 der von ihm stammende Sachbeitrag über Teleskope in der weltberühmten »Enzyclopaedia Britannica« und ein zu seinen Ehren nach seinem Namen benannter Mondkrater. Aber Religion – nein! Als Ingall den Brief Wilsons geöffnet und nur flüchtig überflogen hatte, war die Sache für ihn bereits entscheiden. Er teilte dem Kirchenmann in einem sehr höflich gehaltenen Schreiben mit, daß in wunderbarer Weise auf ein Leinentuch gelangte Körper- und Gesichtsabdrücke nicht als Grundlage für einen Artikel im »Scientific American« dienen könnten. Außerdem sei er auch persönlich Agnostiker. Das Originalschreiben Wuenschels fügte Ignall seinem Antwortbrief gleich wieder bei.

Aber Wuenschel gab sich nicht geschlagen. Er verfaßte einen zweiten Brief, in dem er alle wissenschaftlichen Argumente, die gegen die Echtheit des Grabtuches sprechen, genau anführte. Gleichzeitig bat er Ingall, diese Argumente sorgfältig zu prüfen, und drückte gleichzeitig seine Hoffnung aus, daß Ingall sich von diesen Unterlagen nicht überzeugen lassen möge. Und zusätzlich versicherte er seinem agnostischen Briefpartner, daß der Artikel – falls er überhaupt im »Scientific American« jemals erscheinen sollte – sich nur mit vernunftsmäßig erklärbaren Tatsachen und keineswegs mit übernatürlichen Phänomenen beschäftigen würde.

Wuenschel hatte diesmal offenbar den richtigen Ton getroffen. Ingall war beeindruckt und las jetzt endlich auch den ersten Brief Wuenschels genauer durch. Nun besah er sich erstmals die beiliegenden Photographien genauer, und der überraschende Positiv-Negativ-Effekt begann ihn als Wissenschaftler zu interessieren. Ein wenig später befand sich Wuenschel im Besitz eines zweiten Briefes von Albert Ingall, in dem dieser mitteilte, er wäre nun durchaus an der Veröffentlichung eines Artikels interessiert, die Schwierigkeiten aber lägen darin, daß in seinem Magazin nichts erscheinen könne, was derart deutlich als Propaganda für die römisch-katholische Kirche ausgelegt werden könnte.

Darauf war Wuenschel aber offenbar bereits vorbereitet: Er schrieb Ingall zurück, daß er seine diesbezüglichen Bedenken durchaus teile. Dennoch aber seien sie ohne Begründung, denn den Artikel werde Paul Vignon – ein kirchenunabhängiger Wissenschaftler – schreiben, und die erscheinenden Photowiedergaben nach den Aufnahmen von Giuseppe Enrie seien nichts anderes als eine objektive und jederzeit belegbare Dokumentation, die mit Glaubensfragen nichts zu tun habe. Anschließend lud Wuenschel den Mann vom »Scientific American« noch ein, als Gast an einem in naher Zukunft in einem großen Saal des St.-Vincent-Hospitals in Manhattan stattfindenden Vortrag teilzunehmen, in dessen Rahmen Wuenschel Reproduktionen der Aufnahmen Enries zeigen und zum Turiner Grabtuch sprechen werde. Ingall möge doch kommen, um sich über das Grabtuch näher zu informieren und sich von der Objektivität des Vortragenden zu überzeugen, setzte Wuenschel noch hinzu.

Ingall nahm die Einladung an, besuchte den Vortrag und war offenbar so beeindruckt, daß er zunächst einmal das im Jahre 1902 erschienene Buch von Vignon über die Turiner Reliquie genau durchstudierte. Dann überzeugte er mit Hilfe des Buches und der vorliegenden Photos den Herausgeber des Magazins von der Wichtigkeit der Angelegenheit so weit, daß dieser dem Erscheinen des Artikels zustimmte. Der Beitrag im »Scientific American« sollte drei Seiten lang sein, und Vignon und Wuenschel wurden je 100 Dollar als Honorar zugesichert.

Der Beitrag über das Leichentuch erschien schließlich in der Märznummer des Jahres 1937 und wurde ein großer Erfolg. Etwa 100000 interessierte Amerikaner – die meisten von ihnen wohl protestantische Christen oder Agnostiker – erfuhren auf diese Weise zum ersten Male vom Turiner Grabtuch. Und der Skeptizismus des Albert Ingall wich allmählich der glühenden Überzeugung von der Echtheit der Reliquie.

Ich wollte Näheres über Albert Ingall wissen und rief aus diesem Grunde im Büro des »Scientific American« an. Man verband mich mit einem der Herausgeber der Zeitschrift. »Ich hoffe, Sie werden verstehen«, sagte mir der Mann am Telephon, »aber der ›Scientific American‹ hat heute andere Herausgeber. Und diesen Artikel hätten wir sicherlich niemals gebracht. Das war doch alles Unsinn!«

»Warum?« fragte ich verblüfft.

»Weil es«, kam es zurück, »einfach unglaubwürdig ist, daß ein Stück Stoff, daß im Jahre Eins um einen Mann geschlagen wurde, heute noch mit diesen angeblichen Abdrücken existieren sollte. Es gibt zu viele erhaltene Stoffreste aus dem alten Ägypten, die beweisen, daß es so etwas nicht gibt!«

»Aber Albert Ingall hat offenbar sehr wohl daran geglaubt«, gab ich ihm zurück, »denn sonst hätte er sich wohl kaum für diese Sache eingesetzt.«

»Ich habe Herrn Ingall sehr gut gekannt«, kam die Antwort, »und es ist mir egal, was Sie für Briefe haben. Ich weigere mich einfach zu glauben, daß ein Mann wie Albert Ingall für einen Artikel wie diesen verantwortlich gewesen sein soll.«

»Haben Sie den Artikel überhaupt gelesen?«

»Ich habe ihn gelesen«, kam es zurück, »und ich erinnere mich, daß ich damals gerade 16 Jahre alt war. Und schon damals ist mir aufgefallen, wie unglaubwürdig die ganze Geschichte ist!«

»Haben Sie sonst noch etwas über das Leichentuch gelesen?« Noch gab ich nicht auf.

»Ich weiß im großen und ganzen über die Sache Bescheid, und sie ist es nicht wert, daß man sich näher mit ihr beschäftigt!« Das war eindeutig. Wer immer der Herausgeber am Telephon war – ich hatte den Namen nicht richtig mitbekommen –, irgendwie erinnerte er mich an den Londoner Museumskurator, den der alte Oberst Charles Green vor vielen Jahren getroffen hatte.

Bei der Durchsicht der Korrespondenzen von Wuenschel stieß ich auch auf die Ergebnisse seiner Bemühungen zur Auffindung von dokumentarischen Nachweisen über den Verbleib des Leichentuches in den Jahren zwischen 1354 und 1452.

»In Turin«, schrieb Wuenschel, »traf ich auf eine Mitarbeiterin, die sich mit Feuereifer an meiner Arbeit beteiligte und mir auf diese Weise dokumentarisches Material von unglaublichem Wert verschaffte. Auch in Chambery hatte ich Glück. Ich kam mit einem Empfehlungsschreiben zum italienischen Konsul, und der Mann hatte großartige diplomatische Fähigkeiten. Er führte mich mit einer Leichtigkeit und Geschicklichkeit in alle Archive ein, wie es wohl auch Ludwig von Pastor nicht besser hätte bewerkstelligen können. Die Archivbeamten unterstützten mich bei meiner Tätigkeit, und ich durfte auch weiterarbeiten, wenn die Archive abends bereits geschlossen waren. Ja man erlaubte mir sogar, ansonsten eifersüchtig gehütete seltene Werke nach Hause in mein Arbeitszimmer im großen Seminar mitzunehmen.«

ly Shroud of Turin
rovided the

Und weiter heißt es in Wuenschels Berichten: »In Troyes aber zog ich wirklich das große Los. Ich kenne den alten Generalvikar dort recht gut... Er ist einer der führenden Historiker in der ganzen Champagne... und ebenso vertraut mit den alten Archiven wie mit seinem Brevier... und gerade in diesen Archiven finden sich ja die wichtigsten Dokumentensammlungen über die Zeit, als das Leichentuch nach Europa kam... die ganzen Geschehnisse, die sich in Lirey um das Leichentuch abgespielt hatten und das, was nachher kam... Was für ein Glück! Auf diese Weise konnte ich die Arbeit, für die ich mit Hilfe der Unterlagen in meinen eigenen Archiven wohl einige Monate gebraucht hätte, in drei oder vier Tagen erledigen.«

Die Unterlagen, die Wuenschel damals mit so großem Interesse studiert hatte, bestätigten im großen und ganzen die Theorie von Ian Wilson über das Schicksal des Grabtuches in der Zeit zwischen seinem Auftauchen in Lirey im Jahre 1354 und seinem Verkauf an das Haus Savoyen im Jahre 1452.

BROOKLYN

Als Wuenschel im Jahre 1949 die USA verließ und nach Rom ging, übergab er die Verantwortung für das weitere Schicksal der amerikanischen Forschung zum Turiner Grabtuch dem Redemptoristenpriester Adam J. Otterbein. Dieser Priester, ein früherer Schüler Wuenschels, der später Theologieprofessor am Seminar wurde, war es auch, der neben mir in Turin die Schwarzweißaufnahmen vom Leichentuch gemacht hatte, während mein Apparat zum Glück damals mit Farbfilm geladen war. Wuenschel hatte mit der Person Otterbeins eine glückliche Wahl getroffen: der

Kardinal Francis Spellman, Erzbischof von New York, während des Besuches der großen Ausstellung von Materialien über das Grabtuch im Redemptoristenseminar von Mount St. Alphonsus, Esopus, im Staate New York. (HSG)

große schlanke Mann hatte viele Nächte lang dem kettenrauchenden Wuenschel voll Interesse und Spannung zugehört, während ihn dieser allmählich tiefer und tiefer mit der Geschichte des Turiner Grabtuches vertraut machte.

Otterbein nahm seine neue Aufgabe sehr ernst und arbeitete in den ersten beiden Jahren nach seinem »Amtsantritt« überaus konzentriert und sehr fleißig. Der Lohn dafür blieb nicht aus: am 6. Oktober 1951 dekretierte der damalige Erzbischof von New York, Kardinal Francis Spellman, die Schaffung der »Gilde vom Heiligen Grabtuch« in Esopus und bestimmte gleichzeitig, daß Pater Otterbein der neuen Gesellschaft als Direktor vorstehen sollte. Im Dezember desselben Jahres schon kam auch die Anerkennung aus Turin: die »Gilde vom Heiligen Grabtuch« wurde offiziell als die erste in Nordamerika bestehende Schwestergesellschaft der »Cultores Sanctae Sindonis«, der italienischen Mutterorganisation für alle von der Kirche unternommenen Aktivitäten im Zusammenhang mit der Turiner Reliquie, anerkannt. Damit war die »Gilde« die offfizielle Repräsentanz der »Cultores Sanctae Sindonis« in den USA und als solche auch für alle entsprechenden Bemühungen in diesem Raum verantwortlich.

Daraufhin wurde von der »Gilde« zunächst eine Broschüre mit der Zusammenfassung aller gesicherten Fakten zum Grabtuch herausgegeben, um Interessenten als mögliche Mitglieder zu werben und gleichzeitig das Spendenwesen entsprechend anzukurbeln. Die Broschüre war an sich nicht neu, sondern ein Nachdruck aus der Zeitschrift »The Chalice«, die früher von der »Konfraternität vom kostbarsten Blut« herausgegeben worden war. Im Jahre 1937 hatte die »Konfraternität« dem Turiner Grabtuch eine ganze Ausgabe von »The Calice« gewidmet, und eben diese Nummer wurde nun neu nachgedruckt. Der Artikel stammte von einem journalistisch ausgebildeten Mann, und die Broschüre war daher recht publikumswirksam aufgebaut. Unter dem gutgemachten Titel »Eine Photographie von Christus« folgte eine ganze Reihe von kurzen und interessant geschriebenen Kapiteln über das »Leinentuch mit dem uralten Webmuster« und über »den Körperabdruck des toten Mannes darinnen«. Alles, was man damals über die Reliquie wußte, war in leichtfaßlicher Form aufgezählt, und auf jeder Seite gab es eine Photographie zum Text oder doch zumindest eine Zeichnung. Bis Anfang 1954 waren nach Mitteilung des »Shroud Guild Bulletin«, einer eigenen kleinen hektographierten Zeitschrift, die die »Guild« seit dem Jahre 1952 regelmäßig für ihre Mitglieder herausbrachte, schon 130000 Broschüren über das Leichentuch an Interessierte versendet worden. Die Gesellschaft selbst hatte damals etwa 1000 eingeschriebene Mitglieder, die über 37 von den damals 48 amerikanischen Bundesstaaten verstreut lebten.

Im Jahre 1956 wandte sich der ehrgeizige Pater Otterbein an die »Kodak«-Gesellschaft in Rochester, New York. Dabei ging der Direktor der »Guild« von der logischen Überlegung aus, daß die Filmleute von »Kodak« vielleicht noch etwas mehr Licht in die Geschichte um das Leichentuch bringen könnten. Man konnte die Reliquie möglicherweise nach einer besonderen Methode photographieren, und Otterbein hoffte, auf diese Art und Weise vielleicht einen eigenen, ganz besonderen Beitrag zur Lösung der vielen noch ungelösten Rätsel um das Leichentuch beizutragen. Die Mitarbeiter von »Kodak« zeigten sich aufgeschlossen und interessiert, aber zunächst brachten die Besprechungen noch keinen greifbaren Erfolg: alles, was man Otterbein damals anbieten konnte, war die Zusammenarbeit und die technische Unterstützung bei der Anfertigung neuer Photoserien, falls es in Zukunft wieder zu einer öffentlichen Ausstellung des Leichentuches kommen sollte.

Einige Monate später erhielt Dr. James Manning, der Chef der physikalisch-chemischen Abteilung an der Forschungs- und Versuchsstelle der New Yorker Polizei in Brooklyn einen Anruf von Otterbein, der sich ebenfalls auf das Leichentuch bezog. Manning war gerne zur Zusammenarbeit bereit, aber er konnte nichts Genaues sagen, solange ihm das Leichentuch nicht für eine direkte Untersuchung zur Verfügung stand. »Zunächst«, schrieb Otterbein später über seine Kontakte mit Dr. Manning, »schlug er eine genaue Studie und eine Analyse der Webart des Tuches vor, aber wir konnten ihm mitteilen, daß dies bereits geschehen sei... Dann regte er an, man möge doch eine genaue chemische Analyse der Substanzen durchführen, aus denen die eigenartigen Flecke auf dem Leichentuch bestanden. Aber das ging nicht: wir mußten Manning eingestehen, daß man kirchlicherseits eine solche Untersuchung mit an Sicherheit grenzender Wahrscheinlichkeit nicht zulassen würde. Wenn es sich bei den Spuren nämlich tatsächlich um Flecken vom Blute Christi handelte, wäre es natürlich zumindest unschicklich gewesen, sie derartigen profanen Untersuchungen zu unterziehen. Dr. Manning sah das auch ein und bot uns andere, weniger direkte Methoden an. Er dachte an Röntgen- und mikrospetroskopische Untersuchungen. Dann erklärte er uns, wie die Untersuchungen in diesem Falle vor sich gehen würden: es ging dabei im wesentlichen um die Frage, ob sich Häminkristalle auf dem Stoff fanden. Wenn ja, so bewiesen diese winzigen Mikrokristalle eindeutig, daß es sich um Blutflecke handelte. Im Blut, führte der Polizeichemiker weiter aus, gäbe es nämlich zumindest 96 organische Substanzen, die man an sich bei einer Untersuchung alle nachweisen müsse, um zu einem absolut sicheren Ergebnis zu kommen, und außerdem sei Blut sehr vielfältigen chemischen Prozessen ausgesetzt, sobald es einmal mit der Luft in Kontakt komme. Aber sobald man bei einer Untersuchung Häminkristalle finde, könne man ganz sicher sein, daß es sich um Blutflecke gehandelt haben müsse.«

Später suchte Otterbein auch noch das FBI in Washington auf, aber auch dort konnte man ihm keine andere Auskunft erteilen. Die Kriminalisten der Bundespolizei erklärten dem Sindonologen alle Untersuchungsmethoden ganz genau – aber wenn sie das Leichentuch nicht selber untersuchen könnten, meinten sie dann, seien konkrete Angaben über das Untersuchungsobjekt selbstverständlich nicht möglich.

Im Jahre 1957 nahm Otterbein Verbindung zur Fernsehgesellschaft WBZ in Boston auf; diese reagierte positiv und brachte eine Sendung, die auch von einem Filmteam der Bostoner Diözese mitgeschnitten wurde. Der auf diese Weise entstandene 29-Minuten-Film wurde von der Verleihanstalt »Modern Talking Pictures« (MTP) übernommen, die Niederlassungen in 28 amerikanischen Städten hatte. Dreißig Kopien wurden vom Originalfilm angefertigt, und nach den Schätzungen der »MTP« mochten etwa 250000 Menschen – meist Schulklassen, kirchlich organisierte Laiengruppen und Frauenvereine – den Film gesehen haben, bis die Kopien schließlich unbrauchbar wurden. Das weitaus bemerkenswerteste Verdienst bei der Erhöhung des Bekanntheitsgrades des Leichentuches in den USA aber sicherte sich Pater Otterbein im Zusammenhang mit Nachschlagewerken. Und das kam so:

Der um die Jahrhundertwende wirkende britische Jesuit Herbert Thurston ist aus der jüngsten Geschichte des Turiner Grabtuches nicht wegzudenken. Thurston hatte sich einen ebenso ausgezeichneten Ruf als Geschichtsexperte, Liturgiker und Sachverständiger der Hagiographie wie auch als objektiver und genau ins Detail gehender Autor erworben. Wohl aus dem Zusammenhang mit seinen anderen Forschungsgebieten begann sich der britische Jesuit eines Tages auch überaus intensiv für okkulte Phänomene zu interessieren und erwarb sich auch auf diesem Felde durch Fleiß und Begabung ganz außergewöhnliche Kenntnisse und publizierte einige Werke über Mystizismus, Geister und im besonderen auch über Poltergeister. Als Mitarbeiter der »Katholischen Enzyklopädie« verfaßte er im Jahre 1912 darin auch einen Beitrag über das Turiner Grabtuch und kam dabei zu dem Schluß, daß die Reliquie nicht echt sein könne. Damit hatte es sein Bewenden, und wer sich in den nächsten 56 Jahren durch einen schnellen Blick in das einschlägige Fachlexikon eine kurze und umfassende Information zum Grabtuch verschaffen wollte, stieß dabei auf Thurstons Beitrag, der allerdings seinerzeit auf Grund von ziemlich unzutreffenden Informationen entstanden war.

Thurstons Mißtrauen gegen das Turiner Tuch war offenbar tief verwurzelt: schon im Jahre 1903 hatte er als Autor in der katholischen Zeitschrift »The Month« in zwei ausführlichen Artikeln so ziemlich alles zusammengetragen, was man damals in Europa gegen die Echtheit des Leichentuches auszuführen wußte. Nichts ließ Thurston dabei aus: er vergaß nicht zu erwähnen, daß das eigenartige Abbild wahrscheinlich durch eine im Laufe der Jahrhunderte eingetretene langsame Verfärbung der Originalmalerei entstanden sei – während doch Vignon zur damaligen Zeit schon ziemlich eindeutig nachgewiesen hatte, daß diese Annahme mit größter Sicherheit nicht zutreffend sein konnte. Umsonst, Thurston kam am Ende seines Beitrages zu dem Schluß, daß es sich beim Turiner Grabtuch nur um eine Fälschung in Form eines Gemäldes handeln konnte. Mehr lasse sich aus den vorliegenden, aus dem 14. Jahrhundert stammenden Dokumenten jedenfalls nicht erkennen, und ältere Quellen seien nicht vorhanden. »Die Annahme scheint gerechtfertigt«, hatte der Antisindonologe geschrieben, »daß die Figur des Herrn ursprünglich in zwei verschiedenen Gelbtönen auf das Tuch aufgemalt worden ist und zwar mit einem hellen lasierenden Gelb für die lichteren Teile des Bildes und mit einem dunkleren Gelbton für die mehr im Schatten liegenden Körperpartien. Und jeder Chemiker wird bestätigen, daß sich die Farben durch den Zeitablauf und durch große Hitze – im Jahre 1354 war das Leichentuch beispielsweise den Auswirkungen eines Brandes unterworfen – eben verändert haben: das hellere Gelb ist zweifellos nachgedunkelt und der ursprünglich dunklere Gelbton hat dafür entsprechend an Farbkraft verloren.«

Thurston selber hatte bemerkenswerterweise das Leichentuch niemals persönlich zu Gesicht bekommen und bezog seine Informationen beinahe ausschließlich von einem französischen Mitbruder, dem Abbé Ulysse, der das Tuch ebenfalls nur aus Beschreibungen kannte. Leute, die das Leichentuch persönlich gesehen hatten, bezeugten dagegen, daß es nicht die geringsten Farbspuren an der Reliquie gab, das aber vermochte die beiden Gelehrten offenbar in keiner Weise von ihrer Meinung über das Leichentuch abzubringen.

Erst 45 Jahre später bezog ein anderer Jesuitengeistlicher, diesmal allerdings ein Amerikaner namens Walter Abbot, eine völlig andere Position zum Turiner Tuch. Nach dem ermutigenden Studium des ersten jemals in einem katholischen Nachschlagewerk – der »Encyclopedia Cattolica« – im positiven Sinne abgefaßten Beitrages zum Thema gab der amerikanische Jesuit in der »American Ecclesiastical Review« in der Aprilnummer des Jahres 1955 eine ausgewogene Darstellung der bisherigen Forschungsergebnisse wieder.

Der erste Teil des Artikels stammte von Pietro Scotti, dem Priester und Chemiker, der an der sindonologischen Konferenz im Jahre 1950 teilnahm; es hätten, hieß es dort, ganz besondere Umstände zusammenkommen müssen, damit die Blutflecken auf dem Leichentuch überhaupt entstehen konnten. Und diese »besonderen Umstände« waren für Scotti nichts anderes als die leibliche Auferstehung Christi von den Toten. Der zweite Teil des Beitrages stammte von dem Jesuitenpriester Alberto Vaccari, der als Bibelgelehrter am päpstlichen Bibelinstitut in Rom wirkte. Vaccari wies nach, daß die Existenz des Leichentuches nicht, wie manche Bibelwissenschaftler behaupten, im Widerspruch zum Evangelium des Johannes steht. Kurz nach dem Erscheinen dieses Artikels verfaßte Walter Abbott einen eigenen Beitrag, in dem er entschieden die Echtheit des Leichentuches nachzuweisen versuchte. Der Artikel ging als Ergänzungslieferung an alle Abonnenten der »Catholic Encyclopedia«, der englischsprachigen Ausgabe der »Encyclopedia Cattolica«.

Im Jahre 1968 wurde schließlich der Beitrag Abbotts in der »Encyclopedia« durch einen Kommentar von Pater Otterbein ersetzt. Der Beitrag war wohlfundiert und stützte sich auf alle bis zum damaligen Zeitpunkt im Zusammenhang mit dem Grabtuch vorhandenen und gesicherten wissenschaftlichen Erkenntnisse. Unter anderem berichtete Otterbein darin über das Material des Tuches, über verschiedene unter Verwendung von Photographien durchgeführte wissenschaftliche Studien und zu den historischen und sich auf Grund der Überlieferungen in der Heiligen Schrift ergebenden vielfältigen Problemstellungen.

Am Ende des Beitrages hieß es zusammenfassend: »Obwohl es noch viele ungelöste Fragen gibt, sprechen doch die in vielen verschiedenen wissenschaftlichen Disziplinen gewonnenen Erkenntnisse ganz eindeutig für die tatsächliche historische Echtheit des Leichentuches. Der schnelle wissenschaftliche Fortschritt läßt im übrigen eine neuerliche Ausstellung des Leichentuches wünschenswert und nützlich erscheinen.«

Otterbein sprach mit seinem Beitrag nicht nur die katholischen Leser an, sondern hatte auch noch einen weiteren Erfolg zu verzeichnen: In den späten sechziger Jahren erwähnte die »Encyclopaedia Britannica« das Leichentuch erstmals mit einigen wenigen Zeilen in ihren periodischen Nachtrags- und Ergänzungslieferungen. Und als im Jahre 1974 eine völlig neu durchgesehene und bearbeitete Ausgabe des berühmten Nachschlagewerkes erschien, waren darin dem Turiner Tuch 120 Worte gewidmet.

»Grabtuch von Turin« hieß es dort neben der Wiedergabe eines Photos der Reliquie: »Leinentuch, in dem angeblich Jesus Christus beigesetzt wurde... Die erste photographische Aufnahme wurde im Jahre 1898 angefertigt... Die Untersuchungsergebnisse wurden von zwei Biologieprofessoren nach genauem Studium der ›Académie des Sciences‹ im Jahre 1902 samt den entsprechenden wissenschaftlichen Schlußfolgerungen bekanntgegeben... Die Geschichte des Grabtuches ist allerdings für die Zeit vor der Mitte des 14. Jahrhunderts nicht mehr belegbar.«

Ganz zufrieden war Otterbein mit diesem Kommentar wohl nicht. Aber immerhin: auch die Welt der Säkularwissenschaft hatte von der Existenz des Leichentuches endlich Notiz nehmen müssen, und das war erst der Anfang, denn eine genaue wissenschaftliche Auseinandersetzung stand mit ziemlicher Wahrscheinlichkeit erst noch bevor.

PORT CHESTER

Der Jesuit Otterbein wurde bei seiner Arbeit von dem Benediktiner Peter M. Rinaldi unterstützt. Zur Zeit der letz-

Die amerikanischen Sindonologen Rev. P. M. Rinaldi und Rev. A. J. Otterbein mit einer auf Leinen gezogenen lebensgroßen photographischen Reproduktion des Turiner Grabtuches. Die Nachbildung befindet sich zusammen mit anderen »Sindonalien« in der »Christ-of-the-Holy-Shroud«-Gedenkstätte in der »Corpus-Christi«-Kirche von Port Chester, New York. (HSG)

ten öffentlichen Ausstellung des Grabtuches im Jahre 1933 war Rinaldi Schüler am Salesianerseminar und fungierte nebenbei als Dolmetscher für die vielen Pilger und Neugierigen, die in diesem Jahr anläßlich der ungewöhnlichen Ausstellung nach Turin kamen. Der erste bedeutende Artikel, der in den USA über das Leichentuch erschien – das war in der Juniausgabe 1934 von »Sign«, einer katholischen Wochenzeitschrift –, stammte aus der Feder von Rinaldi. (Es war übrigens genau dieser Artikel gewesen, der in Wuenschel das lebenslange Interesse an der Turiner Reliquie erweckt hatte.) 41 Jahre später schrieb Rinaldi wieder für »Sign«: »Ich sah das Heilige Grabtuch« lautete die Überschrift über einem Beitrag, in dem Rinaldi von seinen Eindrücken während der Ausstellung im Jahre 1973 berichtete.

Der Benediktiner bewegte durch sein Interesse am Leichentuch – wenn auch nur indirekt – auch Seele und Gemüt einer Mrs. I. Sheldon Tilney. Die Dame las Wuenschels Artikel in der Märznummer 1937 des »Scientific American« und wurde dadurch derart beeindruckt, daß sie nicht nur leidenschaftlich für die Echtheit des Tuches eintrat, sondern sich in der Folge sogar zum Katholizismus bekehrte. Das Besondere daran ist eigentlich die Verwandtschaft von Mrs. Tilney: Ihr Gatte war Sekretär und ihr Bruder Präsident des »Scientific American«.

»Die Tilneys haben den Winter immer in Palm Beach in Florida verbracht«, erinnert sich Rinaldi. »Mrs. Tilney hat mich in Tampa besucht, und wir vereinbarten, daß ich einige Vorträge über das Grabtuch halten sollte, ein paar davon auch in ihrem Hause. Zu einem dieser Vorträge, dessen entsinne ich mich noch, erschien auch Mrs. Rose Kennedy.«

In den Jahren 1940 und 1971 veröffentlichte Rinaldi jeweils ein Buch über das Thema: vom ersten, das den Titel »Ich sah das Heilige Grabtuch« trug, wurden beinahe 100000 Exemplare verkauft. 1971 erschien das zweite Buch: »Es ist der Herr: eine Studie über das Grabtuch Christi«; das Werk erschien sowohl in gebundener Form als auch in einer Taschenbuchausgabe, und der Verkaufserfolg lag ebenfalls etwa bei 100000 Stück.

Als Rinaldi im Jahre 1950 Pfarrer an der Corpus-Christi-Kirche von Port Chester in New York wurde, ließ er mit finanzieller Unterstützung von Mrs. Tilney einen Grabtuchschrein errichten. In Größe und Ausstattung kam das Monument zwar nicht an das Original in Turin heran, aber es bestand immerhin aus einer Marmorstatue Christi, einem Halbrelief, das die Geburt des Herrn darstellte, und aus einer lebensgroßen Reproduktion des Grabtuches, die von hinten her angeleuchtet wurde. Im Jahre 1970 wurde der Standort der Gedächtnisstätte innerhalb der Kirche verändert und das Monument bei dieser Gelegenheit auch um einige Mosaiken und Malereien bereichert. Später wurde auch noch ein Kruzifix mit dem Körper des Erlösers in Lebensgröße aufgestellt. Es handelt sich dabei um eine der von Monsignore Ricci angefertigten drei Christusfiguren, die sich durch besonders realisitische Darstellungsweise auszeichnen: So sind beispielsweise über hundert Geißelwunden, die auf dem Leichentuch erkennbar sind, auch auf den Figuren genau nachgebildet.

Im Jahre 1963 veröffentlichte John Walsh im Verlag »Random House« unter dem Titel »Das Grabtuch« ein Werk über die Geschichte der Turiner Reliquie seit dem Jahre 1898. Walsh war kein begeisterter Laie, sondern Berufsschriftsteller, und aus diesem Grunde war das Buch daher auch nicht nur objektiv und informativ, sondern auch in sehr flüssigem Stil gehalten. Der Schriftsteller hatte sorgfältig recherchiert und zu diesem Zwecke Pater Wuenschel zum Thema sehr oft und lange interviewt, er nahm aber beispielsweise auch Kontakt mit dem noch lebenden Verwandten von Secondo Pia und mit Paul Vignon und Pierre Barbet auf.

In der Einleitung zum Buche hieß es dann schließlich: »Eines ist ohne jeden Zweifel sicher: das Grabtuch von Turin ist entweder die verehrungswürdigste und sinnfälligste Reliquie, die der Menschheit von Jesus Christus geblieben ist, und sie zeigt uns Sterblichen gleichzeitig geheimnisvoll und doch ganz klar ein Bild des Herrn, wie er unter uns wandelte – oder das Leichentuch ist ein unglaublich raffiniert und genial von Menschenhand geschaffenes Kunstwerk, wie es wohl kein zweites auf Erden gibt. Es ist entweder das eine oder das andere, eine dritte Möglichkeit und Erklärung für seine Existenz gibt es nicht.«

Ein anderer Sindonologe, dem ich persönlich niemals begegnet bin, war der Jesuit Francis L. Filas, Professor der Theologie an der Loyola-Universität von Chicago.

Filas machte sich ebenfalls um die Verbreitung des Wissens über das Leichentuch in den USA überaus verdient. Im Jahre 1952 hatte er die Manager der Fernsehgesellschaft WNBQ in Chicago so für die Geschichte um das Leichentuch interessiert, daß er am Karfreitag des Jahres eine eigene Fernsehsendung bekam. Die Sendezeit betrug 30 Minuten. Obwohl die »Show« um die Mittagszeit gesendet wurde, riefen bis um fünf Uhr am Nachmittag desselben Tages bereits 400 Fernseher an und verlangten dringend eine Wiederholung des Programmes. Diese Zahl mag für heutige Verhältnisse nicht besonders eindrucksvoll erscheinen, aber zum damaligen Zeitpunkt steckte das Fernsehen auch in den USA noch in den Kinderschuhen, es gab nicht allzuviele Fernsehteilnehmer, und einige hundert Anrufe waren daher bereits äußerst beeindruckend. Und bis zum Ende des Monats erhielt Filas 3100 briefliche Anfragen und Stellungnahmen von interessierten Laien.

Am Karfreitag des Jahres 1954 wurde die Sendung von der »American Broadcasting Company« über insge-

Der Verfasser des Buches »The Shroud« (Das Grabtuch), John Walsh, signiert eine Ausgabe seines Werkes. Neben ihm Pater Otterbein und Umberto II. von Savoyen. (HSG)

samt 30 Stationen ihres Sendenetzes ausgestrahlt, und nun konnten auch Fernseher in Illinois, Massachusetts, Florida, Louisiana, Missouri, Michigan und in einigen weiteren amerikanischen Bundesstaaten den Mann im Zweireiher mit dem weißen Kragen des Geistlichen sehen, der die Geschichte des Leichentuches erzählte und dabei immer wieder mit einem langen Zeigestab Details auf einer im Studio aufgehängten lebensgroßen Reproduktion der Turiner Reliquie zeigte. »Ist das Leichentuch echt?« – das war das Thema, um das es in der Sendung ging. Und Filas trat für die Echtheit der Reliquie ein und versuchte dies auch mit allem, was er dazu beitragen konnte, zu beweisen. Am Ende der Präsentation informierte er noch das Publikum, daß interessierte Zuschauer wegen zusätzlicher Informationen Verbindung mit der »Holy Shroud Guild« aufnehmen mögen, der er selber als Vizepräsident mit vorstehe. Diesmal bekam Filas sogar 13000 Briefe.

In den folgenden Jahren wurde die österliche Fernsehsendung über das Grabtuch allmählich zur Tradition. Während die Sendung bis etwa 1959 nur aus dem Raum von Chicago ausgestrahlt worden war, übernahm sie später auch die Fernsehgesellschaft »ABC« und ließ sie von 86 verschiedenen Stationen aus senden. Auf diese Weise wurde das Publikum von Kalifornien bis New York mit der Geschichte des Leichentuches vertraut gemacht, und das renommierte Magazin »Time« schrieb, es handle sich dabei »um eine der profiliertesten Sendungen der Osterzeit«. Bis zum Jahre 1968 waren ungefähr 150000 Briefe von interessierten Fernsehern eingetroffen, und im Jahre 1974 schließlich konnte Pater Filas eine überaus stolze Bilanz ziehen: man schätzte, daß seit der ersten Sendung im Jahre 1952 etwa 46 Millionen Menschen das Programm über das Leichentuch auf ihren Fernsehschirmen gesehen hatten.

MIAMI

Nach meiner Heimkehr nach Miami beschäftigte ich mich zunächst etwa einen Monat lang mit dem Lesen und Auswerten des mitgebrachten Materials. Allmählich stellte sich dabei heraus, daß vieles geblieben war, worüber ich noch persönlich recherchieren wollte, bevor ich mein eigenes Buch zu schreiben beginnen konnte.

Mir fiel unter anderem auf, daß sich nur wenige Autoren und Gelehrte mit dem anthropologischen Aspekt der ganzen Angelegenheit beschäftigt hatten – Luigi Gedda und Giulio Ricci zählten hier zu den wenigen Ausnahmen. Bis ins kleinste Detail hatten viele Forscher die Körpermaße der Figur auf dem Leichentuch vermessen – aber welcher Menschenrasse der Tote eigentlich vermutlich angehört hatte, schien offenbar niemanden zu interessieren.

Ich wollte mir zu dieser Frage eine eigene Meinung bilden und rief daher im naturwissenschaftlichen »Smithsonian Museum« in Washington an. Dort ließ ich mich mit einem Anthropologen verbinden. Ich bekam Herrn T. Dale Stewart an den Apparat, einen Anthropologen, der in den Jahren 1962 bis 1965 das Museum geleitet hatte und jetzt bereits emeritiert war.

Nachdem ich mein Anliegen vorgebracht hatte, antwortete mir Stewart, von einem Turiner Grabtuch habe er zwar noch nie gehört, aber die Sache interessiere ihn jedenfalls, und er wolle sich auch gerne mit mir treffen, doch möge ich ihm zunächst einiges Material zu Studienzwecken übersenden. Die Photographien von diesem Signore Enrie dürften sich hierzu vielleicht als besonders geeignet erweisen.

Es sah so aus, als ginge es wieder einmal ans Reisen: nach Washington diesmal.

Um noch nähere Informationen über den Leinenstoff des Turiner Tuches zu bekommen, beschloß ich außerdem an die beiden Museen in Lyon zu schreiben, deren Besuch mir

Pater Bourguet schon in Paris empfohlen hatte, als ich noch auf der Suche nach Körper- oder Gesichtsabdrücken auf irgendwelchen Stücken der »Sammlung Gayet« gewesen war.

Ich konnte mich noch ganz genau an eine Stelle im letzten Kapitel des Buches erinnern, das Paul Vignon im Jahre 1902 über das Leichentuch geschrieben hatte. Dort hieß es: »Herr Gayet zeigte mir die verschiedensten Arten von Leichentüchern, wie man sie an den Fundstellen in Ägypten ausgegraben hatte. In einigen Fällen wies der Stoff tatsächlich leicht bräunliche formlose Verfärbungen auf. Einmal schien es mir sogar, als könnte ich die Form eines menschlichen Rückenabdrukkes erkennen, bei näherer Betrachtung mußte ich aber feststellen, daß ich mich geirrt hatte. Herr Gayet war so freundlich, mir eine Art von Totenschleier zu überlassen, auf dem die bräunliche Verfärbung deutlich zu erkennen war. Vielleicht kann eines Tages gerade dieses archäologische Fundstück zum Beweis dafür dienen, daß zwischen der Entstehung dieser flüchtigen und formlosen Verfärbung und der Bildung der porträtähnlichen Darstellung auf dem Turiner Grabtuch nicht der geringste kausale Zusammenhang besteht. Die bräunlichen Flecken auf manchen Fundobjekten von Gayet sind einfach durch die Verwesung der Leichen entstanden – die Erklärung für das Entstehen des Abbildes Christi aber muß eine andere sein. Zu den ›Verwesungsbildern‹ besteht hier sicherlich keinerlei Zusammenhang.«

Aus dieser Feststellung zog ich zwei Schlüsse: erstens den, daß Gayet mit Vignon in näherem Kontakt gestanden hat, und zweitens den, daß meine Überlegungen über das Entstehen der Abdrücke auf dem Turiner Tuch mit denen von Vignon völlig identisch waren – nur hatte sie der bekannte französische Sindonologe eben schon 70 Jahre vor mir angestellt.

Zu den meiner Ansicht nach in der bisherigen Forschungsarbeit von den meisten Sindonologen ein wenig vernachlässigten Gebieten gehörte wohl auch das Studium der altjüdischen Begräbnisriten. Ich setzte mich mit dem jüdischen theologischen Seminar in New York City zunächst einmal telephonisch in Verbindung. Im »Public Relations Office« des Seminars hörten sich die Leute zunächst mein Problem geduldig an und verbanden mich dann mit Dr. Dov Zlotnic, einem Professor für rabbinische Literatur. Dr. Zlotnic zeigte sich überaus interessiert und schlug mir ein persönliches Zusammentreffen vor. Die Antworten auf meine Fragen seien so vielfältig und diffizil, meinte er, daß man darüber am Telephon unmöglich wirklich erschöpfend sprechen könne.

Mein Anruf am jüdischen theologischen Seminar war nicht zufällig erfolgt, auch Pater Wuenschel hatte sich seinerzeit schon an dieses Institut um Rat und Hilfe gewendet. Er war einer der wenigen Sindonologen, die tatsächlich mit jüdischen Experten über altjüdische Begräbnisbräuche gesprochen hatten. Und im Vorwort zu seinem Buch »Das Selbstbildnis Christi« stattete er dann auch seinen besonderen Dank dem Rabbiner Jacob Menkes ab, »einer anerkannten Kapazität auf dem Gebiete der rabbinischen Schriftgelehrtheit.«

Auch die Frage, wie das Abbild tatsächlich auf das Tuch gekommen sein mochte, ließ mich selbstverständlich nicht zur Ruhe kommen. Es war tatsächlich ein höchst seltsames und ungewöhnliches Phänomen, mit dem ich mich da beschäftigte. So ungewöhnlich, daß ich mich auch nicht scheute, mit einem Fachmann für Parapsychologie Verbindung aufzunehmen. Hier war Dr. Karlis Osis, der in New York lebende und arbeitende Leiter der »Amerikanischen Gesellschaft für parapsychische Forschung« mein Gesprächspartner.

Auch Dr. Osis war kein Unbekannter. Er hatte etwa 640 Ärzte und Krankenschwestern interviewt, die ihm über ihre Erfahrungen mit im Sterben liegenden Patienten berichteten. Die Ergebnisse der auf diese Weise entstandenen Studie waren überaus interessant. Ein großer Teil der Interviewten hatte Dr. Osis übereinstimmend berichtet, daß sich die Sterbenden unmittelbar vor ihrem Verscheiden »in ausgesprochen gehobener Stimmung« befanden und von einer Art anderer Existenz sprachen, in die einzugehen sie im Begriff seien. Viele zeigten in diesem Stadium sogar deutliche Zeichen von Widerwillen, wenn man versuchte, ihr Leben zu verlängern. »Es ist so schön dort« – so oder ähnlich lautete die Begründung der Sterbenden für ihr überraschendes Verhalten dem sie umgebenden Pflegepersonal gegenüber.

Dr. Osis zeigte sich im übrigen ebenfalls durchaus gesprächsbereit, meinte jedoch, er sei vielleicht doch nicht ganz der geeignete Partner zur Beantwortung meiner Fragen. Ein Mann, der etwas von optischen Phänomenen verstehe, so meinte er, sei da doch wohl besser geeignet. Und er verwies mich an Dr. John Rush, Professor an der Universität von Boulder in Colorado. Dr. Rush werde sicherlich die photographischen Aufnahmen mit großem Interesse studieren und mir auch weiter behilflich sein, meinte Dr. Osis.

Eine genaue Analyse des Photomaterials – auch auf diesem Gebiet gab es zweifellos noch viel zu tun. Ich erinnerte mich in diesem Zusammenhang an einen Zeitschriftenartikel, den ich einmal gelesen hatte: da war im Zusammenhang mit dem Turiner Grabtuch von einem Mitarbeiter der Firma »Kodak« die Rede gewesen... Systematisch arbeitete ich mich durch den Berg an Sachliteratur, der sich allmählich in meiner Wohnung angesammelt hatte. Und mein Gedächtnis hatte mich nicht getäuscht: woran ich mich dunkel erinnert hatte, war ein Leserbrief an das »British Journal of

Photography« gewesen, den ein gewisser Walter Clark am 30. Juni 1967 geschrieben hatte.

Clark schrieb darin, daß er Mitarbeiter am Versuchslaboratorium der »Eastman Kodak Company« sei und daß er im Rahmen dieser Tätigkeit im Jahre 1930 oder 1931 die Bekanntschaft eines englischen Oberstleutnants namens P. W. O'Gorman gemacht habe. Der Offizier, offenbar ein Sindonologe, war aus England nach Amerika gekommen, um hier vielleicht einige Fragen zur Entstehung des Abbildes auf dem Leichentuch zu klären. Clark hatte damals eine interessante Theorie entwickelt, eigentlich mehr eine Art von Deutungsversuch zur Entstehungsgeschichte des rätselhaften Bildes: er ging von der Annahme aus, daß die vom gesalbten Leichnam aufsteigenden Dämpfe zu einer Oxydation des Leichentuches geführt haben könnten und daß dadurch das seltsame Bildnis entstanden sei. Dem Chemiker ist jedenfalls bekannt, daß ammoniakhaltige Substanzen, die in Verbindung mit Zellulosematerial gebracht werden, an diesem einen Oxydationsvorgang hervorrufen, man bezeichnet das als »chemische Vapographie«. Und Leinen, stellte Clark fest, ist chemisch jedenfalls Zellulose. Wenn man das ganze Phänomen auf die Erklärung des Abbildes auf der Reliquie übertrug, konnte man dessen Entstehen ebenfalls auf eine »Vapographie« zurückführen, nur handelte es sich hier eben nicht um ammoniakhaltige, sondern um von der Substanz der Salben aufsteigende peroxydhaltige Dämpfe, die auf ganz gewöhnlichen Leinenstoff einwirkten.

Ich beschloß der Sache nachzugehen. Wählte die Nummer der Fernauskunft in Rochester und wurde weiterverbunden. Am anderen Ende der Leitung hob jemand den Hörer ab. Unwahrscheinliches Glück und Zufall: Mr. Clark war am Telephon! Wir unterhielten uns ziemlich lange und ausführlich. Den Artikel habe er damals vor 40 Jahren geschrieben, meinte Clark, das sei richtig. Und eine andere

Erklärung für die Entstehung des geheimnisvollen Abbildes habe er bis heute nicht finden können. Manche Chemiker aber, gab ich zu bedenken, meinten allerdings, daß die beschriebenen Dämpfe wohl niemals ausreichend gleichmäßig und geradlinig aufsteigen könnten, um tatsächlich auf chemischem Wege ein derart vollendetes Abbild entstehen zu lassen. Das sei schon richtig, antwortete Clark, aber doch nur bedingt: unter gewissen Idealbedingungen wäre es aber trotzdem durchaus denkbar. In einer überaus ruhigen und gleichzeitig feuchten Atmosphäre etwa. Wie beispielsweise in einem Grab... Ich blieb skeptisch. Clark war anscheinend nicht besonders überrascht darüber.

»Auch O'Gorman«, meinte er am Ende unseres Gespräches, »hat meine Theorie von der chemischen Entstehung des Abbildes niemals richtig glauben wollen.«

Der »Catholic Medical Guardian« brachte im Jahre 1931 in seiner Maiausgabe einen Artikel von O'Gorman über das Leichentuch. Der Engländer baute seine Theorie grundsätzlich auf die Ideen von Clark auf, entwickelte sie aber noch weiter. Er hielt in London einen ausführlichen Vortrag, und dieser wurde im Jahre 1940 in einer Ausgabe der Zeitschrift »American Ecclesiastical Review« vollständig abgedruckt.

Nach der Theorie von O'Gorman war das Entstehen des porträtgenauen Abbildes auf das Zusammenwirken von vier verschiedenen chemisch-physikalischen Vorgängen zurückzuführen: erstens auf das Aufsteigen von Dämpfen, die – wie schon Vignon ausgeführt hatte – zu einer Oxydation des Leinentuches führten, zweitens auf die Einwirkung bestimmter radioaktiver Substanzen, die sich in den Salben oder möglicherweise im Körper des Toten selber befanden, drittens auf »elektrische Strahlungen«, die man sich etwa in Form einer Aura vorzustellen hat. Und zuletzt schließlich auf »eine plötzliche und intensive Strahlung des Leibes Christi im Augenblick seiner Auferstehung von den Toten.«

Während unseres Gespräches hatte mich Clark auf Mr. Charles Bridgeman hingewiesen, der ebenfalls für »Kodak« arbeitete, und zwar in der Marketingausbildung in Rochester. Bridgeman, so erklärte mir Clark, sei ein anerkannter Fachmann für Radiographie, Ultraviolett- und Infrarotphotographie und verstehe außerdem sehr viel von der wissenschaftlichen Untersuchung von Gegenständen mit Hilfe dieser Methoden. »Zeigen Sie ihm die Aufnahmen vom Grabtuch«, sagte Clark noch abschließend zu mir, »denn wenn einer berufen ist, über diese Photos ein verbindliches Urteil abzugeben, dann ist es Mr. Bridgeman!«

Ich dankte Clark für seine Unterstützung und folgte seinem Ratschlag unverzüglich. Auch Mr. Bridgeman reagierte sehr entgegenkommend und wollte sich die Aufnahmen gerne näher ansehen.

Nach einigen Wochen kam seine Entscheidung in Form eines Briefes. »Ihre Photos«, schrieb Bridgeman darin gleich am Beginn, »waren für mich ein äußerst bemerkenswertes und ungewöhnliches Erlebnis.«

Und weiter: »Je genauer man sich diese Aufnahmen ansieht, desto deutlicher wird es klar, daß man auf Grund der Bilder alleine keine verläßlichen Schlüsse ziehen kann. Es ist also jedenfalls eine genaue wissenschaftliche Untersuchung notwendig, vor deren Durchführung exakte Angaben keinesfalls möglich sind.

Ich beschäftige mich persönlich zwar sehr eingehend mit Radiographie, aber es ist auch mir unmöglich zu sagen, wodurch auf einem Film ein bestimmtes Bild produziert wird, bevor ich die im Röntgen durchleuchtete Substanz nicht auf ihre chemische Zusammensetzung hin untersucht habe. Beim derzeitigen Stand der Dinge kann ich daher ein verläßliches und sicheres Urteil zur gegenständlichen Frage nicht abgeben.«

»Strahlen« und »Strahlung« – diese Vorstellung beschäftigte mich und ließ mich nicht mehr los. Ich rief an der medizinischen Fakultät von Miami an, und man verwies mich auf Dr. Harold E. Davis, einen ehemaligen Radiologieprofessor und Mitglied der amerikanischen wissenschaftlichen Gesellschaft für Radiologie.

Später zeigte ich Dr. Davis die von Enrie angefertigten Photos. Sie erinnerten irgendwie an Röntgenaufnahmen, meinte der Gelehrte, aber mehr könne er dazu nicht sagen. Da müsse ich schon einen wirklichen Experten konsultieren, und in diesem Zusammenhang könne man nur an E. Dale Trout an der Universität von Oregon denken, einen der besten Strahlungsphysiker, der jemals für »General Electrics« gearbeitet habe.

Mein Anruf bei Trout brachte mich wieder ein Stück weiter: er verwies mich an den Strahlungsphysiker Wade Patterson, der am Lawrence-Livermore-Laboratorium in der Nähe von San Francisco arbeitete. Das Laboratorium gehört zur kalifornischen Universität von Berkeley und ist mit der Durchführung von Versuchs- und Forschungsaufträgen für die US-Atomenergiekommission beschäftigt.

Auch Patterson erreichte ich telephonisch, und wir vereinbarten ein persönliches Gespräch.

Da ich offenbar mit einem längeren Aufenthalt in Kalifornien zu rechnen hatte, beschloß ich, bei dieser Gelegenheit auch gleich Ralph Graeber, den »Mann mit der Grabtuchshow« im südlichen Teil des Bundestaates einen Besuch abzustatten. Bei unserem ersten Telephongespräch stellte ich zu meiner Überraschung fest, daß sich Graeber nicht nur durch seine bemerkenswerte religiöse Wandlung und sein aktives Eintreten für das Leichentuch auszeichnete, sondern auch einem außergewöhnlichen Beruf nachgegangen war: er war gelernter Nuklearingenieur. In den nächsten Tagen erfuhr ich aus Telephongesprächen und Briefen mehr über diesen höchst ungewöhnlichen Mann, der mit der Geschichte um das Leichentuch ebenso eng verbunden und für sie von Bedeutung ist wie etwa Hans Naber oder Leonard Cheshire.

Im Zweiten Weltkrieg hatte Graeber bei der amerikanischen Luftwaffe als Bomberpilot gedient und schrieb sich gleich nach Kriegsende an der Universität von Purdue als Student der Technik ein.

Schon während seiner Studienzeit arbeitete er eifrig an einem wissenschaftlichen Atomprojekt seiner Universität mit. Was dort an der Hochschule allmählich entwickelt wurde, trug die Bezeichnung »Linearer Elektronenbeschleuniger und Synchrotron« und war tatsächlich eine Anlage zur Atomspaltung. Nach Abschluß seines Studiums bekam Graeber eine Anstellung bei der US-Atomenergiekommission und arbeitete im Argonne-Laboratorium von Lemont in Illinois. In dieser Versuchsanstalt wurden unter der tatkräftigen Mitarbeit von Graeber zwei der ersten großen wissenschaftlichen Computer der »van Neumann-Klasse« entwickelt, nämlich die Typen »Avidac« und »Oracle«.

Als Graeber im Jahre 1953 Mitarbeiter am Raketenentwicklungsprogramm in Cape Canaveral wurde, hatte er sich bereits als Experte einen gewissen Namen gemacht. Die Leute in Cape Canaveral suchten noch Mitarbeiter für ihr Team, das zwei große Computer für die Flugdatenberechnung baute. Als dann die praktischen Versuche mit den Überschallraketen begannen, war Graeber für einen der dabei verwendeten Computer verantwortlich. Und als die Amerikaner ihren ersten Satelliten in den Weltraum schickten, war der begabte Techniker wieder an führender Stelle dabei.

Während all dieser von wissenschaftlichen und persönlichen Erfolgen erfüllten Jahre machte Graeber gleichzeitig einen Prozeß der ständigen religiösen Desillusionierung durch. »Ich war Wissenschaftler«, sagte er dazu erklärend, »und ich kam immer mehr zu der Erkenntnis, daß die Theologen und Geistlichen in Wirklichkeit nicht wußten, wovon sie eigentlich sprachen. Immer wieder verkündeten sie von ihren Lehr- und Kirchenkanzeln Dinge, die für einen wissenschaftlich geschulten Zuhörer geradezu haarsträubend ungereimt klangen, und ich ertrug es schon kaum mehr, mir auch noch eine einzige Sonntagspredigt anzuhören. So war meine Situation, als ich Ende der fünfziger Jahre in Cape Canaveral an den Forschungsprojekten arbeitete. Andererseits aber war mir ganz klar, daß das, was in der Bibel zu lesen war, ganz sicher stimmen mußte. Der Fehler lag in der unrichtigen und verdrehten Wiedergabe durch die unfähigen ›Verkünder‹ von eigenen Gnaden.«

Graeber begann intensiv zu lesen. Er beschäftigte sich mit »dem ganzen okkulten Zeug«, wie er es nannte. Das meiste lehnte er ab, und nur von den Schriften von Edgar Cayce und Emmanuel Swedenborg profitierte er wirklich. Wahrscheinlich nicht durch Zufall: beide Männer, der eine ein Amerikaner des 20. Jahrhunderts und der andere ein im 18. Jahrhundert wirkender Schwede, verstanden wirklich etwas von Fragen der Psyche und können als seriöse Autoren angesehen werden.

Später stieß Graeber dann auf ein ganz neues geistiges Gebiet vor. Er las das Buch »Autobiographie eines Yogi«, ein Werk, das der Inder Paramahansa Yogananda im Jahre 1946 geschrieben hatte. »Es war das weitaus beste Buch zu den Fragen der Philosophie des menschlichen Lebens, das ich überhaupt jemals in die Hand bekommen habe«, meinte Graeber dazu später. »Und die profunden wissenschaftlichen Einsichten, die hinter dem Ganzen standen, beeindruckten mich tief. Was mich aber beinahe noch mehr beeindruckte, war die Erkenntnis, daß man sich mit Hilfe dieser Erkenntnisse von den hemmenden Sperren befreien kann, die normalerweise die Kräfte der menschlichen Psyche und unsere Intuition verkümmern lassen. Ich war wirklich beeindruckt, aber ich ließ mich nicht einfach hinreißen. Ich versuchte meine wissenschaftliche Skepsis zu behalten: in Südkalifornien (wo die Nachfolger von Yogananda und seiner geistigen Lehre, die sich ›Bruderschaft für die Selbstverwirklichung‹ nannten, ihren Hauptsitz hatten) gab es genügend Scharlatane und Verrückte... Ich betete inbrünstig zu Christus, daß er mich erleuchten möge, damit ich die richtige Antwort fände: hatte der Inder Yogananda die gleiche Botschaft verkündet wie Jesus Christus beinahe zwei Jahrtausende vor ihm? Und ich erhielt eine Botschaft. Auf der Rückseite der nächsten Ausgabe des Magazins der ›Bruderschaft‹ war das Grabtuch von Turin abgebildet. Das war die Antwort auf die Frage, die ich schon so oft in meinen Gebeten an den Herrn gestellt hatte...«

Der Gesichtsausdruck, den Graeber schon oft auf Abbildungen des indischen Yogi namens Yogananda gesehen hatte, war dem Ausdruck auf dem Antlitz Christi, wie es auf dem Leichentuch erschien, sehr ähnlich. Und die Photos des 1953 verstorbenen Sri Yukteswar, der der Lehrer von Yogananda gewesen war, hatten oft den gleichen eigenartigen Gesichtsausdruck gezeigt...

»Es heißt, daß ein Bild mehr sagt als zehntausend Worte«, erklärte mir Graeber, »und diese Ähnlichkeit im Gesichtsausdruck sagte mir ganz deutlich und ohne die geringste Möglichkeit eines Zweifels, daß Yogananda und Jesus Christus Einblick in die gleichen Wahrheiten haben mußten und die gleiche Lehre verkündet hatten.«

Graeber verließ die Forschungs- und Versuchsanstalt in Canaveral in den frühen sechziger Jahren und nahm eine Stelle in Burbank im Staate Kalifornien an. Dort war er ganz in der Nähe des Zentrums der »Bruderschaft zur Selbstverwirklichung«. »Meine Liebe zu Christus und seinen Heilslehren war unverändert groß«, sagte mir Graeber dazu, »und es war mir beinahe unerträglich, daß die vielen Millionen seiner Jünger, die Bekenner des christlichen Glaubens, nicht sein wahres Antlitz kannten und nichts von der tiefen Einsicht in die Natur des Herrn wußten, die der bloße Anblick dieses Gesichts schon vermittelte.« Auf diese Weise sah Graeber im Bild des Turiner Leichentuches gleichsam das geistige Vehikel, mit dem er diese Erkenntnis weiterverbreiten konnte. Gestützt auf seine wissenschaftliche Ausbildung und darauf, was er den Lehren Yoganandas entnommen hatte, entschloß sich Graeber schließlich, auf eigene Faust eine Kampagne für das Grabtuch an der amerikanischen Westküste durchzuführen.

Zunächst sammelte er Material für Diavorträge. Das Bildmaterial bekam er von der »Gilde für das Heilige Grabtuch« aus Esopus im Staate New York, und den Text für seine Vorträge erarbeitete er sich aus den Werken von Wuenschel und Barbet. Nach Abschluß der Vorbereitungsarbeiten brach Graeber zu einer großen Vortragsreise auf, die ihn durch ganz Südkalifornien führen sollte.

Dann verlegte sich Graeber auf den Entwurf und die Anfertigung von Postkarten mit dem Thema des Turiner Tuches. Die erste Karte war noch ziemlich einfach gestaltet: auf der Vorderseite eine Abbildung des Gesichtes Christi, wie es auf dem Leichentuch erschien, und auf der Rückseite ein von Graeber selbst verfaßtes Gedicht. Der nächste Entwurf war schon anspruchsvoller; auf der Außenseite zeigte er die Reproduktion einer der vielen eindrucksvollen Aufnahmen, die von amerikanischen Satelliten aus dem Weltraum von der Erde gemacht worden waren, und das Wort »Peace« (»Frieden«) und im Inneren des Billets erschien eine Aufnahme des Abdruckes der Gesichtszüge Christi, neben einem ebenfalls wieder von Graeber stammenden erläuternden Text. »Der Text«, erinnerte sich Graeber, »war ziemlich anspruchsvoll. Eine Mischung aus östlicher Philosophie und westlichem Wissenschaftsdenken. Das Ganze war vielleicht doch zu kompliziert für die meisten Menschen, und die Karten weckten daher allgemein weitaus weniger Interesse als ich erhofft hatte.«

Im Zuge der vielen Telefongespräche, die ich mit Graeber führte, gewann ich allmählich den Eindruck, daß der Wissenschaftler offenbar eine ganz bestimmte Vorstellung über das Entstehen des Bildnisses auf dem Turiner Grabtuch hatte: es mußte eine besondere Art von Strahlung vom Körper ausgegangen sein, eine Strahlung, die vielleicht auch Hitze verursacht hatte. »Jeder moderne Wissenschaftler«, hieß es beispielsweise im Text einer der Karten Graebers, »kann deutlich erkennen, daß das Abbild durch einen Strahlungsprozeß entstanden sein muß...« Und in dem selbstverfaßten Gedicht auf der allerersten Karte Graebers hieß es: »...und der Leinenstoff wurde durch die Strahlung versengt...«

»Versengt«, »verbrannt« – »eingebrannt«. Das erinnerte mich an etwas, das ich mir in Turin aufgeschrieben hatte. Eine Notiz. Ich suchte. Und da war es: »Eingebrannt«. Als wir das Grabtuch in der Halle der Schweizer sahen, meinte Pater Rinaldi zu mir, die Abdrücke von Körper und Gesicht wirkten, als seien sie in den Stoff »eingebrannt«. Genau das hatte er gesagt: »Wie eingebrannt.«

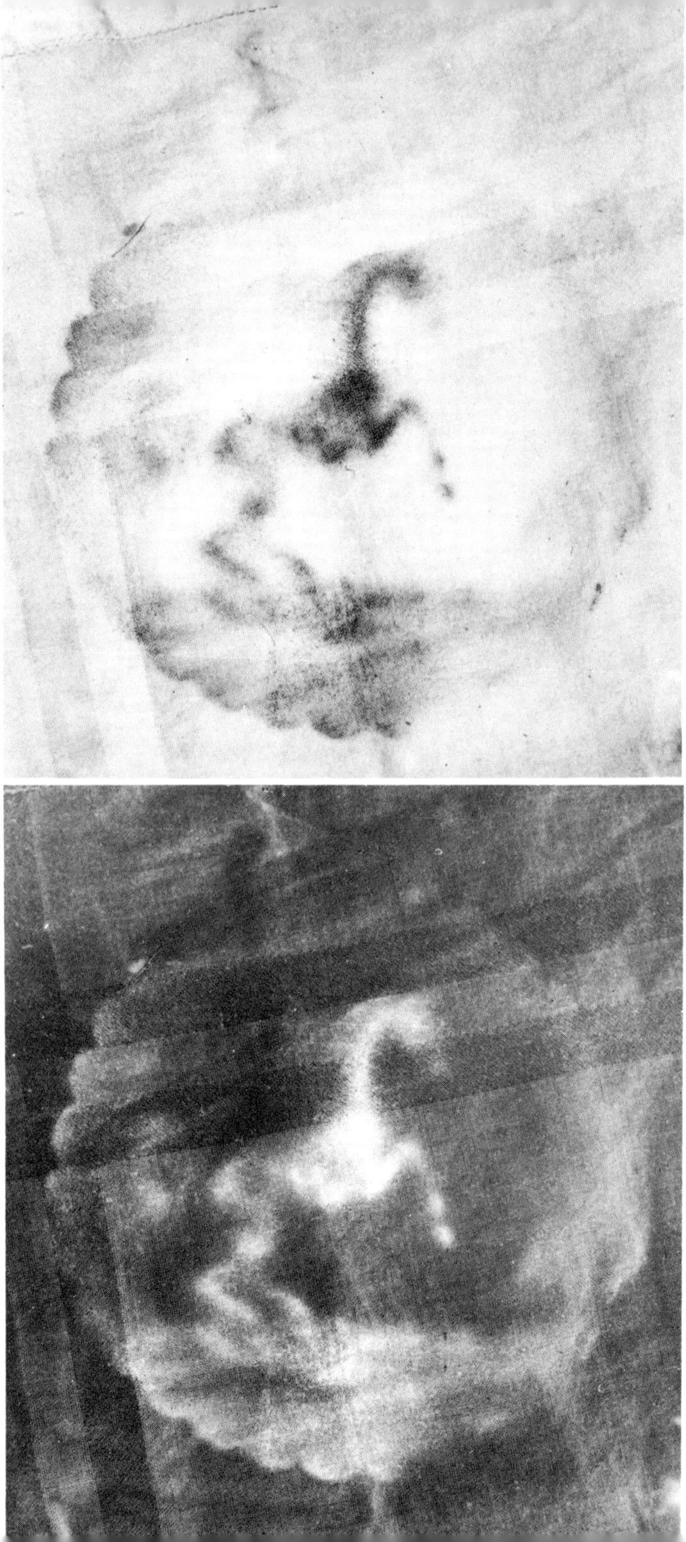

Zur Entstehung des Abbildes:
Die Theorie vom »Einbrennbild«

Im Jahre 1966 führte der britische Sindonologe Geoffrey Ashe einen interessanten Versuch durch: Er erhitzte das unten abgebildete Metallmedaillon eines springenden Pferdes und drückte es dann auf ein Leinentuch. Die Aufnahme links oben zeigt das auf diese Weise entstandene Positivbild, darunter ist das photographische Negativ sichtbar. (GA)

Dann war da noch ein Artikel, den ich einmal im »Sindon«, in der Zeitschrift der »Cultores Sanctae Sindonis« in Turin gelesen hatte. Die Ausgabe stammte aus dem Jahre 1966, und der Verfasser war Geoffrey Ashe, ein englischer Journalist und Schriftsteller. Er vertrat die Ansicht, es sei durchaus nicht unwahrscheinlich, daß sich die Spuren auf dem Turiner Grabtuch in das Material »hineingebrannt« hätten. Und er versuchte seine Theorie auch im praktischen Versuch zu beweisen: Dazu diente ihm ein kleines Metallmedaillon, das ein auf den Hinterbeinen stehendes Pferd darstellte. Ashe erhitzte das Medaillon, legte es dann auf eine ebene Fläche und breitete ein Stofftaschentuch darüber. Den Stoff des Tuches preßte er dann vorsichtig und mit leichtem Druck an, um die Oberfläche des Medaillons möglichst gleichmäßig zu bedecken, ohne aber einen direkten Druck auf das Metall auszuüben.

Ashe beschrieb den Versuch weiter: »Schon nach ein paar Sekunden bildete sich ein braunes ›Einbrennbild‹ – eine leicht bräunliche Verfärbung drang von unten her durch das Tuch und wurde an der Oberfläche sichtbar.« Jetzt zog Ashe schnell das Tuch vom heißen Metall weg und erhielt auf diese Weise ein durchaus detailgetreues Negativbild des Pferdes auf dem Medaillon. Wo das Taschentuch direkt auf den Metallteilen zu liegen gekommen war, waren die Verfärbungen am dunkelsten, wo der direkte Kontakt aber fehlte, war die Verfärbung ganz zart oder das Tuch behielt überhaupt seine ursprüngliche Farbe.

»Die bei der Auferstehung im Leibe Christi aufgetretene physische Wandlung«, schloß Ashe sodann, »könnte zum kurzfristigen Auftreten einer äußerst konzentrierten Strahlung geführt haben. Dabei braucht nicht an Hitze gedacht zu werden, es kann sich durchaus auch um eine andere – möglicherweise heute wissenschaftlich noch gar nicht erklärbare – Strahlung gehandelt haben, die das Leichentuch gleichsam versengt hat. In diesem Falle ist das Abbild auf dem Turiner Leichentuch eine Art von Photographie, die Christus im Moment des Wiedereintrittes des Lebens zeigt. Die Art der Strahlung bleibt dabei ungeklärt – die Auswirkungen auf das Leichentuch sind aber so, als hätte es eine kurze und starke Hitzewelle getroffen. Wenn man also das Phänomen auf dem Turiner Tuch als eine Art von »eingebranntem Bild« gedanklich akzeptiert – sei es, daß dieser Effekt mit oder auch ohne Einwirkung von Hitze aufgetreten sein mag –, läßt dies in weiterer Folge nur einen Schluß zu: Die einzige logische Erklärung für die Turiner Reliquie ist, daß dieses Tuch einst als Leichentuch einen Toten eingehüllt hat. Und ferner der Umstand, daß mit diesem Leichnam sodann etwas ganz Besonderes, Unerklärliches geschehen ist.«

Die Theorie vom »Hitze- und Lichtblitz«, die schon O'Gorman in den dreißiger Jahren und dann auch Ashe in den sechziger Jahren vertreten hatten, schien nicht von der Hand zu weisen zu sein. Und mit Graeber hatte sie in den sechziger Jahren einen neuen Verfechter gefunden.

»Sie müssen sich eines immer vor Augen halten«, sagte Graeber zu mir, »daß der menschliche Körper nicht das ist, als was er uns erscheint. Das ist eine wesentliche Erkenntnis der Atomwissenschaft und ebenso auch der okkulten Wissenschaften. Der menschliche Körper ist in Wirklichkeit ein faszinierendes Kraftfeld von schwirrenden Elektronen, jede Zelle ist ein ganzer Kosmos, und unsere Nerven, das Blut, die Muskeln, unsere Knochen – all das setzt sich wieder aus einer ungeheuren Zahl von solchen Zellen zusammen. Und in jedem einzelnen Atom unseres Körpers gibt es ständige elektrische Spannungen und Bewegungen, es entstehen elektromagnetische Felder, und diese Felder wieder haben eine natürliche Strahlung... In jeder kleinsten Nußschale gibt es solche Strahlungen, und es ist dabei völlig gleichgültig, ob man der Meinung ist, daß es solche Strahlungen gibt oder nicht. Es gibt sie einfach, sie sind da, und es wird sie so lange geben, wie es nur irgendwo auf Erden ein Stück Materie geben wird.«

Während Graeber noch sprach, wußte ich schon, worauf er ungefähr hinauswollte. Ich hatte mich selber mit Parapsychologie beschäftigt und war daher mit den Anschauungen mancher Forscher vertraut, die meinten, daß »Materie« nicht unbedingt »materiell« sein müsse. Das ist für unsere beschränkten menschlichen Sinne selbstverständlich schwer zu begreifen. Wenn es aber stimmt, läßt sich auf diese Weise beispielsweise das Weiterbestehen einer Art von Bewußtsein auch bei Personen erklären, die schon aufgehört haben, »materiell« zu bestehen. Oder anders gesagt: obwohl der tote Körper – das sinnfällige »Material« – bereits im Grabe zerfallen ist, hört die »Materie« des nicht sicht- und greifbaren Geistes doch nicht auf weiterzubestehen.

Das läßt sich auch wissenschaftlich erklären: Jedes Ding auf Erden besteht aus Atomen, und jedes Atom besteht aus Protonen, Neutronen, Elektronen und anderen Atombestandteilen. Aber keines dieser Atomteile ist etwa »Ding« oder eben »Materie«, wie es beispielsweise ein Tisch oder ein Sessel sind. Es handelt sich vielmehr um eine unkörperliche Erscheinung, um »Elektrizität« oder »Energie«. Einige Bestandteile des Atoms sind sogar »Antimaterie«, sie sind immateriell: nicht greifbar, nicht sichtbar – aber doch vorhanden. Das bedeutet weiter, daß es in jeder Materie auch »Antimaterie« gibt.

Einstein fand dafür eine Formel: »Energie ist gleich Masse mal dem Quadrat der Lichtgeschwindigkeit« – die Formel für die »Nichtmaterialität«. – Und sie bedeutet, daß

»Materie« und »Masse« nichts anderes sind als umgewandelte »Energie« und daß »Energie« gleichzeitig umgewandelte »Masse« ist. Aber was ist eigentlich »Energie«? Es gibt viele Namen dafür: Hitze, Licht, Elektrizität usw. – aber was sie wirklich ist, weiß niemand zu sagen.

Mit seinen weiteren Ausführungen, die er zum Leichentuch gab, bereicherte Graeber gleichzeitig meine atomwissenschaftlichen Kenntnisse: »Elektronen«, sagte er, »geben Strahlung ab. Und weil letzten Endes alle Materie aus Atomen besteht, muß man schließen, daß alle Materie Strahlung abgibt. Der Mensch ist nun einmal nicht ein achtzig Kilogramm schwerer Fleischklotz, wie ihn uns unsere eigenen fünf Sinne zeigen, das war er niemals und wird es auch nie sein. Der Mensch ist ›nach dem Ebenbild Gottes geschaffen‹. – Ein ständiges Drehen, Kreisen von winzigsten Elektronen bis zum ›Schwingen‹ des ganzen Körpers. Und die Elektronen, die um einen Mittelpunkt kreisen, auch sie sind nach einem ›Ebenbilde‹: winzig kleine Erdbälle, die um ihre Sonne kreisen; Sonnen, die in einer Galaxis kreisen, und Galaxien, die um einen Punkt kreisen, von dem der ›Urknall‹ kam. Der Punkt, von dem alles seinen Anfang nahm – wie immer man ihn nennen mag. In den indischen Veden heißt er seit uralten Zeiten ›Vishnuave‹. Und wie können wir ihn nennen?« Graeber blieb ganz sachlich, während er mir das alles erzählte. Keine Spur geheimnisvoll oder mystisch.

»Es ist ganz falsch«, setzte er dann weiter fort, »wenn man die Strahlung, die das Abbild auf dem Turiner Tuch hervorgerufen haben mag, als ›außernatürlich‹ bezeichnet. Das alles ist in den Gesetzen der Natur begründet, aber die abendländischen Wissenschaftler waren einfach zu einseitig und zu borniert, um sich damit überhaupt zu beschäftigen. Tausende Jahre bevor wir hier das Atom überhaupt erst ›entdeckten‹, haben griechische Gelehrte bereits das Modell für das Atom entworfen und schriftlich aufgezeichnet.

Für die meisten ist ›natürlich‹ nur das, woran man einfach gewöhnt ist, alles andere ist es nicht, auch wenn es logisch durchaus erklärbar ist. Das Schlagen eines menschlichen Herzens zum Beispiel ist eigentlich wesentlich ›unnatürlicher‹ als das Bild auf dem Turiner Leichentuch – aber der Herzschlag ist für jeden von uns ›natürlich‹, weil wir eben daran gewöhnt sind. Und es wird vermutlich noch sehr lange dauern, bis Strahlung und das Turiner Grabtuch als ›natürlich‹ – weil einfach daran gewöhnt – angesehen werden.«

»Jede neue wissenschaftliche Erkenntnis«, fuhr Graeber fort, »ist eine ganz plötzliche Einsicht in die Kausalitäten, die einer bestimmten konkret gegebenen Situation zugrunde liegen. Dann entsteht ein neues Konzept, eine Überlegung, und man tritt damit an die Öffentlichkeit. Das wissenschaftliche ›Establishment‹ aber läßt den neuen Gedanken nicht zu, es versucht ihn zu unterdrücken und ein Meinungsstreit bricht aus. Erst wenn eine Mehrheit von Menschen die Richtigkeit einer neuen Idee oder Theorie anerkennt, setzt sie sich durch, und ein neues wissenschaftliches Gesetz entsteht und behält seine Gültigkeit, bis einen anderen der sprichwörtliche ›Geistesblitz‹ überfällt und eine neues, besseres und noch fundierteres wissenschaftliches Konzept entsteht, welches das bisherige früher oder später zu Fall bringt... Bedenken Sie bitte, daß sich die Wissenschaft ja überhaupt erst seit dem Zweiten Weltkrieg ernsthaft mit den Phänomenen der Strahlung beschäftigt.«

»Außerdem muß man einmal überlegen, was ›erklärbar‹ oder ›verständlich‹ im wissenschaftlichen Sinne überhaupt bedeuten. Nichts läßt sich wirklich vollständig erklären. Wenn sich ein bestimmtes Phänomen als technisch wiederholbar erweist, ist es deswegen noch nicht erklärt, obwohl viele das glauben. Ein Beispiel: Vor der Erfindung der Photographie war das Bild auf dem Turiner Tuch einfach ›ein Wunder‹. Das ist immerhin auch eine Erklärung, und man war damit zufrieden. Dann kam die Photographie und nach ihr die ›Vapographie‹ – und man hatte wieder eine Erklärung: immerhin kann ja auf diese Weise tatsächlich eine Art von Negativaufnahmen entstehen, wenngleich auch ziemlich primitiv. Und heute ist es eben die ›Strahlung‹, die als Erklärung dient. Das wird jetzt sicher eine Zeitlang richtig sein. So lange, bis irgendwo ein neuer ›Gedankenblitz‹ aufzuckt... Und es wird eben immer wieder neue Erklärungen für dieses Phänomen geben.«

Graeber schloß mit den folgenden Worten: »Ich kann wirklich nicht sagen, ob wir überhaupt jemals wissen werden, was tatsächlich in diesem Grabtuch geschehen ist. Jedenfalls nicht früher als der menschliche Geist seinen höchsten Entwicklungsstand erreicht haben wird!«

Ehe ich noch nach Washington zurückfuhr, entschloß ich mich, an diejenigen unter den europäischen Sindonologen zu schreiben, die ich persönlich kennengelernt hatte: Ich wollte wissen, ob einer von ihnen jemals einen Nuklearphysiker zu Rate gezogen hatte, um Strahlung als mögliche Ursache für das Entstehen des Abbildes zu untersuchen.

Auch an das »U.S. Department of Commerce's National Technical Information Service« und an die Forschungsstelle der »Encyclopaedia Britannica« schrieb ich Briefe, in denen ich um Mitteilung bat, ob diesen Stellen Fälle bekannt seien, in denen sich Körperabdrücke von Toten auf Textilien abgebildet hatten.

Ich bekam zwei höfliche Antwortbriefe. Beide Dienststellen teilten mir mit, das Auftreten des von mir beschriebenen Phänomens sei unbekannt – mit Ausnahme all jener Quellen, die sich seit dem 14. Jahrhundert immer wieder mit dem sogenannten Turiner Grabtuch befaßten.

WASHINGTON

Als ich das »Smithsonian National Museum of Natural Sciences« durch den Nordeingang betrat, fand ich mich zunächst einem höchst furchterregenden Säbelzahntiger gegenüber.

Herr T. Dale Stewart, den ich sprechen wollte, sei gerade bei Tisch, sagte man mir. Ich mußte warten, und der Säbelzahntiger sah aus, als wollte er mich gleich frühstücken. Ein Glück, daß es sich um eine ausgestorbene Spezies handelte.

So konnte ich auch in Ruhe noch ein wenig in dem Werk »Das Grabtuch von Turin« lesen, das im Jahre 1954 zuerst in Deutschland und zwei Jahre später auch in den USA erschienen war. Verfasser war der deutsche Jesuit Werner Bulst.

»Ist es möglich«, hieß es an einer Stelle, »die Abstammung des Mannes auf dem Grabtuch genau festzustellen? Das Fehlen einer Profilansicht und die Unklarheit über die Farbe der Haut, des Haares und der Augen lassen genaue Angaben über die Rassenzugehörigkeit des Mannes kaum zu. Haar- und Barttracht erlauben aber immerhin den Schluß, daß er nicht dem griechisch-romanischen Kulturkreis entstammte, denn nirgendwo auf den vielen uns erhalten gebliebenen Darstellungen griechischen und römischen Ursprungs finden sich Männerbilder mit in der Mitte geteiltem und bis zu den Schultern herabfallendem Haupthaar. Auch die Barttracht ist ziemlich ungewöhnlich. Es erhebt sich die Frage, ob der Mann Jude war. Im gesamten römischen Macht- und Einflußbereich gab es kein einziges Volk, das so hartnäckig wie gerade die Juden an seinen überkommenen Sitten und Gebräuchen festhielt. Das läßt sich zum Großteil aus den starken religiösen Bindungen der Juden erklären. So ist es beispielsweise bekannt, daß bei den Juden – im starken Gegensatz zu anderen Völkern – der Bart als wesentliches Ausdrucksmittel und Zeichen der Männlichkeit galt.«

Und ein Stück weiter heißt es über die Haartracht: »Es ist allerdings nicht genau bekannt, welche Haartracht die Juden um die Zeit Christi trugen. Immerhin aber läßt sich sagen, daß die Juden – auch hier wieder im Gegensatz zu anderen Völkern und sogar zu den unmittelbaren Gebietsnachbarn Israels – meist langes Haupthaar hatten. H. Gressmann, der sich mit dieser Frage sehr eingehend beschäftigt hat, stellte fest, daß meist langes, hinten im Genick fest zusammengehaltenes Haupthaar getragen wurde. S. Kraus, der bekannte jüdische Archäologe, stellte fest, daß die männlichen Juden der talmudischen und biblischen Zeit ›langes Haar, aber nicht allzulanges Haar‹ getragen hätten.«

»Das ist zwar eine etwas ungenaue Angabe, aber es läßt sich doch nach dem Studium aller einschlägigen Quellen mit Recht behaupten, daß die Haartracht des Mannes auf dem Grabtuch der eines männlichen Juden aus der Zeit Christi entspricht. Man muß allerdings zugeben, daß die bis heute vorhandenen Unterlagen nicht ganz ausreichend sind, um diesbezüglich wirklich ein absolut sicheres Urteil abgeben zu können.«

Mittlerweile kam Stewart vom Mittagessen zurück, und wir gingen gemeinsam durch einige Ausstellungsräume des Museums in sein Büro. Auf dem Schreibtisch lag Informationsmaterial über das Grabtuch, aber Stewart sagte mir gleich, daß ihm bisher die Zeit zum Durchlesen gefehlt habe. Also begann ich zu beschreiben, worum es mir ging, und Stewart hörte mir aufmerksam zu.

Dann erklärte er mir seine Schlußfolgerungen: »Es handelt sich um ein eher schmales Gesicht, wie es für die kaukasoiden Völker typisch ist – das Bild zeigt also ganz eindeutig einen Weißen. Orientalen haben meist breite Gesichter, und Neger weisen breite Nasen und ziemlich dicke Lippen auf. Es könnte sich bei dem Abgebildeten durchaus um einen Semiten handeln, aber um diesbezüglich Genaueres sagen zu können, müßte ich schon ein Profilbild haben. Die Nase ist ziemlich groß und auffallend, sie hat wohl das Gesicht ziemlich beherrscht. Aber wie schon gesagt – ohne Profilansicht kann ich leider keine sicheren Feststellungen treffen.«

Wenn ich gewußt hätte, daß für Stewart ein Profilbild von solch entscheidender Bedeutung war, hätte ich die Aufnahmen von Leo Vala mitgebracht. Vala, ein Engländer, war einer der führenden Leute bei der Entwicklung der Dreidimensionaltechnik und des »Cinemascope«-Filmverfahrens. Er hatte eine Methode entwickelt, mit deren Hilfe er auf photomechanischem Wege eine zweidimensionale Darstellung so plastisch machen konnte, daß man dadurch das Objekt nicht nur von der Seite her, sondern praktisch aus jedem Winkel photographieren konnte. Zur Vervollkommnung seiner Methode hatte sich Vala den Abdruck auf dem Turiner Tuch gewählt, »weil es sich dabei um ein so wunderschönes Bild handelt«.

Die Ergebnisse seiner Arbeiten wurden in der Ausgabe des »Amateur Photographer« vom 8. März 1967 veröffentlicht, und seither gehörte Vala zu den Leuten, die entschieden und überzeugt für die Echtheit der Reliquie eintraten. Die Annahme, das Abbild könne von Künstlerhand geschaffen oder sonst unter Anwendung irgendeines technologischen Verfahrens künstlich entstanden sein, lehnte Vala vollständig ab. »Ich habe mich in meinem Leben schon so viel mit Neuerungen auf dem Gebiete der visuellen Wiedergabetechnik beschäftigt«, meinte Vala zu dieser Frage, »daß ich ganz sicher bin, daß dieses Bild nicht künstlich entstanden ist. Nicht einmal mit Hilfe unserer ganzen modernen und perfektionierten Technologie wäre so etwas möglich. Es handelt sich um eine geradezu perfekte Negativaufnahme, und die photographische Qualität des Abbildes ist schlechthin vollendet!«

Im Anschluß an den Artikel im »Amateur Photographer« erschien auch in dem überaus seriösen und zurückhaltenden »British Journal of Photography« ein Beitrag über das Turiner Grabtuch, der ein starkes Leserecho – sowohl pro als auch kontra die Echtheit der Reliquie – auslöste.

»Das Verblüffende aber ist«, setzte Stewart fort, »daß der Abdruck auf dem Turiner Tuch den überkommenen Christusdarstellungen so stark ähnelt. Das ist schon recht eigenartig. Unwillkürlich erhebt sich damit die Frage, ob die Künstler dabei nicht etwa von einem bestimmten Modell als Vorbild ausgegangen sind.«

Es war der gleiche Gedanke wie in Vignons »Ikonographentheorie« und in ihrer Weiterentwicklung bei Ian Wilson und bei Maurus Green. Vignon war Maler von Beruf, und auch Stewart widmete seine Freizeit zum Teil der Malerei, die Assoziation, die beide Männer zwischen dem Grabtuch und den Christusdarstellungen vieler alter Meister gezogen hatten, war daher nicht überraschend.

Während mir diese Gedanken durch den Kopf gingen, erzählte Steward weiter: »Das FBI tritt öfter mit Identifizierungsersuchen an mich heran. Die Beamten bringen mir menschliche Knochenreste, und ich soll dann daraus die Rassenzugehörigkeit feststellen. Aber wirklich sichere Feststellungen kann man nur sehr schwer treffen. Sicher, man kann sagen ›das war ein Weißer, das war ein Neger und der da ein Angehöriger der mongolischen Rasse‹ – aber man müßte schon wirklich den Menschen selber sehen, um

Der englische Photograph Leo Vala fertigte im Jahre 1966 ein plastisches Modell von dem Antlitz auf dem Grabtuch an. Als Vorlage benutzte er ein durch eine besondere Wiedergabetechnik gewonnenes dreidimensionales Photo. (Siehe auch Bildserie auf Seiten 202,203) (LV)

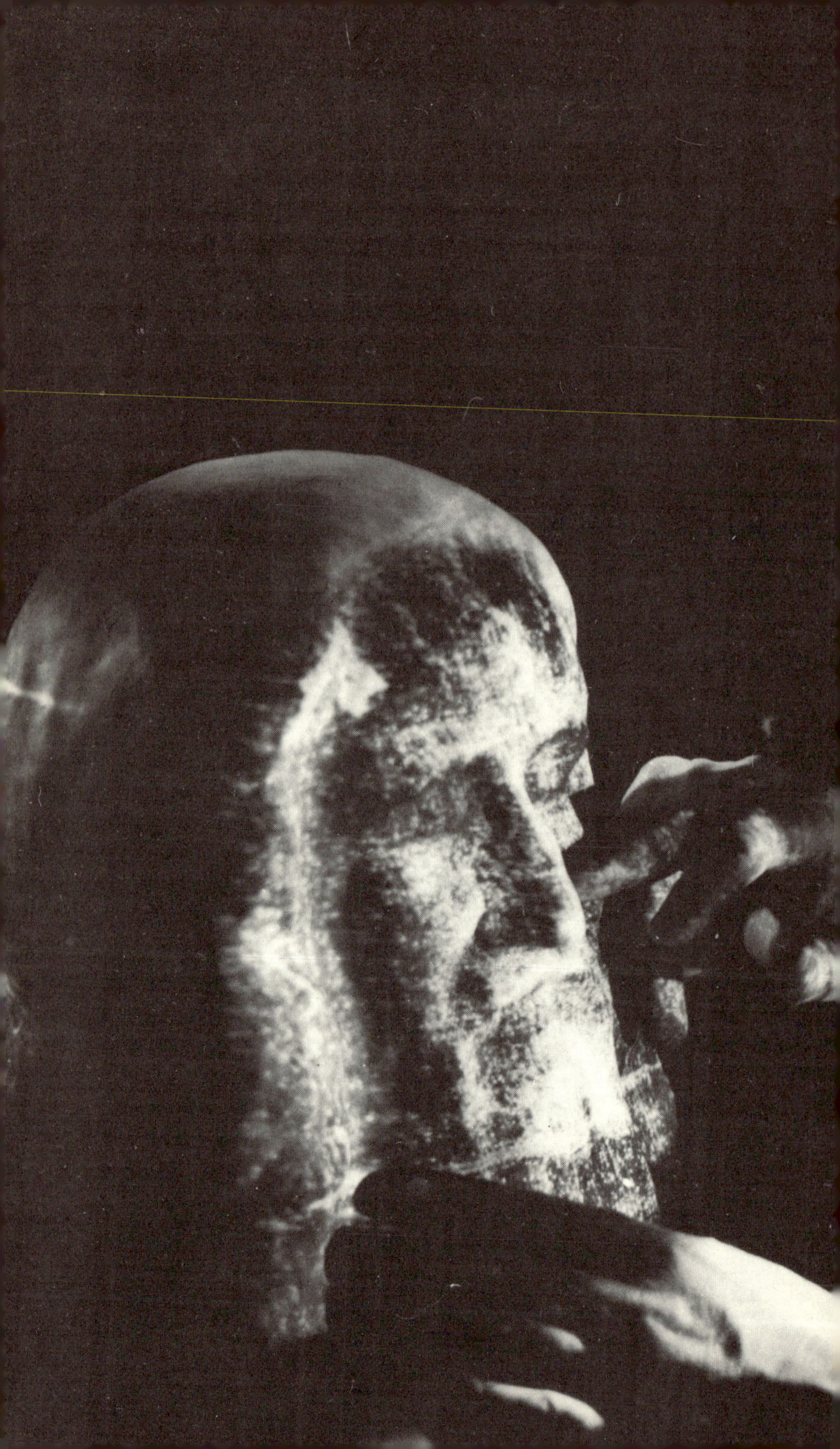

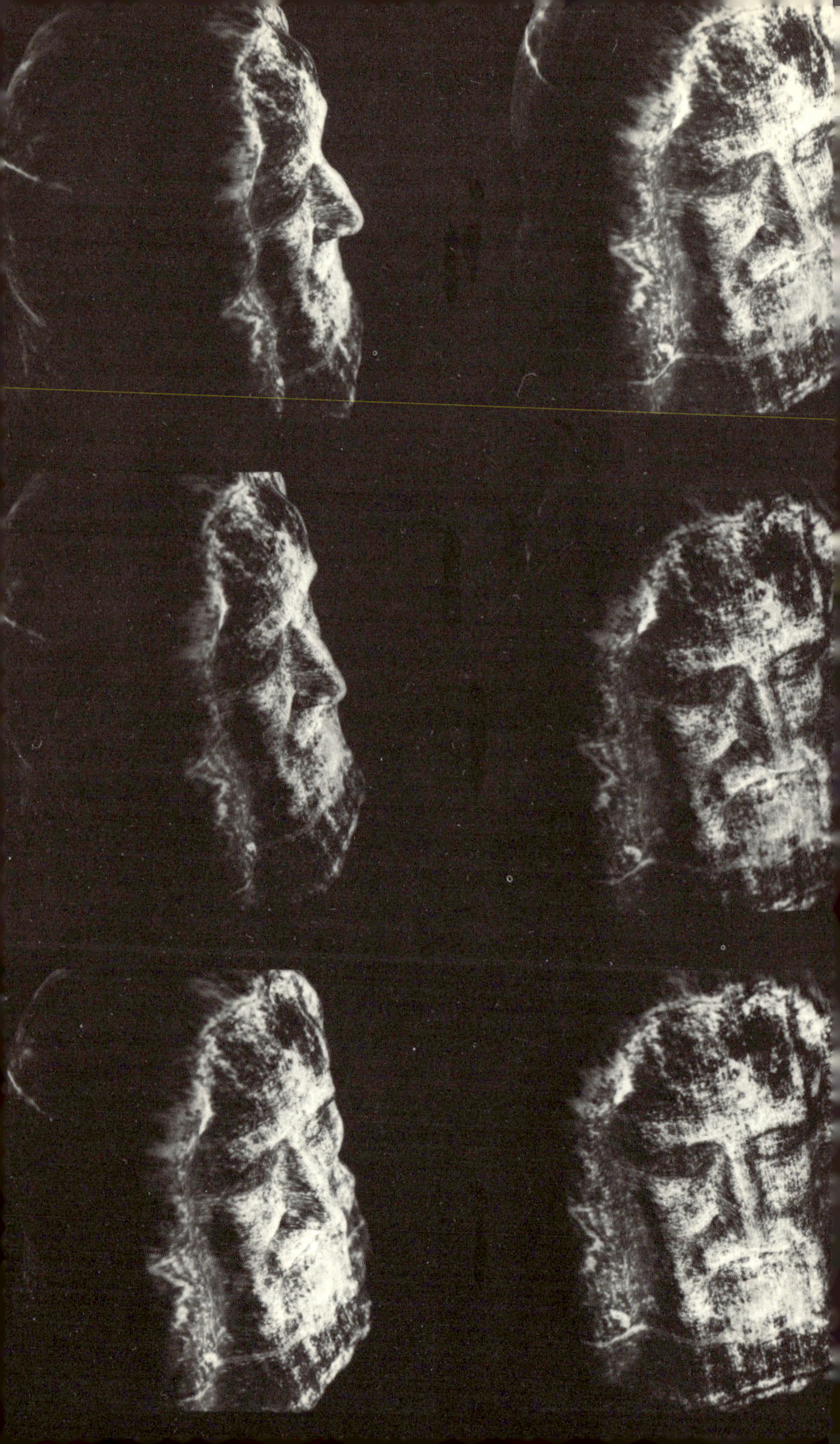

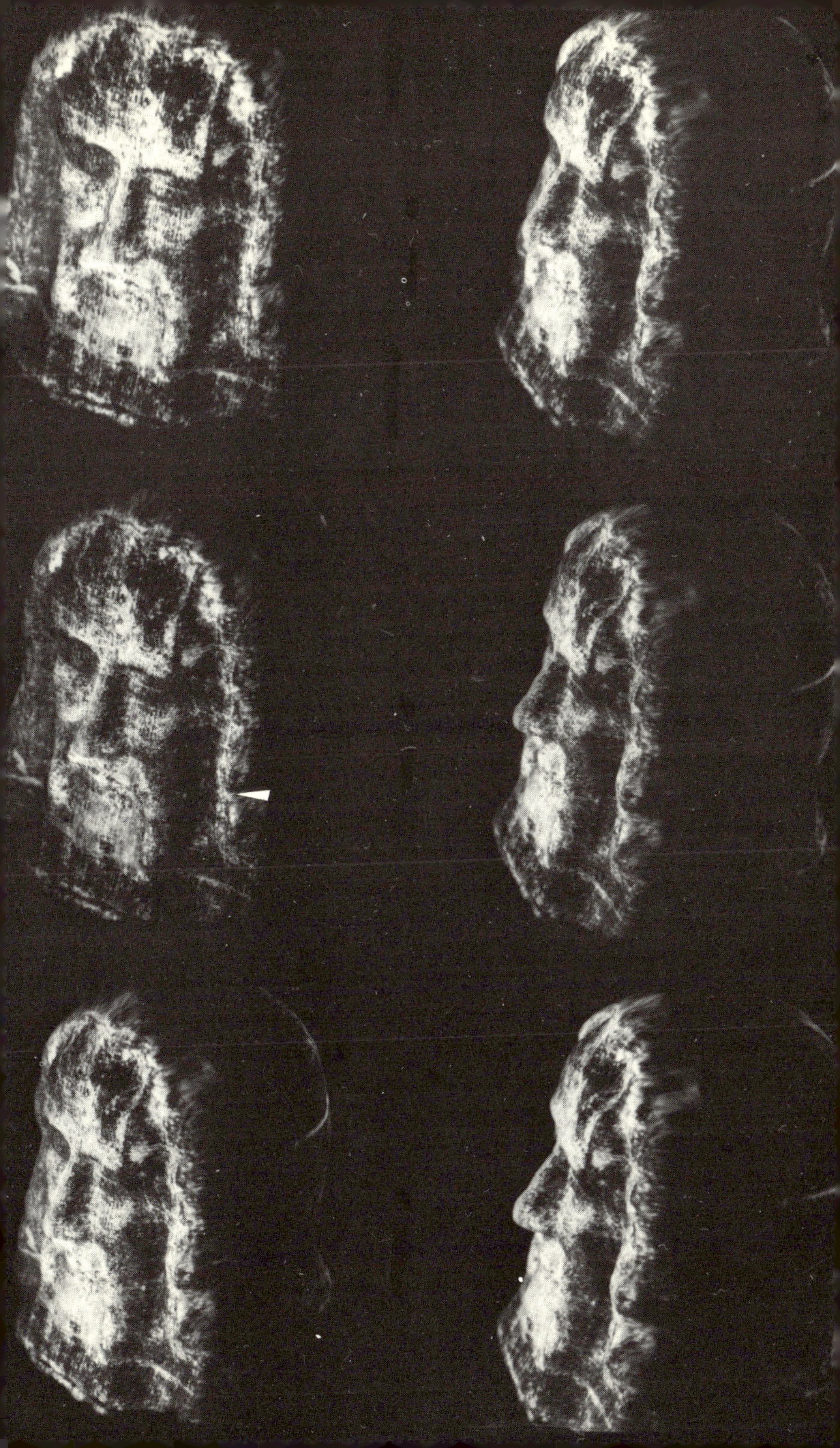

absolut sicher zu sein. Man kann sicher sagen, daß der Mann im Grabtuch ein Weißer war, das schon. Aber ich kann nicht angeben, ob er ein Grieche war oder ob er aus Palästina stammte. Das kann man nicht feststellen. Wenn ich beispielsweise sage: ›Der Mann ist aus Palästina‹ – und man fragt mich dann nach den genauen Gründen und Beweisen für diese Behauptung, käme ich doch etwas in Verlegenheit.«

Stewart nannte mir dann noch den Namen von Carlton S. Coon, einem weltbekannten Ethnologen. Coon werde mir weiterhelfen können, meinte er: »Das ist der Mann, der Ihnen zu diesem Thema noch weitere Auskunft geben kann.« Coon hatte als Ethnologe an der Universität von Harvard und an der Universität von Pennsylvania gewirkt und einige Bücher über menschliche Rassenmerkmale verfaßt.

»Zunächst sende ich Ihnen die mir übermittelten Aufnahmen wunschgemäß zurück«, hieß es in dem Brief von Professor Coon, den ich schon eine Woche, nachdem ich ihm selber geschrieben hatte, als Antwort in Händen hielt.

Und weiter: »Wer immer die abgebildete Person auch gewesen sein mag, dem rassischen Typ nach gehört sie jedenfalls zu den heutigen sephardischen Juden. Auch Araber adliger Abstammung weisen ähnliche Züge auf. Die Weichteile der Nase sind ein wenig eingesunken, aber das ist einfach ein Zeichen des bereits eingetretenen Todes. Dies beweist ein einfacher Vergleich mit den Mumien ägyptischer Pharaonen. Soweit meine unbedeutende Meinung zu ihrer Frage.«

»Unbedeutend« war wirklich nicht der richtige Ausdruck für das Gewicht der Aussage Coons: Dieser namhafte Wissenschaftler hatte weite Gebiete des Nahen Ostens, Asiens, Südamerikas und Afrikas auf seinen Forschungsreisen besucht und insgesamt 15 anthropologische Werke verfaßt, darunter die Bücher »Der Ursprung der Rassen« (1962) und »Die lebenden Menschenrassen« im Jahre 1965. Damit nicht genug, hatte er zumindest einen vorgeschichtlichen Menschentyp, den »Arterian man« selbst entdeckt und beschrieben und zwei Expeditionen geleitet, die zur Entdeckung des »Hotu-Menschen« und des »Jebel-Ighoud-Menschen Nr. 2« führten.

Während meines Aufenthaltes in Washington suchte ich als nächstes das Textilmuseum auf, und die Aufnahmen vom Leichentuch einem Experten vorzulegen.

Als ich noch im Jahre 1971 meine erste Artikelserie über das Grabtuch schrieb, hatte ich einmal von Miami aus das Washingtoner Textilmuseum angerufen. Ich wollte wissen, ob Leinenstoff zweitausend Jahre lang haltbar sei: Mr. Anthony Landreau, der damals Direktor war, bestätigte mir, daß dies durchaus der Fall sein könnte. »Wir haben hier«, sagte er am Telefon zu mir, »einige Leinenstücke, die etwa aus dem 10. vorchristlichen Jahrtausend stammen.«

Als ich nun das Museum selbst aufsuchte, wurde ich zunächst an eine junge Dame verwiesen, der ich den Grund meines Besuches erklärte. Sie schien mir ziemlich skeptisch und hielt mich wahrscheinlich für irgendeinen religiösen Fanatiker. Heute sei leider niemand im Haus, der mir Auskunft geben könne, meinte sie, aber ich solle die Photos doch hier lassen. Sie würde sich darum kümmern. Als ich das Museum wieder verließ, hatte ich das sichere Gefühl, daß ich auf eine Auskunft von dort wohl ziemlich lange warten würde.

Ich hatte unrecht: nach nicht allzu langer Zeit rief mich Frau Louise Meckie, Kuratorin am Textilmuseum, an und teilte mir mit, daß man an Hand der Photos kaum genauere Aussagen machen könne. »Ansehen und Angreifen sind zweierlei, müssen Sie wissen«, sagte sie zu mir, »aber es läßt sich aus den Aufnahmen immerhin feststellen, daß es sich um ein sehr einfaches Muster handelt. Was Sie in dieser Sache brauchen, ist ein Spezialist für nahöstliche Webereien und Stoffe!« Und sie nannte mir den Namen eines bestimmten Kurators am Metropolitan Museum in New York.

Ich verfolgte im Zusammenhang mit der Entstehung des Abbildes auf dem Grabtuch damals auch noch einen anderen Gedanken. Vielleicht, so dachte ich, konnte irgendeine Verbindung zwischen der Entstehung des Bildes auf der Reliquie und den seltsamen Schattenbildern bestehen, die gelegentlich nach dem Abwurf der Atombombe auf Hiroshima aufgetreten waren. Also suchte ich die Bibliothek der Atomenergiekommission auf und durchforschte die einschlägige Literatur nach entsprechenden Hinweisen. Ich fand solche in einem Buch mit dem Titel »Der Tag, an dem die Menschheit verlor«. Als Verfasser trat eine »Gesellschaft zur Erforschung des Pazifikkrieges« auf, und das Werk war bei Kodansha International Ltd. in Tokio und gleichzeitig in Palo Alto in Kalifornien erschienen. Das seltsame Schattenphänomen, das nach dem Atombombenabwurf auf Hiroshima gelegentlich aufgetreten war, war im Buch an Hand von Photographien dokumentarisch belegt: eine Aufnahme zeigte das Bild einer Leiter auf einem Wassertank. Die Leiter war vom Tank durch den Luftdruck abgerissen worden, und nur der Schatten zeigte noch, wo sie sich vorher befunden hatte. Auf einem anderen Photo war das Bild eines Mannes zu sehen, der zum Zeitpunkt der Explosion auf einer Steinstufe gesessen war. Auch von ihm war nur ein Schattenbild geblieben... Über die Ursache der Entstehung dieses Phänomens enthielt das Buch keine genauen Angaben, und ich schrieb daher einen Brief mit der Bitte um genauere Information an das Friedensmuseum in Hiroshima.

»Wir bestätigen den Erhalt Ihres Schreibens zur Frage der Entstehung von Schattenphänomenen nach dem A-Bombenabwurf auf unsere Stadt«, hieß es einleitend in dem Antwortschreiben, das ich bald darauf von Herrn Kazuharu Hamasaki erhielt, der als Kurator des Friedensmuseums von Hiroshima zeichnete.

Und weiter: »Offengestanden weiß man hier bis heute nicht, ob diese Schatten durch die Einwirkung von bloßer Hitzestrahlung oder durch Gammastrahlen oder etwa durch die gleichzeitige Einwirkung beider genannter Strahlungsarten entstanden sind. In Hiroshima selber nimmt man allgemein an, daß diese Abbilder durch die Einwirkung einer enormen Hitzestrahlung entstanden sein könnten, die alle betroffenen Objekte entweder sofort in Brand setzte oder sie zum Schmelzen gebracht hat. Die abgebildeten Objekte – z.B. Leiter, sitzender Mann usw. – müssen daher den Weg der Strahlung kurzfristig blockiert haben, wodurch dann in Sekundenbruchteilen an den dahinterliegenden Objekten – z.B. Wassertank, Steinstufen – eine Art von »Schattenbild« entstand, in dessen Bereich auch das Material, auf dem sich das Abbild befindet, weniger zerstört ist.«

Mittlerweile hatte ich mich mit meinen Nachforschungen auch an eine andere Stelle gewandt. Das Leichentuch ist ohne Zweifel das blutbefleckte Beweismittel für eine Hinrichtung – warum also sollte man nicht auch das FBI in die Ermittlungen einschalten? Also rief ich an und erkundigte mich, ob die Beamten des Kriminallabors allenfalls an Hand der Photographien von Enrie irgendwelche Feststellungen über die Todesursache des Abgebildeten treffen könnten.

Die Leute vom FBI zeigten sich grundsätzlich zur Zusammenarbeit bereit und ersuchten um Übermittlung des Bildmaterials. Nach dem Studium der Unterlagen werde man mich schriftlich vom Ergebnis verständigen.

Ich erhielt auch tatsächlich eine Antwort. Mr. Clarence M. Kelley, der damals gerade Direktor des FBI geworden war, teilte mir mit: »Es entspricht unserem gesetzlichen Auftrag, daß das Laboratorium des FBI kriminaltechnische Untersuchungen nur für solche Stellen durchführt, die in gesetzmäßiger Weise für die Verfolgung und Aufklärung von Verbrechen eingerichtet und bestimmt sind. Ausnahmen sind zwar grundsätzlich zulässig, doch erscheinen Nachforschungen an Hand von Photographien, wie sie von Ihnen gewünscht werden, als nicht aussichtsreich. Nur Untersuchungen am Originalobjekt könnten tatsächlich zu konkreten Ergebnissen führen. Da sich dieses Objekt jedoch im Gewahrsam eines ausländischen Staates befindet, können von diesem Amt entsprechende Untersuchungen nicht durchgeführt werden.«

SAN DIEGO

Während meines Aufenthaltes in San Diego besuchte ich auch Dr. Robert Bucklin, einen Pathologen, der sich ebenfalls mit dem Leichentuch wissenschaftlich beschäftigte. Er hatte einen Artikel geschrieben, der im Jahre 1970 in der Märzausgabe der von der »Britischen Akademie der Wissenschaften« herausgegebenen Zeitschrift »Medicine, Science and the Law« erschienen war. Ich bin Dr. Bucklin für seine Unterstützung bei meiner Arbeit, insbesondere, was die medizinisch-wissenschaftlichen Belange angeht, zu großem Dank verpflichtet. Auch über die Theorien von Herrn Hans Naber hat mir Dr. Bucklin viel Wissenswertes mitgeteilt – er ist übrigens der Überzeugung, daß sie sämtlich unzutreffend sind.

LOS ANGELES

Am Tag nach dem Besuch bei Dr. Bucklin flog ich nach Los Angeles, um dort Ralph Graeber zu treffen. Wir hatten bisher nur telephonisch miteinander gesprochen, und nach der Stimme aus dem Apparat erwartete ich einen braungebrannten, robusten und soldatischen Typ, wie man ihn so oft auf den NASA-Photographien sehen kann. Ich traf einen großen hageren Mann um die Fünfzig, der durch seine überaus konventionelle Kleidung auffiel.

Er trat auf mich zu und stellte sich vor: »Mein Name ist Ralph Graeber...«

Später erzählte er mir, daß er nach einer längeren Periode von persönlichen und finanziellen Schwierigkeiten sich nunmehr endlich wieder in einer besseren allgemeinen Lage befinde. Zum ersten habe er jetzt ein vernünftiges und geordnetes Gedankensystem über seine Vorstellungen zur modernen Wissenschaft und zur Religion aufgebaut, und zum zweiten habe er eine Anstellung bei der Forschungsabteilung der »Systems Development Corporation (SDC)« erhalten, die zur »Rand Corporation« gehöre. Die »Rand Corporation« wird im übrigen regelmäßig mit wissenschaftlichen Regierungsaufträgen betraut.

Graeber erhoffte sich durch den Einsatz der hochentwickelten Computer der »SDC« auch einige neue Erkenntnisse über das Turiner Grabtuch, nämlich insbesondere die Wiederherstellung des Abbildes in seinem ursprünglichen Zustand mit Hilfe der »Bildkorrekturtechniken des Raumfahrtzeitalters«, wie er es ausdrückte. Diese Techniken, erklärte er mir, seien in den Forschungsstellen der NASA entwickelt worden, und man könne damit unter anderem auch alle Verzerrungen und Ungenauigkeiten ausgleichen, welche von unbemannten Raumfahrzeugen aus aufgenommene Photographien gelegentlich aufweisen. Durch Anwendung dieser Technik, meinte Graeber, würde man auch das Gesicht auf dem Grabtuch schärfer und detaillierter darstellen können.

Mittlerweile hatten wir das Großstadtgewühl hinter uns gelassen und kamen mit dem Wagen auf eine der großen Überlandstraßen. Ich wollte wissen, was mir Graeber über die vermutlichen Gründe für das Entstehen des Abbildes auf der Turiner Reliquie sagen konnte.

Für einen Wissenschaftler des Weltraumzeitalters, antwortete er mir, gäbe es eigentlich nur eine einzige und ganz klare Lösung dieser Frage: das Phänomen könne nur durch die Einwirkung einer bestimmten Strahlung, oder einfach auf »Strahlen«, wie es der Laie wohl nennen würde, zurückgeführt werden. Dämpfe und Dünste dagegen müsse man als Entstehungsursachen ausschließen, weil sie niemals ausreichend regelmäßig und gerade aufsteigen. Über die genaue Art der Strahlung, sagte er dann, wisse auch er nicht Bescheid, aber seiner Überzeugung nach müsse es sich rein logisch um die gleiche Art von Strahlung handeln, die auch zum Entstehen des Phänomens der »Volckringer-Blätter« führe.

Beim Studium von alten Büchern über Pflanzen und Heilkräuter hatte Dr. Jean Volckringer, Chefapotheker am St.-Joseph-Hospital in Paris, eines Tages eine überaus interessante Feststellung gemacht: zur genauen Illustration der Beschreibungen fanden sich in vielen der alten Bücher getrocknete echte Pflanzen und Kräuter, die man wohl irgendeinmal eingelegt und zwischen den Buchblättern gepreßt hatte. Das eigentlich Seltsame daran aber war der Umstand, daß ein beinahe perfekter Abdruck der Pflanzen regelmäßig einige Seiten weiter völlig zusammenhanglos im Text erschien. Das konnte nicht einfach ein Abdruck der Originalpflanzen sein: es lagen immer einige völlig unversehrte Buchseiten zwischen dem gepreßten Original und dem Abdruck oder dem Abbild – was immer es auch war. Es gab dort keine Verfärbung, nicht den geringsten Hinweis für einen direkten Abdruck durch das Papier hindurch... und dann, einige Seiten weiter: ein perfektes Abbild des Originals! Es mußte also eine Art von »Strahlung« im Spiele sein. Das Original hatte sein Bild »weitergesendet« ... und das Abbild fand sich irgendwo ein paar Seiten später wieder. Dieses Bild war nicht nur photographisch scharf, sondern es handelte sich dabei eigenartigerweise auch um eine »Negativaufnahme« des Originals, das sich einige Seiten vorher im gepreßten Zustand im Buch eingelegt befand. Die Farbe der »Negative« war bräunlich – ebenso wie die Färbungen auf dem Grabtuch – und schien ganz allmählich und fast unmerklich zu verblassen. Auch das gilt für das Leichentuch.

Pierre Barbet, der Pariser Chirurg, beschreibt das Phänomen in seinem Werk »Ein Arzt auf dem Kalvarienberg«: »Diese Abdrücke, – Volckringer beschrieb ihr Aussehen wie ›sepiafarbene Zeichnungen‹ – fanden sich zum Beispiel ganz deutlich in einem aus dem Jahre 1836 stammenden Buch; in einem erst aus dem Jahre 1908 stammenden Werk dagegen fanden sich beinahe überhaupt keine.« Volckringer hatte das Phänomen erstmals im Jahre 1942 entdeckt und beschrieben, das Buch aus dem Jahre 1908 war damals also 34 Jahre alt.

Die »Übertragung« des Pflanzenbildes mußte daher

einen sehr langen Zeitraum, vielleicht etwa ein halbes Jahrhundert in Anspruch nehmen! Damit aber schied diese Form der Übertragung als Entstehungsursache für das Abbild auf dem Turiner Grabtuch praktisch aus: so lange konnte der Leichnam Christi nicht unbeschädigt im Grabe gelegen sein, und das Fehlen aller äußeren Zeichen für das Einsetzen der Verwesung wies außerdem ganz entschieden darauf hin, daß sich der Tote nur ganz kurze Zeit im Leichentuch befunden haben konnte.

Kein Wunder also, daß die meisten Sindonologen »Strahlung« als Entstehungsursache für das Abbild auf der Reliquie grundsätzlich ausschlossen.

Im gleichen Atemzug mit den »Volckringer-Blättern« erwähnte Graeber auch die »Kirliansche Photographie« im Zusammenhang mit der Strahlung, die möglicherweise für das Entstehen des Abbildes ursächlich sein konnte.

Im Jahre 1939 machte Semjon Kirlian, ein sowjetischer Elektrotechniker, während der elektrotherapeutischen Behandlung eines Patienten mit einem Hochfrequenzgerät eine erstaunliche Beobachtung: Zwischen der am Körper des Behandelten angebrachten Elektrode und der Haut des Patienten bildete sich ein schmales und hell leuchtendes Lichtphänomen. Kirlian beschloß, der Sache auf den Grund zu gehen und baute ein eigenes Hochfrequenzgerät. Dann erzeugte er mit Hilfe dieses Gerätes ein elektronisches Hochfrequenzfeld zwischen einer Elektrode seiner Maschine und einer Metallplatte, schob ein Stück unbelichteten Film zwischen Platte und Elektrode und legte seine Hand darauf. Der Erfolg des Versuches war mehrfach: erstens erlitt Kirlian äußerst schmerzhafte Verbrennungen an seiner Hand, zweitens aber erhielt er auf dem Film eine gestochen scharfe Aufnahme dieser Hand, wobei das Bild eine leuchtende Aura entlang der Finger zeigte.

Kirlian führte seine Experimente weiter, er verbesserte sein Hochfrequenzgerät und begann Aufnahmen von den verschiedensten Objekten zu machen. Er photographierte unbelebte Dinge wie Blätter und Münzen, aber dann beispielsweise auch wieder seine Finger und später den ganzen Körper, um weitere Beobachtungen über die Wirkung am lebenden Organismus anstellen zu können. Im Zuge der allmählichen Verbesserung seiner Methode gelang es ihm schließlich, auf die Verwendung von Film als Wiedergabemedium sogar vollständig zu verzichten. Und die Versuchsergebnisse blieben immer gleich: hellglühende Leuchtfelder aus einer Unzahl von Farbpunkten, die vom Objekt auszugehen schienen; ein Meer von roten, blauen, gelben und weißen Punkten. Flackernd die einen, andere wie gleichbleibend vor sich hinbrennend – ein Riesenfeuerwerk en miniature!

In ihrem Buch »PSI« beschreiben Sheila Ostrander und Lynn Schroeder, was Kirlian da gesehen haben mußte: »Wie Leuchtzeichen hingen an den Rändern eines Pflanzenblattes türkisfarbene und rötlich-gelbe Farbphänomene, und ständig schien die Leuchtkraft aus winzig kleinen Kanälen im Blatt neuerlich gespeist zu werden... Ein in das Hochfrequenzfeld gebrachter menschlicher Finger... sah aus wie eine komplizierte topographische Karte. Da gab es lichtblitzende Linien und Punkte, lichterfüllte Krater und wie Leuchtkugeln flatternde Lichtzeichen. Manche Teile des Fingers wirkten, als seien sie von innen her beleuchtet... und eine menschliche Hand sah aus wie ein ganzes Milchstraßensystem am dunklen Firmament... ein vielfarbenes Feuerwerk, ein einziges Funkeln, Blitzen und Leuchten. Einige von den Lichtern glühten ständig und gleichmäßig, andere wieder wiesen wechselnde Leuchtstärken vom grellsten Flackern bis zum kaum sichtbaren Glimmen auf.«

Was aber war das alles? Was sah Kirlian eigentlich wirklich vor sich?

»Niemand wußte es«, schreiben Ostrander und Schroeder weiter, »aber nach jahrelanger eingehender Beobachtung bezeichneten Sowjetwissenschaftler das Ganze als ›Biostrahlung‹ oder auch als ›Energiekörper‹, der sich auf rätselhafte Weise offenbar in allen Dingen befindet und sein wechselndes Licht ausstrahlt.«

Im lebenden Organismus schienen Leuchtkraft des »Energiekörpers« und Gesundheit in einem direkten Zusammenhang zu stehen. Waren die Leuchtphänomene nur schwach und ohne wechselnde Intensität, war die beobachtete Person entweder bereits krank, oder sie erkrankte zumindest bald nach der Untersuchung. War das Leuchten aber kräftig und stark, erfreute sich die Versuchsperson guter Gesundheit und fühlte sich wohl. Die »Aura« zeigte aber nicht nur den Grad des körperlichen Wohlbefindens an, sondern gab auch psychische Erscheinungen wieder: wurde eine Person gereizt und in Wut versetzt, war sie plötzlich von einem leuchtendroten Feld umgeben, fühlte sie sich dagegen ruhig und zufrieden, wies die Aura eine überwiegend blaue Lichtfärbung auf.

Bei toten Objekten schien die Aura langsam schwächer und schwächer zu werden wie ein ausgehender Lebenshauch. Da aber auch völlig unbelebte Dinge wie Münzen und dergleichen ebenfalls eine Aura ausstrahlten, nahmen einige Wissenschaftler an, daß es sich dabei um eine Art von »Skelett« einer einst belebt gewesenen Materie handeln müsse. Im Gegensatz aber zu lebenden Organismen strahlten solch unbelebte Gegenstände aber nur ein ständig gleichbleibendes helles und farbloses Licht ab.

Einer der überraschendsten Umstände aber war die Tatsache, daß die Lichtphänomene gleichblieben, wenn man Teile des beobachteten Objekts entfernte: so zerteilte ein sowjetischer Wissenschaftler beispielsweise ein Pflanzenblatt, brachte es neuerlich in das Hochfrequenzfeld – und in der Aura waren wieder die vollständigen Umrisse des unversehrten Blattes sichtbar! Das hieß mit anderen Worten, daß der »Energiekörper« unabhängig davon besteht, ob nun sein materielles Pendant noch vollständig vorhanden ist oder zum Teil bereits fehlt.

Ist das vielleicht der Grund für die in der medizinischen Literatur beschriebenen »Phantomschmerzen«, die Verstümmelte immer wieder in längst amputierten Gliedern fühlen? Ostrander und Schroeder zogen in ihrem Werk keine dezidierten Schlußfolgerungen, aber es steht immerhin im Zusammenhang mit der erstaunlichen Entdeckung des Russen Semjon Kirlian offenbar ohne jeden Zweifel fest, daß der menschliche Körper Strahlung abgibt.

»Zwischen den ›Volckringer-Blättern‹ und den Bildern des Semjon Kirlian«, setzte Graeber seinen Bericht weiter fort, »gibt es keinen grundsätzlichen, sondern nur einen graduellen Unterschied. Das Ausmaß der Strahlungen ist offenbar verschieden. Es gibt da eine Art von Kette: bei mineralischen Stoffen ist sie am geringsten, bei pflanzlichen Stoffen schon größer, dann kommen Tiere und schließlich der Mensch. Dort ist die Strahlung am intensivsten. Warum sollte die Strahlung bei überdurchschnittlich willensstarken Menschen oder auch beispielsweise bei großen Heiligen nicht noch stärker ausgeprägt sein.«

»Jesus und die Heiligen aller Religionen sind immer mit einem Heiligenschein oder mit ähnlichen Symbolen, die etwa der beschriebenen ›Aura‹ entsprechen, dargestellt worden. Der Grund dafür kann durchaus in dem Umstand liegen, daß diese Persönlichkeiten – im buchstäblichen Sinn des Wortes – eine derart intensive Ausstrahlung hatten, daß man diese mit den bloßen Augen wahrzunehmen vermochte. Die ›Volckringer-Blätter‹ dagegen hatten eine nur so schwache Ausstrahlung, daß sich ihre Wirkung erst nach etwa 100 Jahren, glaube ich, dem zufälligen Entdecker in Form eines Abbildes zeigte.«

Eine Gegenfrage drängte sich mir auf: »Aber wie ist es möglich, daß die Strahlung, die von Jesus Christus ausging, so stark war, daß sie auf dem Grabtuch sichtbare Spuren hinterlassen konnte, wenn doch noch niemals der Körper irgendeines Toten – und mag es sich um einen noch so bedeutenden Menschen gehandelt haben – auch nur im geringsten eine vergleichbare Erscheinung hervorgerufen hat?«

Graeber wußte eine Erklärung dafür. »Die Versuche von Kirlian«, sagte er, »zeigen deutlich, daß starke psychische oder physische Spannungen zu einer Intensivierung der Körperstrahlung führen. Nun kann man mit Sicherheit sagen, daß Jesus Christus vor seinem Tode ungeheuren psychischen und physischen Belastungen ausgesetzt worden ist, wie sie in vergleichbarer Stärke wohl kein anderer zu ertragen gehabt haben mag. Und dadurch war vielleicht die Strahlungsintensität noch besonders stark, als der Leichnam ins Grab gelegt wurde.«

»Außerdem«, setzte Graeber fort, »darf man nicht vergessen, daß Christus in dem Bewußtsein lebte, der Sohn Gottes zu sein – und auch in diesem Bewußtsein auf dem Kreuze starb. Es sollte nicht verwunderlich sein, wenn dieses zusätzliche Spannungselement die Körperstrahlung noch besonders erhöht hätte. Außerdem gibt es noch einen weiteren Grund dafür, daß die Bilder in den Pflanzenbüchern und die Darstellung auf dem Turiner Grabtuch einander im Farbton so stark ähnlich sind. Sowohl das Grabtuch als auch die Buchseiten bestehen aus demselben Ausgangsmaterial, nämlich aus Zellulose. Und in der Folge hat die Volckringer-Kirlian-Strahlung eben auch ungefähr die gleiche leicht diffus bräunliche Verfärbung in der Molekularstruktur des Zellulosematerials hervorgerufen.«

»Der wesentlichste Unterschied besteht in beiden Fällen in der Strahlungsintensität und in der Zeitdauer, während derer das Material der Strahlung ausgesetzt war. Ebenso unterschiedlich war damit die Zeitdauer, welche zur Entstehung des Strahlungsbildes notwendig war. Im Falle Volckringer liegt eine Strahlung geringer Intensität vor, die allerdings sehr lange einwirken konnte, und beim Turiner Grabtuch war es genau umgekehrt: dort wirkte eine äußerst intensive Strahlung über eine kurze Zeit auf das sie umgebende Material ein.«

Graeber war von seiner Ansicht vollständig überzeugt und gab mir zur Bestätigung noch die Adresse eines in San Francisco wohnenden Mannes, der die Fähigkeit habe, die menschliche »Aura« ohne jedes Hilfsmittel bloß mit den Augen wahrzunehmen. Außerdem versprach mir Graeber auch eine Ausgabe des Buches eines Klassikers der Parapsychologie. Das Buch hieß »Die Aura« und stammte von J. W. Kilner, einem Arzt, der im ausgehenden 19. Jahrhundert am St.-Thomas-Hospital in London arbeitete. Kilner hatte sich viel mit Personen beschäftigt, die angeblich die »Aura« mit den bloßen Augen wahrnehmen konnten, und in der Folge dann eine optische Einrichtung entwickelt, mit deren Hilfe er ebenfalls die menschliche Aura sehen konnte.

Nach Kirlian beschäftigten sich auch amerikanische Forscher, und hier wieder insbesondere Thelma Moss und Kendall Johnson von der Universität in Los Angeles mit den Strahlungsphänomenen und bestätigten die Erkenntnisse des Russen. Die amerikanischen Gelehrten setzten die Forschungen auch selbständig fort, entwickelten die »Photographie des Strahlungsfeldes« und gewannen viele zusätzliche neue Erkenntnisse auf diesem wissenschaftlichen Gebiet.

So photographierten Moss und Kendall beispielsweise die »Aura« eines »Wunderheilers«. Von solch heilkräftigen Personen wird oft selbst behauptet, daß ihre Körper »Energie« an die Körper der Patienten abzugeben vermögen, woraus dann die verschiedenen Heilungseffekte resultierten. Vielfach wird auch angenommen, daß die Akupunktur nach demselben Prinzip funktioniert: die Nadeln, heißt es, »kanalisierten« die Heilungsenergie und leiteten sie aus dem Körper in jene Regionen, an denen sie benötigt würden.

Über die Beobachtungen von Moss und Johnson an dem bereits erwähnten »Wunderheiler« berichtete übrigens die Zeitschrift »Time« in ihrer Ausgabe vom 16. Oktober 1973: Die beiden Wissenschaftler stellten eine deutliche Abnahme und Verflachung der »Aura« fest, nachdem der Mann seine Behandlung an einem Patienten durchgeführt hatte. Die »Aura« des Behandelten aber wies gleichzeitig eine entsprechende Verstärkung und Erhöhung ihrer Intensität auf.

Nach dem Mittagessen in einem vegetarischen Restaurant, bei dem wir ausnahmsweise nicht ein einziges Wort über das Leichentuch sprachen, schlug Graeber eine Fahrt zum Observatorium von Griffith Park vor. In dieser Gegend, die auf den die Stadt Hollywood umgebenden Hügeln liegt, gibt es ein Wildreservat, und man genießt von dort eine herrliche Aussicht über die ganze Stadt und das dahinterliegende Meer.

Schon während der Fahrt fragte ich Graeber, um welche Art von Strahlung es sich bei den Volckringer-Kirlian-Phänomenen seiner Ansicht nach handeln konnte.

»Alles, was ich dazu sage, kann man im streng wissenschaftlichen Sinne eigentlich nicht beweisen«, antwortete mir Graeber zögernd, »aber ich vermute, daß es sich dabei um elektromagnetische Strahlungen im Ultraviolettbereich handelt.«

Ultraviolettes Licht, das wußte ich, kann von Menschen normalerweise nicht sinnlich wahrgenommen werden, aber seine Wellenlänge ist nicht weit von der des sichtbaren Lichtes entfernt. Es schien also nicht ausgeschlossen, daß Menschen mit besonders scharfen Sinnesorganen diese Strahlen vielleicht doch optisch wahrnehmen konnten und dann also wirklich die menschliche »Aura« erkannten, die für die meisten anderen unsichtbar bleibt. Ausreichend scharf gebündeltes Ultraviolettlicht kann auch eine gewisse Brennwirkung haben, und solches Licht konnte daher an sich auch theoretisch das Abbild Christi in das Leichentuch »eingebrannt« haben.

»Einbrennen« – diesen Ausdruck lehnte Graeber ab. Er war der Ansicht, daß es sich bei der rätselhaften Strahlung zwar um eine Erscheinung gehandelt haben konnte, die der Hitzestrahlung vielleicht verwandt war, aber nicht deren Intensität und potentiell zerstörende Kraft erreicht haben mochte. Er verglich es etwa mit der Einwirkung von Licht auf eine photographische Platte.

Während meines Aufenthaltes in Los Angeles traf ich mich noch mehrmals mit Graeber, und wir setzten dabei unsere Diskussionen fort. Graeber überließ mir auch eine Ausgabe des bei »Doubleday Anchor Books« im Jahre 1974 erschienenen Taschenbuches mit dem Titel »Die Kirlian-Aura«, und ich nahm von unseren gemeinsamen Gesprächen schließlich den Eindruck mit, daß ich hier die Bekanntschaft eines Mannes gemacht hatte, der als typischer Repräsentant einer sich in der modernen Wissenschaft immer weiter durchsetzenden Denkrichtung gelten konnte. Einer Denkrichtung, deren Maxime lautete: weg vom überkommenen Denken, weg vom engstirnigen Materialismus des »Was man nicht sofort logisch erklären kann, das gibt es auch nicht.«

»Kohlenstoff-14« ist ein in der uns umgebenden Atmosphäre enthaltener atomarer Stoff, den alle belebten Organismen und Pflanzen in winzigsten Spuren in sich aufnehmen. Das hat ausnahmsweise nichts mit der Umweltverschmutzung zu tun, sondern es handelt sich hier um ein Phänomen, das schon seit Tausenden von Jahren unverändert und gleichmäßig besteht. Stirbt ein Organismus ab, beginnt auch der in ihm enthaltene »Kohlenstoff-14« zu zerfallen. Dieser Vorgang geht unglaublich langsam vor sich: die Halbwertzeit beträgt 5730 Jahre! Das heißt, daß sich die Menge des ursprünglich vorhandenen »Kohlenstoff-14« – und diese Ausgangsmenge ist bei allen pflanzlichen und animalischen Organismen immer gleich hoch – nach Ablauf von 5730 Jahren jeweils halbiert. Mit Hilfe von komplizierten chemischen Anlagen können Wissenschaftler die Menge des in einem abgestorbenen Organismus noch vorhandenen »Kohlenstoff 14« genau feststellen und in der Folge daraus das Alter des Untersuchungsobjektes ziemlich genau berechnen.

Einer dieser Wissenschaftler ist Dr. Willard Libby, und ihn wollte ich besuchen.

Libby ist kein Unbekannter: er hatte nach den sensationellen Funden von Kirbet Qumran am Toten Meer zwei von den Leinenstücken, die man zusammen mit den Schriftrollen aufgefunden hatte, mit Hilfe der »Kohlenstoff-14-Methode« untersucht und dabei das Alter der Objekte mit einer Genauigkeit von plus/minus 50 Jahren feststellen können. Ein weiterer Vorteil des »Kohlenstoff-14-Untersuchungssystems« liegt darin, daß man schon aus kleinen Teilen von Fundstücken das Alter der Untersuchungsobjekte feststellen kann.

Dr. Libby arbeitet an der Universität von Los Angeles und beschäftigt sich nicht nur mit »Kohlenstoff-14«, sondern ist ein anerkannter Fachmann auf den Gebieten der organischen und anorganischen Chemie, dem seine Forschertätigkeit unter anderem auch eine Auszeichnung mit dem Nobelpreis eingebracht hat.

Bei unserer ersten persönlichen Begegnung zeigte ich Dr. Libby die Farbaufnahmen vom Grabtuch.

Mein Gesprächspartner wußte bereits ungefähr Bescheid, und ich hatte den Eindruck, daß man schon einmal wegen der Möglichkeit einer möglichen Untersuchung nach der »Kohlenstoff-14-Methode« an ihn herangetreten sein mußte.

Dr. Libby sagte mir, daß er an einer solchen Untersuchung schon seit längerer Zeit durchaus interessiert sei, aber auch, daß sein Interesse bisher eben immer ohne praktisches Echo geblieben sei. Wer denn diesbezüglich schon an ihn herangetreten sei, war meine nächste Frage, aber darüber wollte der Gelehrte nicht sprechen: er meinte, er habe sein Wort gegeben, keine Namen zu nennen, und daran wolle er sich auch halten. Das kam mir ziemlich bekannt vor: auch die Kirchenoberen in Turin hatten die Mitglieder der geheimen Untersuchungskommission im Jahre 1969 eidlich zum Stillschweigen verpflichtet. Konnte da eine Verbindung bestehen? Dr. Libby schwieg zu diesem Thema, zeigte sich aber ansonsten sehr aufgeschlossen und gesprächsbereit. Persönlich, so sagte er, sei er der Ansicht, daß das Abbild auf dem Grabtuch wahrscheinlich durch einen chemischen Prozeß entstanden sei. Das war, so gab er gleich zu Anfang offen zu, nicht viel mehr als eine bloße Vermutung, aber an die Strahlungstheorie als Entstehungsursache glaube er jedenfalls nicht. Es sei denn, es habe sich um ganz gewöhnliche Hitzestrahlung gehandelt, aber auch in diesem Falle könne er sich keine entsprechende Energiequelle vorstellen. Selbst ein lebender menschlicher Körper könne nicht ausreichend Hitze abgeben, um auf solche Weise den ihn umgebenden Stoff gleichsam »anzusengen«,

Nach dem von dem sowjetrussischen Techniker Semjon Kirlian entdeckten und auch nach ihm benannten Prinzip kann eine menschliche Hand genug Strahlung hervorrufen, um auf einem unbelichteten Film ein photographisches Bild entstehen zu lassen. (KJ)

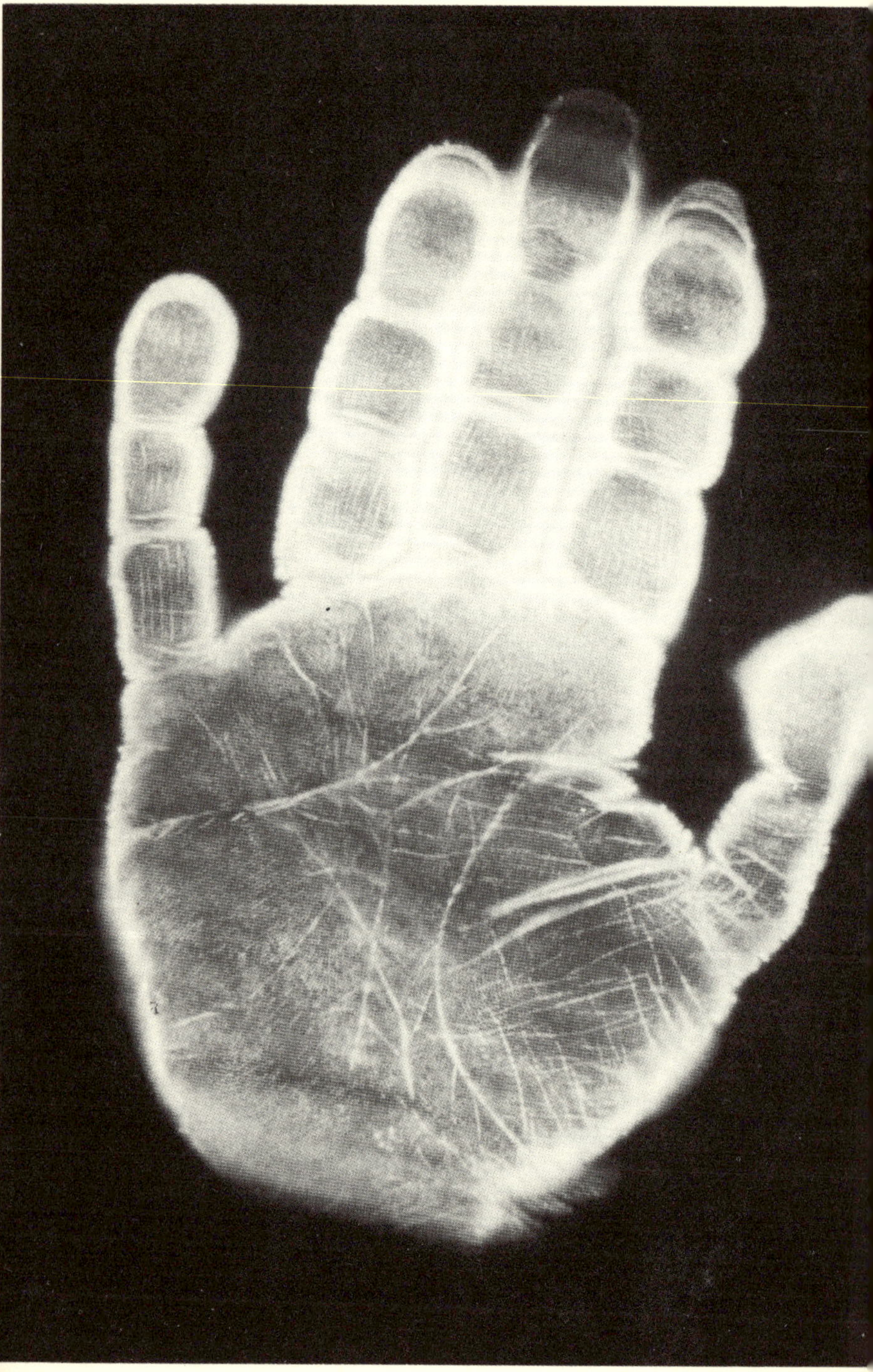

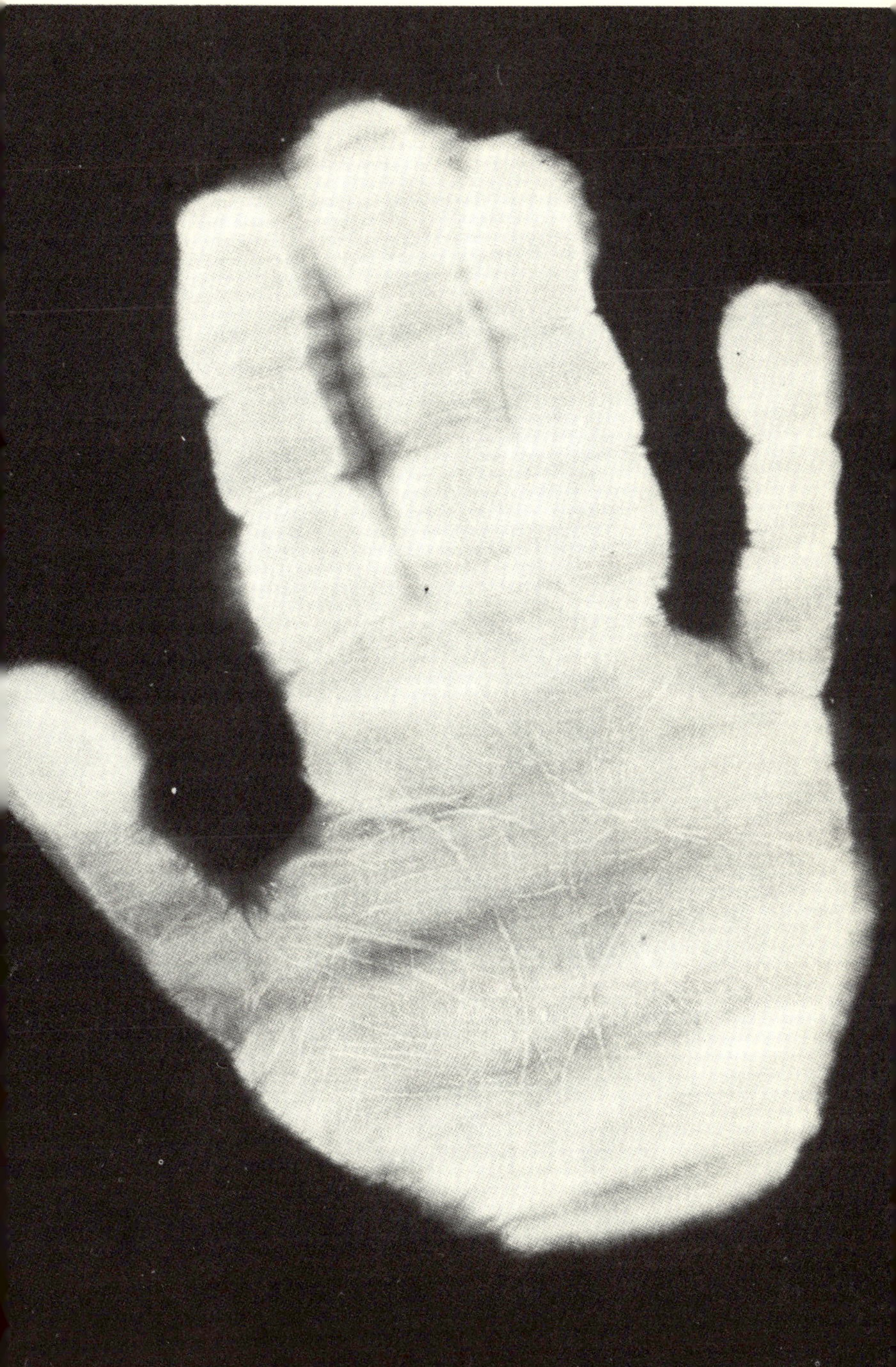

von einem Leichnam selbstverständlich ganz zu schweigen. Das ganze sei als Erklärung nur vorstellbar, wenn der Körper eine wissenschaftlich nicht erklärbare, gleichsam übernatürliche Hitze ausgestrahlt habe... Aber damit, meinte er dann, verlasse man bereits den Bereich der Wissenschaften und begebe sich ins Reich der Spekulation.

Als ich ihn auf das Kirlian-Phänomen ansprach, blieb Dr. Libby skeptisch. Das Gebiet der »Biostrahlung«, so meinte er, sei noch ziemlich neu und unerforscht, und vieles darin sei noch nicht viel mehr als Vermutung und Spekulation. Es sei daher jedenfalls besser, in diesem Bereich äußerst vorsichtig und zurückhaltend vorzugehen, um ungesicherte Schlüsse zu vermeiden. Bevor ich mich verabschiedete, lud mich Dr. Libby noch zu einer Besichtigung der im Keller des Gebäudes befindlichen Vorrichtungen ein, mit deren Hilfe er seine Untersuchungen nach der »Kohlenstoff-14-Methode« durchführte.

Die »Kohlenstoff-14-Methode« wird im übrigen ständig weiterentwickelt und verbessert. So stellt die Walter-C.-McCrown-Gesellschaft in Chicago bereits Geräte her, mit denen es beispielsweise möglich wäre, das Alter des Turiner Grabtuches genau zu bestimmen, falls man sich kirchlicherseits entschließen könnte, für die Untersuchung Originalmaterial im Gewicht von weniger als 5 Gramm zur Verfügung zu stellen!

Die McCrown-Gesellschaft unterhält einen eigenen Laborbetrieb, in dem zum Beispiel erst vor kurzer Zeit die sogenannte »Karte von Vinland« untersucht worden ist. Die Initiative dazu ging von der Universität von Yale aus, und das Untersuchungsergebnis war ebenso objektiv wie betrüblich: es stellte sich heraus, daß die »Vinland-Karte«, eine angeblich zu Anfang des 15. Jahrhunderts entstandene Landkarte von Amerika, in Wirklichkeit wesentlich jüngeren Datums sein mußte. Die beurteilenden Fachleute fanden bei einer chemischen Analyse der Radierung Pigmentbestandteile, die eindeutig aus dem 20. Jahrhundert stammten...

Die McCrown-Gesellschaft hat übrigens sogar schon den Kostenvorschlag für eine mögliche Untersuchung des Turiner Grabtuches mit der »Kohlenstoff-14-Methode« erstellt, und es gibt wohl nicht den geringsten Zweifel, daß die amerikanischen Sindonologen die geforderten 12500 Dollar ohne große Schwierigkeiten aufbringen könnten. Jetzt kommt es nur darauf an, wie man sich in Turin entscheidet. Bisher gab es offiziell nur Schweigen...

Ich traf mich mit Kendall Johnson in einem kleinen Restaurant gleich neben der Universität von Los Angeles. Mr. Johnson, 45 Jahre alt, erzählte mir, er habe vor fünf Jahren von der »Kirlian-Photographie« gehört und anschließend so viel Interesse an der Angelegenheit bekommen, daß er einen Kurs unter der Leitung von Frau Dr. Thelma Moss besuchte, die selbst anläßlich einer Rußlandreise mit dem Phänomen konfrontiert worden war und sich in der Folge zur Abhaltung entsprechender Lehrveranstaltungen entschloß.

Johnson entwickelte eine Apparatur zur Aufnahme von Photos nach der »Methode Kirlian« und besprach sich darüber mit Dr. Moss. Es entwickelte sich allmählich eine wissenschaftliche Zusammenarbeit, und die beiden führten gemeinsam Experimente durch, deren Ergebnisse nach ihrer Veröffentlichung in der Fachwelt berechtigtes Aufsehen erregten und Dr. Moss und Johnson in der Folge einen Ruf als anerkannte Experten auf ihrem Gebiete eintrugen.

Und jetzt saß ich mit Mr. Johnson nach einem Besuch im neuropsychiatrischen Institut der Universität, wo Dr. Moss ihr Büro hat und auch Versuche nach der »Methode Kirlian« durchgeführt werden, im Restaurant.

»Es gibt da eine ganz eindeutige Ähnlichkeit«, sagte Johnson zu mir. »Diejenigen Körperteile, die dem Leichentuch am nächsten waren, erscheinen auf der Abbildung am dunkelsten, und je weiter eine Körperpartie vom Tuch entfernt ist, desto heller erscheint sie auch dem Betrachter.«

»Das ist eben der Negativeffekt, von dem ich Ihnen schon erzählt habe«, antwortete ich ihm.

»Ja, das stimmt. Und gewisse Partien, die zu weit vom umgebenden Tuch entfernt waren, scheinen überhaupt nicht auf dem Abbild auf. Das ist völlig logisch!«

»Sie meinen bestimmte Einbuchtungen und tiefere Stellen am Körper?«

»Richtig, das meine ich!« Johnson war ein sehr genauer Beobachter. Er bemerkte etwas, was nach meinem Wissen noch niemals zuvor irgendeinem am Grabtuch Interessierten aufgefallen war: feine, kaum sichtbare Linien, die der Länge nach über den Leinenstoff verliefen. In der Mitte der Vorderansicht konnte man sie sogar ziemlich leicht erkennen, und an einer Achse, die etwa entlang der Nase, der Vertiefungen der Brustmuskeln, dann über die Hand mit dem stark blutenden Gelenk bis zur Vertiefung zwischen den Schenkeln verlief, waren die Linien besonders deutlich ausgeprägt. Bei genauerem Hinsehen entdeckte man, daß eigentlich das ganze Leichentuch seiner Länge nach mit einem System von feinen Linien überzogen zu sein schien.

»Dieses Phänomen tritt auch auf den Photos auf, die wir nach der ›Methode Kirlian‹ machen«, erklärte mir Johnson, »und wir nehmen an, daß das eigentlich nichts mit dem Untersuchungsobjekt selber zu tun hat, sondern auf andere Ursachen zurückzuführen ist. Wenn man das Objekt beispielsweise zur Beobachtung auf einen Tisch legt und es dann photographiert, kann auf dem Photo auch gleichzeitig die Holzmaserung des Tisches abgebildet erscheinen und derartige Effekte hervorrufen. Aber das ist nur eine Vermutung, genau weiß man es nicht.«

Johnson mochte gewisse Parallelitäten zwischen dem Leichentuch und den »Kirlian-Aufnahmen« tatsächlich entdeckt haben, von einer möglichen gleichartigen Entstehungsursache für beide Phänomene aber sagte er – falls er überhaupt daran dachte – jedenfalls kein Wort. Im Gegenteil, er betonte sogar ausdrücklich, daß selbst die Entstehungsursache für die »Kirlian-Aufnahmen« wissenschaftlich noch nicht befriedigend klärbar sei. »Wir wissen nur, daß wir bei dieser Methode irgendeine ansonsten verborgen bleibende Struktur in den Untersuchungsobjekten sichtbar machen können. Wir photographieren ein leuchtendes Spiel von Elektronen, die offenbar diese Struktur bilden, aber mehr können wir darüber auch nicht sagen. Das vielfarbige und stark bewegte Wechselspiel von Elektronen wird auf dem Film oder sogar auf irgendeinem anderen beliebigen Material wiedergegeben.«

»Es ist ebenso, wenn man über einen Kunststoffteppich geht und dann eine metallene Türklinke berührt: ein kleiner Schlag, eine elektrische Entladung«, erklärte mir Johnson und fuhr dann fort: »Wenn man gewisse günstige Bedingungen voraussetzt – die Grabesfeuchtigkeit, die Umstände der Beisetzung, die verwendeten Öle und alles, was sonst noch dazugehört hat –, könnte tatsächlich ein elektrisches Feld zwischen der Luft und dem Tuch, in dem der Leichnam lag, entstanden sein. Und diese Umstände könnten dann tatsächlich zur Entstehung des Bildnisses auf der Reliquie geführt haben...«

Es war eine Spekulation, natürlich, und wir nahmen sie beide nicht allzu ernst: Johnson stand dem Gedanken, daß das Bildnis auf dem Leichentuch durch dieselben Ursachen wie die Kirlianschen Phänomene hervorgerufen worden sein könnten, sogar ausgesprochen ablehnend gegenüber. Vielleicht war doch irgendeine noch unerklärbare Strahlungsenergie in beiden Fällen am Werk, irgendeine unbekannte Energie, wie dies auch Graeber bei seinen Erklärungsversuchen angenommen hatte, aber Johnson blieb skeptisch. Er wollte sich auf ungesicherte wissenschaftliche Spekulationen nicht einlasssen – ein bemerkenswerter Standpunkt für einen Mann, der sich als Nichtwissenschaftler seinen Lebensunterhalt als Versicherungsangestellter verdienen mußte.

Als wir später gemeinsam zum Flughafen hinausfuhren – ich hatte ja schon einen Flug nach Los Angeles gebucht –, berichtete mir Johnson noch von seinem demnächst erscheinenden Buch über die Kirlianschen Phänomene.

Heute ist die »Kirlian-Photographie« auf dem Weg zu ihrer wissenschaftlichen Anerkennung. In ihrer Januar-Februar-Ausgabe des Jahres 1974 widmete das Magazin »The Sciences«, die Zeitschrift der New Yorker Akademie der Wissenschaften, der ganzen Angelegenheit einen ausführlichen Leitartikel. »The Sciences« schloß darin nicht aus, daß die »Kirlian-Photographie« in Zukunft in der vorbeugenden und kurativen Medizin die gleiche Bedeutung erlangen könnte wie beispielsweise die Röntgenuntersuchung oder ein Enzephalogramm.

SAN FRANCISCO

Nach meiner Ankunft in San Francisco mietete ich mir einen Wagen und genoß zunächst einmal die Fahrt durch die grüne und purpurfarbene Hügellandschaft von Alameda, die allmählich zur Gegend von Livermore hin abfällt und flacher wird. Dort lag auch das nächste Ziel meiner Reise: das Lawrence-Livermore-Laboratorium. Der Komplex hatte früher einmal der amerikanischen Marineluftwaffe gehört und wurde im Jahre 1950 von der US-Atomenergiekommission übernommen, die dort eine Erzeugungsstelle für spaltbares Material zur Verwendung in Wasserstoffbomben einrichtete. Es erfolgte ein großzügiger und rasanter Ausbau des ganzen Geländes, und bald arbeiteten auf dem riesigen Areal 5400 Menschen. Aus dem »Lawrence Livermore Laboratory« kamen später auch die ersten »Polaris«-, »Poseidon«- und »Minuteman«-Raketen, die wichtigsten Abschreckungswaffen der Vereinigten Staaten. Seit den sechziger Jahren aber beschäftigte man sich in Livermore auch mit Projekten für die friedliche Nutzung der Atomenergie, wie etwa ihrer Verwendung in der Nuklearmedizin. Auch Fragen des Umweltschutzes gehörten zum Arbeitsbereich des dortigen Mitarbeiterstabes.

Die Herren Wade Patterson und David S. Myers erwarteten mich schon in der Eingangshalle, und wir begaben uns gemeinsam in einen kleinen Konferenzraum. Dort erklärten mir die beiden zunächst einmal ihre Aufgaben in Livermore. Es stellte sich heraus, daß sie Sicherheitsexperten waren: da im Laboratoriumsgelände ununterbrochen die Gefahr einer gesundheitsbedrohenden Verstrahlung besteht, müssen die entsprechenden Sicherheitseinrichtungen ständig kontrolliert und weiterentwickelt werden, und außerdem wird auch der gesamte Mitarbeiterstab in regelmäßigen Abständen genau untersucht, denn jede Strahlungsüberdosis kann eine unmittelbare Gefährdung für Gesundheit und Leben der Betroffenen bilden.

Vom Turiner Grabtuch hatten beide vor meinem Telephonanruf, mit dem ich mich einige Wochen vor meinem Besuch angemeldet hatte, noch niemals gehört, und ich erklärte ihnen kurz, worum es mir in diesem Zusammenhang ging. Die Photos hatte ich zur Illustration der Geschichte mitgebracht.

Nachdem ich meinen Zuhörern einen kurzen Überblick gegeben hatte, meinten beide – sie waren übrigens auch hochqualifizierte Physiker – übereinstimmend, daß sie eine

Entstehung des Abbildes auf dem Grabtuch durch natürliche Ionisierung oder durch eine energiereiche Strahlung – sei es eine nukleare oder auch eine andere – für völlig unwahrscheinlich hielten.

Röntgen- und Gammastrahlen sind die wichtigsten ionisierenden Strahlen, und beide kamen, so erklärte man mir, als Entstehungsursache für das Turiner Phänomen nicht in Frage: Röntgenstrahlen können überhaupt nur mit technischen Mitteln künstlich hervorgerufen werden, und Gammastrahlung kommt in natürlicher Form auch bloß in bestimmten radioaktiven Materialien wie beispielsweise Uran vor. Außerdem sei die Wirkung dieser Strahlen ganz spezifisch, eine Erscheinung wie etwa das Abbild auf dem Turiner Grabtuch könnten sie niemals hervorbringen:

Röntgen- und Gammastrahlen, erklärte man mir, seien sehr intensiv und von durchdringender Wirkung, das bedeute aber, daß sie den Leinenstoff eben einfach durchdrungen hätten, ohne an ihm irgendwelche sichtbaren Veränderungen entstehen zu lassen. Man könne zwar nicht ausschließen, daß eine überaus stark ionisierende Strahlung das Abbild auf dem Tuch hätte bilden können, wenn man aber die näheren Umstände betrachte – der Leichnam im Tuch, der Ablauf von vielen Jahrhunderten –, was kam da eigentlich als Energiequelle in Frage? Also auch in diesem Zusammenhang: nein, fast ausgeschlossen!

Selbst wenn man annähme, daß aus irgendwelchen nicht näher zu klärenden Umständen der Körper im Tuch plötzlich Röntgen- oder Gammastrahlen ausgesendet habe – was zunächst einmal voraussetzte, daß er aus ebenso unerklärlichen Gründen unvermittelt stark radioaktiv geworden wäre –, wären andere sichtbare Merkmale auf dem Stoff zurückgeblieben. Das tatsächliche Abbild dagegen sei für einen solchen Vorgang völlig atypisch und daher auch nicht auf Grund derartiger Vorgänge hinsichtlich seiner Erscheinung zu erklären. Die Radioaktivität, fügte Patterson erklärend hinzu, werde nämlich nicht in der menschlichen Haut, sondern in den Knochen am intensivsten aufgenommen und gespeichert. Daraus ergebe sich weiter, daß ein unter solchen Umständen auf dem Leichentuch entstandenes Strahlungsbild dann wohl viel eher ein menschliches Skelett als die kompletten Körperumrisse zeigen müßte.

Und selbst wenn man noch vollständig hypothetisch annehme, daß eine radioaktive Substanz wie Uran – das sowohl Gammastrahlen als auch Alpha- und Betapartikeln ausstrahlt – direkt auf den Körper gebracht worden wäre, hätte niemals ein genaues Abbild auf dem umgebenden Leinen entstehen können, sondern bestenfalls eine Erscheinung, die Patterson und Myers übereinstimmend als »silhouettenartig« bezeichneten.

Weiter: wäre das Uran einmal direkt auf den Körper aufgebracht worden, hätte es auch noch einer – im übrigen auch nach dem heutigen Stand der Wissenschaften noch nicht bekannten – Methode bedurft, um das Leichentuch derart zu präparieren, damit eine so energiereiche Strahlung darauf überhaupt entsprechend sichtbar werden konnte. Röntgenstrahlen, fügten die beiden Wissenschaftler hinzu, könne man natürlich sichtbar machen – aber dazu bedürfe es eben der Existenz des geeigneten Filmmaterials. Aber ein leinernes Tuch? Das war wohl ausgeschlossen. Das Ganze sei überhaupt nur denkbar, wenn zum Zeitpunkt der Beisetzung Christi beispielsweise über Jerusalem eine sehr starke radioaktive Entladung erfolgt wäre, dann aber wäre in der Sekunde des Entstehens des Abbildes wohl auch gleich das ganze Leichentuch vollständig zerstört worden. Und falls es nicht zur vollständigen Zerstörung gekommen wäre, hätte das Tuch doch zumindest nicht in seiner heutigen Form erhalten bleiben können.

Das Kapitel der energiestarken und ionisierenden Strahlungen als Entstehungsursache war damit wohl abgeschlossen. Aber konnten nicht auch energieschwächere und nicht ionisierende Strahlen das Abbild haben entstehen lassen? Patterson und Myers konnten das nicht ganz ausschließen: man müsse einräumen, sagten sie, daß sehr stark konzentrierte Strahlung dieser Art das Phänomen durch bloße Hitzeeinwirkung hervorgerufen haben mochte. Allerdings sei ein solcher Vorgang ziemlich unwahrscheinlich, fügten sie gleich einschränkend hinzu, denn auf welche Weise solle denn ein menschlicher Körper konzentrierte Strahlung abgeben? Eine natürliche Ursache dafür gebe es jedenfalls nicht, und außerdem, meinten die beiden Physiker, seien Strahlungen dieser Art nicht ihr eigentliches Fachgebiet, weshalb sie darüber auch nicht erschöpfend Auskunft geben könnten.

Zum Abschied gaben sie mir noch den Ratschlag, ich möge mich in der Angelegenheit doch einmal an einen photographischen Sachverständigen wenden. Am besten wohl gleich an die »Eastman-Kodak-Gesellschaft« in Rochester, New York...

Bevor ich von San Francisco aus nach Denver weiterflog, versuchte ich noch den amerikanischen Oberhirten der assyrischen Kirche aufzusuchen, die wahrscheinlich eine der ältesten christlichen Religionsgemeinschaften überhaupt ist. Ich traf nur einen jungen Priester an, der mir gleich zwischen Tür und Angel mitteilte, daß sein Vorgesetzer verzogen sei und seine neue Adresse nicht hinterlassen habe. Außerdem, meinte der Priester bedauernd, wisse er über die frühe Geschichte seiner Religionsgemeinschaft an sich leider nicht besonders genau Bescheid.

DENVER/BOULDER

Am Flughafen von Denver mietete ich mir einen Wagen und fuhr nach Boulder, das etwa 80 Kilometer von Denver entfernt liegt. Es herrschten winterliche Verhältnisse, und die während der ganzen Fahrt sichtbaren Gipfel der Rocky Mountains trugen ihr dichtes weißes Schneekleid.

Mit Dr. John Rush traf ich mich schließlich auch ganz stilecht in der guten Stube eines Ranchgebäudes. Dr. Rush ist Wissenschaftler, ein Fachmann auf dem Gebiet der optischen Physik, er arbeitet an der »Zentralstelle für die atmosphärische Forschung« an der Universität von Colorado und ist außerdem Mitarbeiter der »Stiftung für parapsychologische Forschung«.

Rush sah sich die mitgebrachten Photos ausführlich an, bevor er mir erklärte: »Man braucht dafür das wirkliche Leichentuch und man muß einfach praktische Versuche durchführen. Aber was mich an der Sache wirklich interessiert, ist der photographische Negativeffekt. Es ist wirklich bemerkenswert, wie naturgetreu der ist!«

Ich erzählte ihm über die Theorie von der »Vapographie« – Vignons Deutungsversuch der Entstehung des Abbildes auf chemischem Wege –, und Rush stimmte dem zu: auch er, sagte er, würde am ehesten annehmen, daß die Entstehung des Bildes auf einen chemischen Vorgang zurückzuführen sein müßte. Aber er hielt es auch für ziemlich unwahrscheinlich, daß chemische Dämpfe wirklich derart geradlinig aufsteigen konnten, um ein Abbild von solch subtiler Lebensechtheit entstehen zu lassen. Die Theorie vom »Einbrennen« der Christusfigur auf dem Leichentuch beeindruckte Dr. Rush dagegen überhaupt nicht im geringsten. Eigentlich, fügte er dann abschließend hinzu, könne er zum ganzen Fragenkreis überhaupt keine verbindliche Erklärung abgeben.

Meine Bemerkung, daß die Turiner kirchlichen Behörden die Reliquie geheimen Untersuchungen unterzogen hätten, quittierte er mit der skeptischen Bemerkung: »Wissen Sie, das ist genauso wie mit den Untersuchungen der Tabakfirmen über die Schädlichkeit des Rauchens. Die Leute sprechen einfach viel zu sehr in eigener Sache, als daß man ihnen wirkliche Objektivität zutrauen könnte.« Allerdings, setzte er dann hinzu, könne die moderne Wissenschaft sicherlich schon einiges wirklich Wesentliche zur Frage der Echtheit des Grabtuches aussagen. Und ich möge mich doch diesbezüglich an einen Fachmann für Photographie wenden. In Tuscon, Arizona beispielsweise...

BOSTON

In Boston wollte ich mich mit Richard Orarea, einem 35jährigen Psychologen, treffen. Glücklicherweise hatten wir vereinbart, daß Orarea mich am Flughafen abholen sollte, denn die Stadt versank bei meiner Ankunft beinahe unter den dichten Schneefällen. Schon 1971, als ich meine erste Serie über das Turiner Grabtuch schrieb, hatte ich die Bekanntschaft von Orarea gemacht. Er wußte nicht nur über die ganze Angelegenheit ausgezeichnet Bescheid, er besaß auch eine der größten Buchsammlungen, die es in Amerika zum Leichentuch und zu seiner Geschichte gab. Nur die »Sammlung Wuenschel« in Esopus ist vielleicht noch etwas umfangreicher.

Orarea hatte seine reiche Bibliothek durch einen überaus glücklichen Umstand erworben: er war jahrelang mit Mr. Herman J. Doepner, einem Daktyloskopen, in brieflicher Verbindung gestanden, und als Doepner starb, kaufte Orarea die komplette Bibliothek aus dem Nachlaß. Doepner war im Jahre 1971 vor der Verwirklichung seines eigentlichen Lebenszieles gestorben: er wollte ein Manuskript veröffentlichen, das sich mit der sogenannten »Identologie« beschäftigte und gleichzeitig nach der Meinung seines Verfassers die Echtheit der Turiner Reliquie endgültig und unwiderlegbar beweisen sollte.

Wie sehr sich Doepner für das Turiner Tuch interessiert hatte, erfuhr ich erst aus einem Brief seiner Schwester, die als Nonne im Kloster von St. Paul im Bundesstaate Minnesota lebte.

Jeden Morgen, schrieb mir die Nonne, habe er zunächst einige Gebete zur Ehre der Reliquie gesprochen und habe sodann den Rest des Tages grübelnd und forschend über einer lebensgroßen Reproduktion des Grabtuches verbracht, die er sich aus London habe kommen lassen. »Er hatte ein Ölgemälde mit einer Darstellung Christi in seinem Schlafraum hängen«, hieß es in dem Schreiben von Doepners Schwester weiter, »und er liebte und verehrte es sehr. Meine Nichte hat mir sogar einmal erzählt, daß er das Bild so an der Wand aufgehängt hat, daß die ersten Strahlen der Morgensonne immer darauffallen konnten.«

Doepner blieb unverheiratet und lebte bescheiden in einer kleinen Wohnung in einem Vorort der Stadt St. Paul. Bis ins mittlere Lebensalter verdiente er seinen Unterhalt als Mitarbeiter von zwei lokalen Firmen, die sich mit dem Versicherungsgeschäft und dem Grundstückshandel beschäftigten. Im Jahre 1926 aber begann er sich für die Daktyloskopie zu interessieren. Zunächst betrieb er sie nur als Liebhaberei, später aber entwickelte er sich zu einem wirklichen Fachmann und hinterließ bei seinem Tode eine aus 1200 Bänden bestehende Sammlung von Fingerabdrücken, die er der »Internationalen Gesellschaft für Identifizierung« vermachte.

Vom Turiner Leichentuch hörte Doepner erstmals im Jahre 1952 und begann sich bald so intensiv mit diesem

Phänomen zu beschäftigen, daß er sich im Jahre 1956 aus dem Geschäftsleben zurückzog, um sich ganz seinem Interesse widmen zu können. »Die ›Identologie‹ war seiner Ansicht nach die beste Methode zur genauen Erforschung der auf dem Leichentuch sichtbaren Merkmale und Abdrücke«, schrieb Doepners Schwester weiter, »und mein Bruder widmete sich ganz ihrem Studium... Er war überzeugt, daß sich die Echtheit der Reliquie nachweisen lassen müsse... und er studierte 18 Jahre lang jedes kleinste Detail des Leichentuches... Er kaufte alle Bücher und Photographien zu diesem Thema... er sammelte Zeitschriften und Zeitungsartikel... er ließ sich durch nichts und niemanden von seiner Aufgabe abbringen... Jede Minute Zeit, jeden Pfennig investierte er in sein Vorhaben, und es beschäftigte ihn ununterbrochen.«

Orarea zeigte mir maschinengeschriebene Manuskripte aus dem Besitz Doepners: Abschriften ganzer Bücher, die der fanatische Sindonologe Seite für Seite genau abgeschrieben hatte, weil es die Originale nur in Bibliotheken und nicht mehr zum Verkauf in den Buchläden gab.

Ich las mir das unveröffentlicht gebliebene Manuskript von Doepner durch, aber ich fand eigentlich nichts Besonderes darin. Bis auf eine Ausnahme vielleicht, eine interessante Hypothese, die noch niemand vor dem grüblerischen Einzelgänger aus St. Paul aufgestellt hatte: Doepner schrieb, daß man Christus offenbar mit dem Rücken nach oben in sein Grab gelegt haben mußte. So erklärte sich nach Ansicht des Sindonologen auch, daß der Abdruck der Vorderseite des Leichnams auf dem Tuch besser ausgeprägt war als die Rückansicht. Es konnte sich also nach Doepners Ansicht nur um einen durch das Körpergewicht des Toten entstandenen direkten Abdruck gehandelt haben. Ein Druckabbild also, wie es beispielsweise auch bei der Anfertigung von Fingerabdrücken zu Zwecken der Identifizierung entsteht...

Orarea unterstützte mich bei meinen Nachforschungen überaus eifrig und durchforschte einen ganzen langen Abend hindurch sein Studierzimmer nach Büchern und Artikeln, die mir vielleicht bei meiner Arbeit dienlich sein konnten. Und als ich schließlich meinen Besuch beendete, stellte ich fest, daß er von wahrhaft gewichtiger Bedeutung gewesen war: mein Reisegepäck war um 20 Kilogramm schwerer als zuvor – so umfangreich war das zur Gänze aus dem früheren Besitz von Doepner stammende Buch- und Zeitschriftenmaterial, das mir Orarea freundlicherweise zum Studium überlassen hatte. Das meiste Material konnte ich dann später bei der Abfassung des Manuskriptes für mein Buch auch tatsächlich ausgezeichnet verwenden.

BROOKLINE

Schon am folgenden Tag sollte ich mich mit Dr. Constantin Cavarnos, einem Fachmann für byzantinische Ikonen, treffen, der auch an der griechisch-orthodoxen Theologieschule von Brookline im Staate Massachusetts Vorlesungen über diesen Gegenstand hielt. Erzbischof Iacovos, das Oberhaupt der griechisch-orthodoxen Kirche von Nord- und Südamerika, hatte mir Cavarnos empfohlen. Obwohl Cavarnos nicht dem geistlichen Stande angehörte, so hatte mir der Erzbischof versichert, wisse er doch ungemein viel über die Geschichte der östlichen Orthodoxen.

Bei unserem ersten persönlichen Gespräch berichtete mir Cavarnos zunächst von der Legende um das »Bildnis von Edessa«. Durch die Kontakte mit Wilson und Green, die sich in England mit diesem Fragenkreis wissenschaftlich beschäftigten, wußte ich darüber allerdings schon recht gut

Bescheid. Mein Gesprächspartner konnte übrigens keine Beziehung zwischen dem »Bildnis von Edessa« und dem Turiner Grabtuch herstellen. Nur auf dem Turiner Grabtuch, meinte er, sei ein Ganzkörperabdruck zu sehen, die Reliquie von Edessa zeige dagegen aber nur ein Abbild vom Antlitz Christi.

Nur wenige Sindonologen haben jemals wirklich die Mühe auf sich genommen, sich eingehender mit den altjüdischen Begräbnisriten zu beschäftigen und zu diesem Zweck auch Kontakte mit jüdischen Fachexperten aufzunehmen. Edward Wuenschel war eine dieser seltenen Ausnahmen, und die Ergebnisse seiner Bemühungen sind in dem Buch »Ein Selbstporträt Christi« nachzulesen.

»Um sich wirklich eine exakte Vorstellung über die Bestattung Christi machen zu können, muß man die diesbezüglichen Stellen in den Evangelien ganz genau studieren«, hatte der amerikanische Sindonologe geschrieben. Sowohl aus den Schriften des Matthäus als auch aus dem Markus- und Lukasevangelium ergibt sich nicht der geringste Hinweis dafür, daß der Leichnam gewaschen und anschließend – etwa nach Art der Mumienbestattung – eng in Tücher eingeschlagen worden wäre, und aus dem Johannesevangelium kann man sogar das genaue Gegenteil herauslesen.

»Wahrscheinlich wird man annehmen dürfen«, heißt es bei Wuenschel, »daß die Kinnlade durch ein unter dem Kinn durchgehendes und über dem Kopf gebundenes Tuch festgehalten wurde – dieser Brauch ist übrigens bei allen Völkern der Erde praktisch gleich. Es wird auch vielfach geschlossen, daß sich die Stelle in Vers 7, Kapitel 20 des Johannesevangeliums, die von ›einem Tuch, das auf seinem Haupt war‹, spricht, sich genau auf diesen Umstand bezieht.«

»Ebenso zutreffend ist wahrscheinlich auch die Vermutung, daß Joseph von Arimathäa, der ja ein durchaus wohlhabender Mann war, für die Beschaffung von mehreren Tüchern gesorgt hatte, um den Leichnam darin einzuhüllen und auf diese Weise in anständiger Form beisetzen zu lassen. Da es aber dann offenbar an Zeit fehlte, hat Joseph wohl die Tücher eingerollt im Grabgewölbe neben dem Leichnam zurückgelassen, um die Beisetzung nach dem Sabbat zu beenden. Das würde bedeuten, daß also zunächst der Körper Christi nur in ein einziges Tuch eingehüllt im Grabe liegengeblieben wäre, wobei man aber die Kinnbinde sicherlich gleich zu Beginn der Bestattung angebracht haben wird. Rund um den Leichnam lagen dann wahrscheinlich die noch nicht verwendeten anderen Tücher zusammengerollt zum Abschluß der Beisetzung bereit. Das könnte auch mit dem Text des Johannesevangeliums in etwa übereinstimmen und steht mit dem weiteren überlieferten Geschehen durchaus im Einklang.

NEW YORK CITY

Wie schon angeführt, gehört die Beschäftigung mit den altjüdischen Begräbnisriten zu den von den meisten Sindonologen bisher fast immer ziemlich vernachlässigten Gebieten. Hier war also noch einiges aufzuklären, und aus diesem Grunde wollte ich mich auch mit Dr. Dov Zlotnic treffen, der als Professor der rabbinischen Literatur am jüdisch-orthodoxen theologischen Seminar von Manhattan wirkt. Nach einer sehr herzlichen Begrüßung in seinem kleinen Arbeitszimmer bat mich Dr. Zlotnic Platz zu nehmen und fragte mich nach meinen Wünschen. Eigentlich hatte ich die Absicht gehabt, den Gelehrten nach den alten jüdischen

Begräbnisriten zu fragen, ohne ihm zunächst das wahre Motiv für mein Interesse mitzuteilen, aber dann überlegte ich, daß das Gespräch ja doch leicht irgendwann auf die Frage der Auferstehung Christi kommen konnte, und ich beschloß daher, gleich ganz offen über das Turiner Grabtuch zu sprechen und Dr. Zlotnic auch die mitgebrachten Photographien zu zeigen.

Sehr aufmerksam und konzentriert saß mir der Gelehrte unter den vielen Bücherreihen, die das Arbeitszimmer noch kleiner erscheinen ließen, gegenüber und hörte mir zu. Dann kamen seine Fragen an mich: Konnte das Leichentuch nicht in Wirklichkeit ein altes Gemälde sein, das im Laufe der Zeit seine Farbe verloren hatte, so daß heute nicht viel mehr als ein ganz schwacher Pigmentrest im Stoff zurückgeblieben war? Das konnte ich mit Sicherheit ausschließen, und ich zählte alle Gründe auf, die ganz eindeutig gegen diese Theorie sprechen.

Oder könnte es nicht sein, meinte Zlotnic dann, daß das Abbild durch die jahrelange Einwirkung von durch ein besonders gestaltetes Glasfenster fallenden Sonnenstrahlen entstanden wäre? Aber gleich, nachdem er sie erwähnt hatte, verwarf der Gelehrte diese Lösung gleich selber wieder als unwahrscheinlich, denn, so setzte er hinzu, es sprächen ebensoviele Gründe gegen sie wie gegen die »Gemäldetheorie«. Keine vernünftige Erklärung also für die Entstehung des Phänomens selber!

Was nun die altjüdischen Begräbnisriten anlange, setzte Dr. Zlotnic fort, gäbe es eigentlich nichts in meiner Schilderung, was damit im ausgesprochenen Widerspruch stehe. Aber, schränkte er dann ein wenig ein, für eine wirklich exakte Beantwortung dieser Frage müsse er das ganze Problem noch genauer studieren, und er müsse mir auch gleich sagen, daß es ihm dafür in der nächsten Zukunft voraussichtlich leider an Zeit fehlen werde. Jedenfalls aber würde er sich zunächst einmal Photokopien aus den in diesem Zusammenhang wichtig erscheinenden Büchern anfertigen lassen. Dann empfahl er mir noch einige einschlägige Werke – darunter auch ein von ihm selbst verfaßtes Buch – zum näheren Studium.

Wir aßen dann noch gemeinsam eine Kleinigkeit in der Mensa des Seminars und unterhielten uns dabei über Religion im allgemeinen. Meine Frage, ob er jemals etwas von Totentüchern oder sonstiger Totenkleidung gehört habe, an denen sich irgendwelche Spuren von Körperabdrücken gefunden hätten, beantwortete er ohne zu zögern sofort mit einem klaren Nein. »Mir ist auch nicht ein einziger Fall bekannt«, meinte er, »in dem sich an der Totenkleidung auch nur die geringsten Reste von Körperabdrücken gefunden hätten. Das Stoffmaterial zerfällt selbstverständlich im Laufe der Zeit, und es kann daher schon aus diesem Grunde keinerlei Nachweise für mögliche Abdrücke oder Abbilder geben, außer man hätte eben die Totenkleider mit entsprechenden konservierenden Mitteln behandelt.

Rein zufällig stieß ich bald nach dem Gespräch mit Dr. Zlotnic auf einen höchst interessanten Bericht über altjüdische Begräbnisriten: es handelte sich dabei um einen in der vom 18. März 1960 stammenden Ausgabe des »Catholic Herald« erschienenen Artikel, in dem die englische Sindonologin Vera Barclay über ein Gräberfeld berichtete, das man in der Nähe von Kirbet Qumran gefunden hatte. Die Gräber stammten aus der Zeit zwischen dem zweiten vorchristlichen Jahrhundert und etwa dem Jahre 70 nach Christus, während welcher es in der Nähe des Auffindungsortes offenbar eine menschliche Ansiedlung gegeben hatte. Die aufgefundenen Skelette lagen flach ausgestreckt auf dem Rücken, und die Hände waren über der Beckengegend so gefaltet, daß die Ellenbogen seitlich ein wenig über die Körper herausragten. Genauso mußte man auch den Toten im Turiner Grabtuch beigesetzt haben...

»Was die Entdeckung der Skelette bei Kirbet Qumran so bedeutsam macht«, schrieb Vera Barclay dazu in ihrem Beitrag, »ist der Umstand, daß wir schon seit dem Jahre 1951 definitiv wissen, daß zur Zeit Christi jüdische Tote tatsächlich genau in der Lage bestattet wurden, wie sie das Abbild auf dem Turiner Grabtuch zeigt. Es handelt sich dabei um eine ganz spezifische Bestattungsform, die beispielsweise von den damals in Ägypten üblichen Bräuchen stark abweicht. Das enge Einschnüren des ganzen Leichnams in Tücher und Bandagen wäre nämlich wegen des Überstehens der Ellenbogen völlig unmöglich gewesen.«

Beim Studium der »Encyclopaedia Americana« war ich auf den Namen von James Carpenter gestoßen. Er ist Theologieprofessor und hatte den Sachbeitrag zum Thema »Kreuzigungen« in dem Nachschlagewerk verfaßt. Grund genug für mich, ihn um ein persönliches Gespräch zu bitten, das er mir auch gern gewährte.

»Wir wissen eigentlich ziemlich wenig über Kreuzigungen«, sagte mir der Theologe wenig später bei unserem Zusammentreffen, »und wenn Sie den Beitrag in der ›Encyclopaedia Americana‹ durchgelesen haben, sind Sie eigentlich über den letzten Stand der Forschung bereits vollständig informiert.«

Daß die Kreuzigung eine in der Antike durchaus übliche Hinrichtungsform war, läßt sich heute noch gelegentlich praktisch beweisen. So entdeckten beispielsweise israelische Bauarbeiter im Jahre 1968 bei Grabungsarbeiten auf einem Hügel in Jerusalem die Begräbnisstätten von etwa 35 Toten, die etwa zur Zeit Christi gestorben sein mußten. Einer der Toten, ein ungefähr 25 Jahre alter Mann, mußte gekreuzigt worden sein: ein etwa 20 Zentimeter langer Nagel war durch seine Ferse geschlagen worden und steckte mit seiner Spitze noch in einem Holzrest, der vom Kreuz übriggeblieben war. Andere Nägel waren ihm offenbar zwischen den Unterarmknochen durchgeschlagen worden und hatten auf diese Weise den Oberkörper während der Hinrichtung auf dem Kreuze aufrecht gehalten.

Bei den Römern galt der Kreuzestod als besonders schmählich, und diese Art der Hinrichtung blieb den Gesetzlosen vorbehalten: entlaufenen Sklaven etwa wie dem Rebellenführer Spartakus und politischen Aufwieglern wie Jesus Christus. Auch die Form des Hinrichtungsgerätes variierte, es gab solche in »T«-Form, andere in Form des Andreaskreuzes und schließlich noch solche, die etwa an die Gestalt eines Degengriffes erinnerten. Vor der Kreuzigung pflegte man die Delinquenten regelmäßig zu geißeln.

Der Kreuzigungsvorgang selber war ebenfalls nicht einheitlich: manchmal schlug man die Opfer mit Nägeln an das Kreuz, andere wieder wurden nur mit Stricken festgebunden, und gelegentlich wurden die Kreuze mit Fußstützen oder sogar mit kleinen hölzernen Sitzbrettern ausgestattet.

In dem Werk »Die Geschichte der Martern« von Daniel P. Mannix heißt es beispielsweise zu diesem Thema: »Die Erfindungsgabe der Römer bei der Kreuzigungstechnik war schier unerschöpflich. Gelegentlich nagelte man die Opfer an einem Bein und an einem Arm an Holzbalken in Form eines großen »L«, und auch die verkehrte Kreuzigung mit nach unten hängendem Kopf kam vor. Der Überlieferung nach soll beispielsweise der Apostel Petrus auf diese Art hingerichtet worden sein. Unter Kaiser Nero wurden die Christen mit Teer beschmiert und erst dann ans Kreuz geschlagen. Der Kaiser ließ die Opfer anschließend anzünden und erfreute sich an dem festlichen Licht, das sie sodann des Nachts in seinen Gärten spendeten.

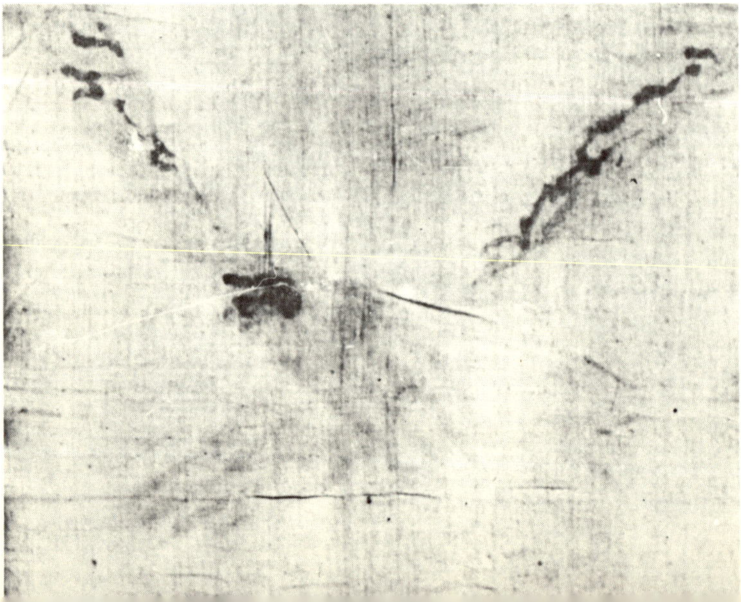

20 bis 25 Zentimeter lange Nägel (rechtes Bild) wurden bei der Kreuzigung durch Hände und Füße des Opfers geschlagen. (RKW) Da das eigene Körpergewicht ansonsten den Verurteilten vom Kreuz gerissen hätte, wurden die Nägel nicht durch die Handflächen, sondern durch die Handgelenke geschlagen (Röntgenaufnahme oben links). (HSG) Das Wundmal auf dem Turiner Grabtuch (unten links) entspricht genau dieser bei der Hinrichtung geübten Praxis. (HSG)

Als ich in Turin mit Monsignore Giulio Ricci sprach, hatte er mir seine eigenen Theorien über die Hinrichtung Christi beschrieben, wie er sie aus seinen jahrelangen Studien am Grabtuch entwickelt hatte:

»Man muß ihm die Hände etwa in Schulterhöhe am Kreuz festgebunden haben. Schon beim Tragen des Hinrichtungsgerätes zum Richtplatz muß er daher bei jedem Stolpern sehr leicht das Gleichgewicht verloren haben. Stürzte er dabei zu Boden, fiel er genau auf sein Gesicht, da er ja die Arme nicht schützend beim Aufprall nach vorne strecken konnte. Wahrscheinlich wird er daher versucht haben, den Kopf ein wenig zur Seite zu drehen, um das Gesicht vor den ärgsten Verletzungen zu schützen, aber das Querholz des Kreuzes in seinem Nacken ließ ihm dabei sicherlich nur sehr wenig Bewegungsfreiheit. Es ist durchaus möglich, daß er auf diese Weise bereits auf dem Weg zum Hinrichtungsort zu Tode gestürzt wäre, aber die ihn begleitenden Soldaten haben diese Gefahr wohl rechtzeitig vorausgesehen und das Kreuz dann einfach dem Simon von Kyrene aufgeladen. Mit Mitleid hatte das sicherlich nichts zu tun, es ging einfach um die korrekte Ausführung eines Befehls: die Hinrichtung war eine Sache von politischer Bedeutung. Der Verurteilte mußte wie ein Gesetzloser für alle sichtbar auf dem Kreuze sterben und wenn er schon während des Anmarsches nach Golgatha sein Leben infolge einer Unachtsamkeit der für die Exekution verantwortlichen Soldaten aushauchte, konnte es peinliche Untersuchungen geben. Und die Vorgesetzten suchten sich dann schon ihre Prügelknaben…«

Wie lange braucht man, um auf dem Kreuz zu sterben? Nach Ansicht von Dr. Hermann Moedder, einem deutschen Radiologen, verliert das Opfer nach etwa 12 Minuten sein Bewußtsein. Moedder führte simulierte Kreuzigungen mit Studenten durch, die sich für diese

Aufgabe freiwillig zur Verfügung gestellt hatten. Er konnte daher von praktischen Erfahrungswerten ausgehen. Ein amerikanischer Sindonologe, Reverend Peter Weyland, hielt es länger auf dem Kreuze aus. Er berichtete über seine Erfahrungen in dem im Jahre 1954 erschienenen Buch »Ein Bildhauer deutet das Heilige Grabtuch von Turin«:

»Ich stellte ein massives Kreuz auf und befestigte auf der gegenüberliegenden Wand einen großen Spiegel. Etwa 700- bis 800mal habe ich mich, mit Händen und Füßen ohne Fußrast oder Sitz festgebunden, dabei selbst für jeweils kurze Zeit am Kreuz hängend beobachtet.«

Weyland hatte erstmals in einem 1934 erschienenen Buch von Monsignore Arthur S. Barnes, einem Kaplan an der Universität von Oxford und früherem Herausgeber der »Dublin Review«, vom Turiner Grabtuch gelesen. Barnes vertritt in seinem Werk die Ansicht, Jesus sei gleich nach der Kreuzabnahme noch auf Golgatha in das Tuch gehüllt worden, und die Abdrücke seien schon auf dem Weg zum Beisetzungsort entstanden. Weyland begann sich nach der Lektüre des Buches sehr für die Turiner Reliquie zu interessieren, hielt Lichtbildervorträge über das Thema und erforschte die mechanischen Auswirkungen einer Kreuzigung auf den menschlichen Körper. Im Jahre 1937 trat Wuenschel an Weyland mit der Bitte heran, ausgehend von dem Abbild auf der Reliquie eine Plastik des Gekreuzigten herzustellen. Der kunstbegabte Reverend sagte zu und machte sich mit großem Eifer an die Erfüllung der übernommenen Aufgabe.

»Zunächst einmal mußte ich Gipsabdrücke von den einzelnen Körperteilen machen, wie sie bei der Kreuzigung erscheinen, und im Verlaufe von 31 ›Sitzungen‹, während derer ich jeweils 20 bis 25 Minuten auf dem Kreuze aushalten mußte, wurden dann zwei komplette Ganzkörperabdrücke in Gips hergestellt.«

In den dreißiger Jahren erforschte Rev. Peter Weyland die bei der Kreuzigung auf den Körper einwirkenden mechanischen Kräfte in einer Reihe von Selbstversuchen. Die Ergebnisse dieser Versuche wurden bei der Anfertigung der Skulpturen des Gekreuzigten entsprechend verwertet. (HSG)

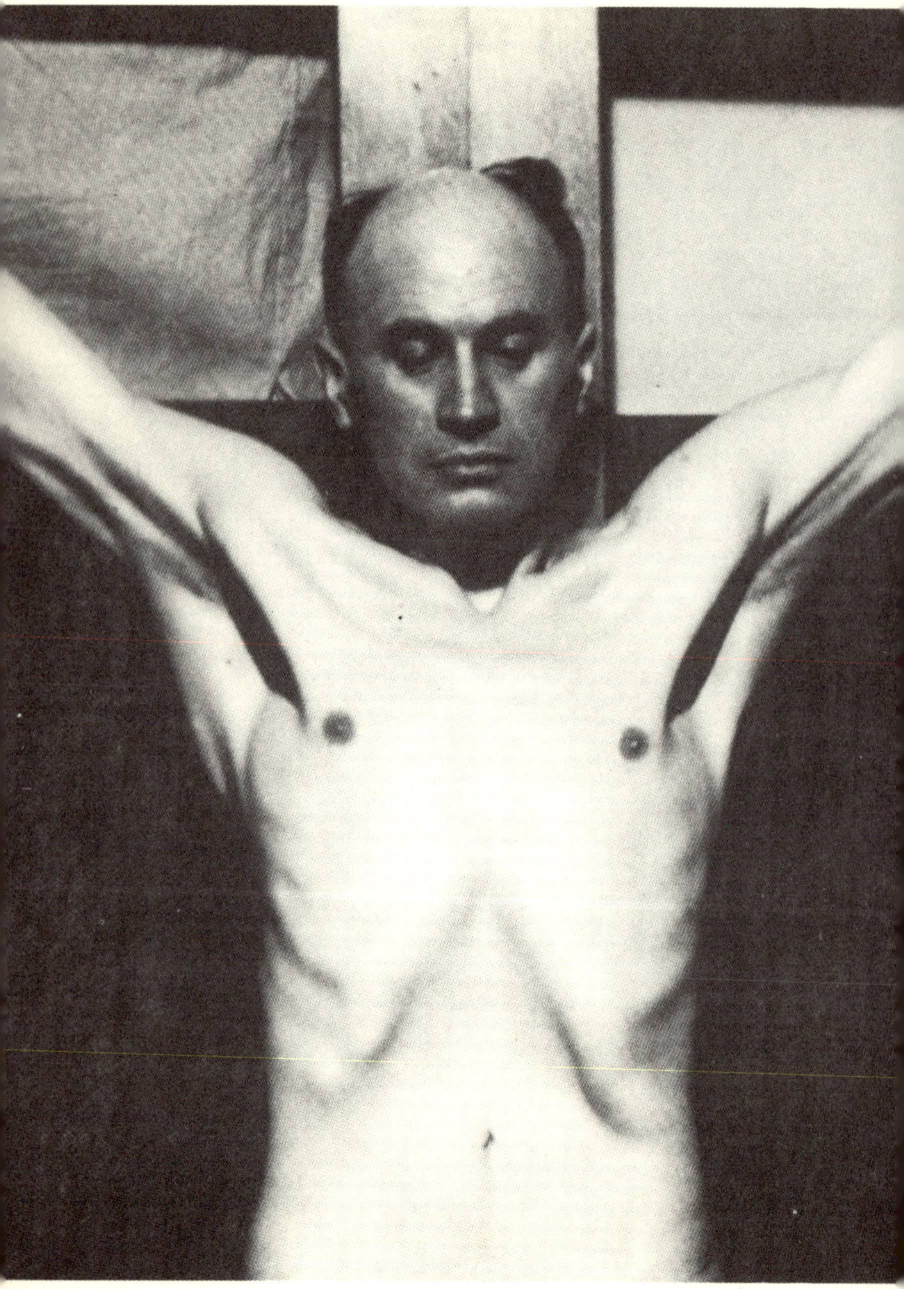

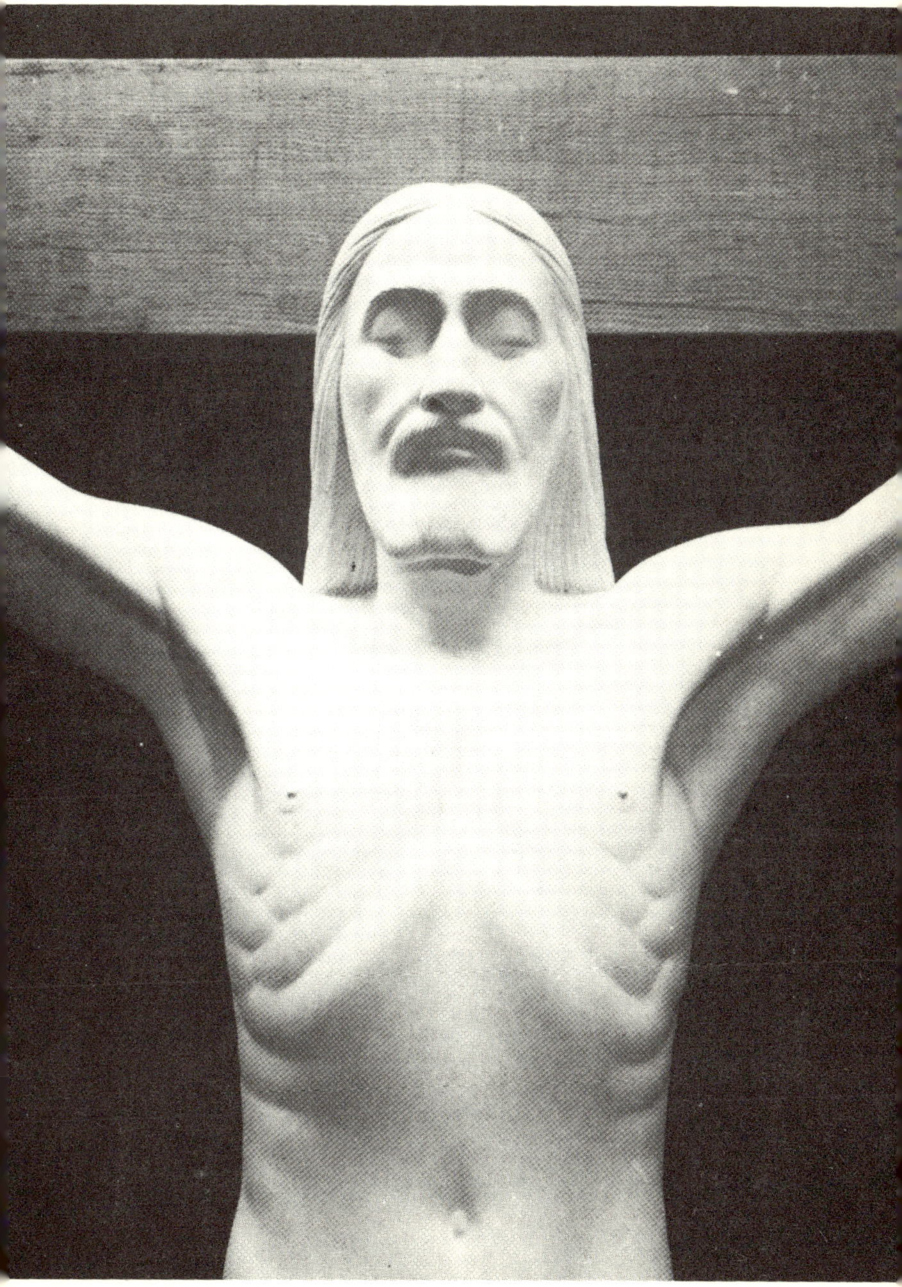

Nach den Abdrücken und nach den Aufnahmen des Grabtuches entstanden dann die Plastiken Christi.

Frau Dr. Edith Quimby arbeitet als Radiologin an der medizinischen Fakultät der Columbia-Universität. Ein mir bekannter Radiologe aus Miami namens Harold Davis hatte mir empfohlen, Kontakt mit der Wissenschaftlerin aufzunehmen, und sie erklärte sich tatsächlich mit großer Freundlichkeit bereit, mich bei meiner Arbeit zu unterstützen.

Unsere Zusammenarbeit war allerdings nicht besonders ergiebig: ich erzählte ihr alles, was ich über das Leichentuch wußte und legte ihr auch die Photographie vor. Und sie erklärte mir nach genauem Studium, daß sie nicht die geringste Vorstellung habe, wie das Abbild tatsächlich auf das Tuch gekommen sein konnte.

Als ich erwähnte, die Abdrücke sähen doch etwa so aus, als seien sie vielleicht in den Stoff eingebrannt worden, schlug sie vor, ich möge mich doch in diesem Zusammenhang an Dr. Ernest Wood, einen Radiologen am neurologischen Institut von New York wenden. Er sei, so sagte sie mir, ein Experte auf dem Gebiet der Thermographie, einer hochentwickelten Untersuchungsmethode, bei der man durch genaueste Messung von möglichen Unterschieden in der Körpertemperatur der Patienten mögliche Erkrankungen und deren Herde festzustellen versucht.

Das interessierte mich, und Dr. Quimby arrangierte auf mein Ersuchen ein persönliches Zusammentreffen mit Dr. Wood.

Die Thermographie, so erklärte mir Dr. Wood wenig später bei unserem ersten Gespräch, sei aus der Weiterentwicklung der Technik der Infrarotphotographie nach dem Zweiten Weltkrieg entstanden und werde gegenwärtig hauptsächlich zur Frühdiagnose von Brustkrebs praktisch verwendet. Das Prinzip der Untersuchungsmethode ist ganz einfach: die vom Körper aufsteigende Hitze wird in ein optisches Negativbild umgesetzt, aus dessen Form der entsprechend ausgebildete Untersucher medizinische Schlußfolgerungen zu ziehen vermag.

Aber, schränkte Dr. Wood gleich ein, zwischen den thermographischen Aufnahmen und der »Aufnahme« auf dem Leichentuch bestünden einige ganz signifikante Unterschiede. Zunächst einmal bedürfe es eines gewaltigen technischen Aufwandes, um die Körperwärme überhaupt so verstärkt wiederzugeben, daß sie tatsächlich optisch erfaßbar wird. Die hierfür notwendigen »Verstärkerwerte«, erklärte Dr. Wood weiter, lägen bei etwa 1:1000000, und außerdem werde die thermographische Aufnahme auf einem Polaroidfilm abgebildet; an die Verwendung eines anderen Materials – beispielsweise Stoff oder dergleichen – könne dabei nicht gedacht werden. Die entstehende thermographische Aufnahme sei zwar äußerlich einem herkömmlichen photographischen Negativ ähnlich, entstehe aber doch auf ganz andere Weise: gewisse Körperteile, und zwar die, welche dem Aufnahmegerät räumlich am nächsten seien – also beispielsweise Nase, Stirn und Wangen – bildeten sich auf der Aufnahme dunkler ab, weil die von ihnen ausgehende Wärmestrahlung bis zum Auftreffen auf die hitzeempfindliche Filmschicht eben einen kürzeren Weg zurückzulegen habe als die Wärmestrahlung von den tieferliegenden Stellen der »Gesichtslandschaft« – beispielsweise von den Augenhöhlen –, welche aus diesem Grunde dann auch auf dem Bild heller erschienen. Darauf beruht das ganze Prinzip der Thermographie: ist ein bestimmter Körperteil zum Beispiel entzündet, erhöht sich seine Wärmeabstrahlung über die normalen Werte und läßt daher auf dem Thermographiebild eine atypische dunklere Färbung erscheinen. Mit einem herkömmlichen Filmnegativ ist ein Vergleich daher nur sehr bedingt möglich.

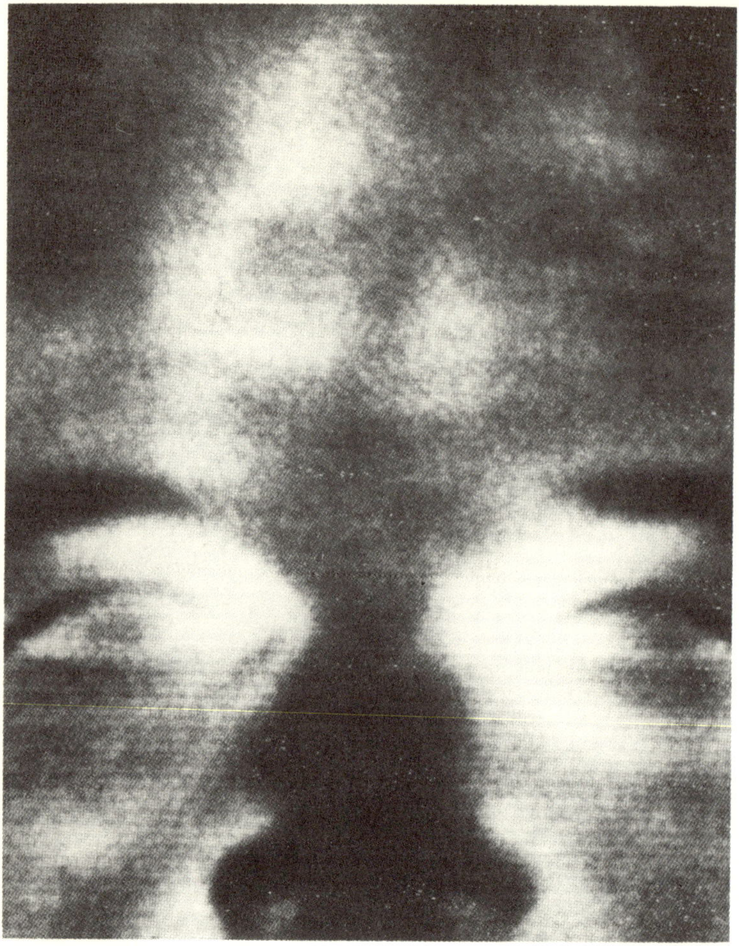

Ein Thermographiebild: Die vom menschlichen Körper – hier Teile eines Gesichtes – aufsteigende Wärmestrahlung wird im Verhältnis 1:1000000 verstärkt und läßt dann auf einem Polaroidfilm Aufnahmen wie die obige entstehen. (EW)

Mein nächster Gesprächspartner war nicht Wissenschaftler, sondern ein Filmproduzent namens George Suski. Nur wer die Gründe seines Ärgers nicht kannte, mochte sich über seine schlechte Laune wundern. Suski hatte Hunderttausende Dollars in ein Filmprojekt über das Leichentuch investiert, und alles, was ihm eigentlich noch fehlte, waren Farbaufnahmen von dem Gegenstand, um den es in seinem Film hauptsächlich ging.

Suskis Mitarbeiter hatten die öffentliche Ausstellung des Leichentuches im Jahre 1973 einfach übersehen, und er klagte mir jetzt sein Leid während eines Gespräches, das wir in einem Studio der »Suski Productions« führten. Dabei hatte der Produzent an nichts gespart: er ließ seine Aufnahmeteams nach England und Italien fliegen, zahlreiche Interviews mit vielen Sindonologen wurden aufgenommen, aber dennoch blieb der Film oberflächlich und ohne Tiefe – einer von jenen flachen und lehrhaften Kulturfilmen, wie sie zum Fundus jeder Oberschule gehören. Was ihm fehlte, war einfach die optische Präsentation des »Hauptdarstellers« – ohne Originalaufnahmen vom Leichentuch blieb das Ganze eben eine eher mühsame und langweilige Angelegenheit.

»Wissen Sie zufällig, wann die nächste öffentliche Ausstellung des Grabtuches stattfinden soll?« fragte mich Suski noch, als ich das Studio verließ. Ich wußte es nicht, aber ich fand die Frage zumindest berechtigt.

Auch Tomas Humber, einen freischaffenden Schriftsteller und Verleger, traf ich in trüber Stimmung an. Er interessierte sich für das Leichentuch und arbeitete an einem Manuskript zu diesem Thema. Schon Monate vor der Ausstellung und Fernsehpräsentation der Reliquie im November 1973 hatte er sich um eine Zulassung bemüht, um zusammen mit einigen anderen ausgewählten Presseleuten, Gelehrten, Priestern und Wissenschaftlern das Grabtuch sehen zu können.

»Ich versprach, daß ich alle Vorschriften getreulich einhalten wollte«, beschrieb mir Humber seine Bemühungen, »denn ich mußte wirklich um jeden Preis dieses uralte und geheimnisvolle Stück Leinen sehen, um das alle meine Gedanken schon lange Zeit ununterbrochen kreisten. Pater Rinaldi machte seinen ganzen Einfluß für mich geltend, aber es war vergeblich. Fachfremde, hieß es immer wieder, würden nicht als Besucher zugelassen, und es werde auch keine Pressekonferenz geben. Eintritt nur für das Fernsehteam und für einige ausgesuchte Turiner Amts- und Würdenträger.«

In seinem 1974 erschienenen Buch »Das fünfte Evangelium: Über das Geheimnis des Heiligen Grabtuches«, schrieb Humber dann auch enttäuscht: »Wenn ich wollte, konnte ich also eine ziemlich kostspielige Reise unternehmen, um mir am Ende in einem italienischen Hotelzimmer frustriert eine Fernsehdokumentation anzusehen. Darauf konnte ich verzichten!«

NEW ROCHELLE

Der letzte Experte auf meiner Liste hieß Len Barcus und war ein vielseitiger Mann: Astronom, Erfinder und Experte der optischen Physik dazu. Er war ein Bekannter von Dr. Karlis Osis, der der »Amerikanischen Gesellschaft für parapsychologische Forschung« vorsteht, und hatte für Dr. Osis einige wissenschaftliche Versuchsgeräte entwickelt. Dr. Osis hatte auch gemeint, daß Barcus vielleicht von Interesse für mich und meine Arbeit sein konnte.

Während ich mit ihm vom Bahnhof in New Rochelle, von wo er mich freundlicherweise abgeholt hatte, zu seinem Haus fuhr, gab mir Barcus eine Kurzinformation zu seiner Person: Hochschulabschluß in den Fächern Astronomie und Mathematik an der Columbia-Universität. Nach dem Zweiten Weltkrieg hatte sich Barcus hauptsächlich mit der Entwicklung optischer Geräte für die Tageslichtbeobachtung von Gestirnen von hochfliegenden Flugzeugen aus beschäftigt.

Als wir später im Wohnzimmer seines Hauses saßen, erzählte ich wieder einmal alles, was ich über die Turiner Reliquie wußte. (Mir kam es vor, als sei es schon das tausendste Mal. Ich konnte mir schon selbst nicht mehr zuhören.) Aber Barcus hörte zu und hatte auch gleich eine Lösung bereit. »Einfach ein Kontaktbild«, sagte er. »Es ist nichts anderes als ein einfaches Kontaktbild.« Als ich ihm erzählte, daß die Versuche von Vignon und Judica-Cordiglia, durch direkten Kontakt ein genaues Abbild herzustellen, sämtlich fehlgeschlagen waren, wollte er es nicht glauben. Zum Beweis nahm er ein Taschentuch zur Hand und drückte es über das Antlitz einer im Zimmer stehenden Büste. Das Ergebnis war wie erwartet: die groben Konturen hoben sich durch den Stoff ab, aber ein genaues Bild war auf diese Weise selbstverständlich nicht zu erhalten, das Ganze blieb maskenhaft und ohne Ausdruck. »Tja, doch nicht ganz so einfach, nicht wahr?« war alles, was er dazu sagte. Er hatte sich geirrt und steckte das Taschentuch wieder weg.

Dann kam er zur Theorie vom »Einbrennen« des Abbildes. Bevor ich ihm noch sagen konnte, daß gewichtige Umstände auch gegen diese Theorie sprächen – das Tuch war ja in keiner Weise durch irgendeine Hitzeeinwirkung beschädigt –, erklärte er mir schon seine Ansichten dazu. »Einbrennen und versengen«, dozierte er, »bedeutet doch in Wirklichkeit nur Oxydation, das ist alles! Wenn beispielsweise ein heißer Eisengegenstand mit einem Stück Stoff kurz in Berührung kommt, wird das Textilmaterial angesengt oder auch angebrannt. Rein chemisch gesehen bezeichnet man das als Oxydation, und als sichtbares Merkmal tritt eine bräunliche Verfärbung des Stoffes auf. Es ist das gleiche, wenn man zum Beispiel Shrimps in kochendes Wasser wirft: die äußere Form bleibt völlig unverändert, und der einzige unmittelbar sichtbare Erfolg ist eine farbliche Veränderung – ansonsten aber bleibt alles gleich!«

Verblüffend eigentlich, wie mein Gesprächspartner innerhalb von wenigen Minuten ein jahrhundertealtes Geheimnis löste. Warum war ich eigentlich nicht selber auf die Idee gekommen, daß das Abbild auf dem Tuch einfach durch Kochen in heißem Wasser entstanden war? Aber im Ernst: sehr ergiebig war mein Besuch bei Dr. Barcus wirklich nicht!

Im Frühjahr 1976 wurden die Ergebnisse der im Jahre 1969 abgehaltenen geheimen Untersuchung des Leichentuches der Öffentlichkeit endlich bekanntgegeben. Wirkliche Neuigkeiten kamen dabei allerdings nicht zutage. Es wurde zwar eindeutig festgestellt, daß die Reliquie offenbar wirklich echt sei, außerdem aber hieß es, die Untersuchungen seien derzeit nur von vorläufigem Charakter und eine endgültige Stellungnahme zur Authentizität müsse daher auch weiterhin noch vorbehalten bleiben.

Kurz nach der Veröffentlichung der Untersuchungsergebnisse wurde aber bekannt, daß noch nicht alle Kommissionsmitglieder ihre Stellungnahmen abgegeben hatten, die des Schweizer Kriminologen Max Frei stand nämlich noch aus.

Pater Rinaldi stellte die Untersuchungsergebnisse zusammen und versendete sie an Sindonologen in aller Welt. Von ihm stammen auch die Angaben über den erst später eingegangenen Untersuchungsbericht von Frei, dessen Kernsatz dem Vernehmen nach lautete: »Ich kann mit Sicherheit angeben, daß das Grabtuch tatsächlich aus der Zeit Christi stammt.« Laut Rinaldi hieß es dann bei Frei weiter: »Die genaue Untersuchung hat ergeben, daß sich auf dem Leichentuch winzige Pollenreste von Pflanzen befinden, die nur zu Lebzeiten Christi und auch hier wieder ausschließlich in Palästina vorkamen.«

Im Untersuchungsbericht stand weiter, daß das genaue Studium von anderen noch auf dem Leichentuch befindlichen pflanzlichen Pollenresten die Annahmen über die Geschichte der Reliquie als richtig bestätige. So habe Frei Pollenreste gefunden, die von in der Türkei – also vermutlich auch in der Nähe von Konstantinopel (Byzanz) – vorkommenden Pflanzen stammten und aus der Zeit der Kreuzzüge herrührten. Weiterhin habe er auch Reste entdeckt, die mit größter Wahrscheinlichkeit aus Frankreich stammten und bereits im Mittelalter auf das Tuch gelangt seien.

Interessantes enthielt der Bericht auch über die auf dem Tuch sichtbaren Blutflecken. Es sei, so hieß es, zwar nicht grundsätzlich ausgeschlossen, daß es sich tatsächlich um Blutflecke handle, eine vorläufige Untersuchung des Gewebematerials habe aber ergeben, daß die Wahrscheinlichkeit doch eher dagegen spreche. Schon Vignon hatte offenbar mit dieser Möglichkeit gerechnet und daher auch die Theorie entwickelt, bei den Verfärbungen auf dem Leichentuch handle es sich nicht um wirkliche Blutflecken, sondern gleichsam nur um »Photographien« von solchen, die durch Hitze- oder Lichteinwirkung entstanden seien. Vielfach abgelehnt, schien diese Theorie Vignons im Lichte der Untersuchungen von Frei nun wieder neuerlich an Bedeutung zu gewinnen.

Zur Zeit, als die Untersuchungsergebnisse der Öffentlichkeit bekanntgegeben wurden, begannen sich zufällig auch zwei an der amerikanischen Luftwaffenakademie tätige Wissenschaftler für das Turiner Grabtuch zu interessieren. Sie untersuchten die Aufnahmen von Enrie mit Hilfe von Computern und kamen zu dem unzweifelhaften Ergebnis, daß die farbliche Intensität des Abbildes in direktem Zusammenhang mit dem Abstand der einzelnen Körperteile zu dem sie umhüllenden Leichentuch standen. Auch damit wurde eine Theorie von Vignon bestätigt, und die beiden Wissenschaftler John Jackson und Eric Jumper, die bei der amerikanischen Luftwaffe Hauptmannsrang bekleiden, waren sich ihrer Sache so sicher, daß sie der Zeitschrift »Catholic Register« ein Interview gaben, das diese in ihrer Ausgabe vom 15. Januar 1977 abdruckte. Die Untersuchungen mit dem Computer, hieß es dort, hätten derartig eindeutige Ergebnisse erbracht, daß man an der Annahme, das Abbild auf dem Leichentuch sei durch einen »physikalischen Prozeß« entstanden, nicht mehr im geringsten zweifeln könne. Also doch ein »Thermogramm«, ein Hitzebild!

Die beiden amerikanischen Offiziere glaubten übrigens, bei ihren Computeranalysen der photographischen Aufnahmen doch etwas entdeckt zu haben, was allen anderen Sindonologen bisher völlig entgangen war: neben der kaum sensationellen Tatsache, daß nun erstmals die Daumen der über der Beckengegend gefalteten Hände deutlich sichtbar wurden, glaubten sie auch feststellen zu können, daß auf jedem der beiden geschlossenen Augenlider des Toten eine Münze lag.

Der »Catholic Register« schrieb, daß es sich bei dem letzteren Phänomen um »einen typischen Bestandteil des orthodoxen jüdischen Begräbnisrituals handle und daß die beiden Wissenschaftler nun versuchten, das Alter der abgebildeten Münzen zu identifizieren.

Die moderne Technologie bietet also im Zeitalter der Weltraumfahrt offenbar der Sindonologie völlig neue und unerwartete Möglichkeiten!

Eine der drei von Monsignore Giulio Ricci stammenden Plastiken des Gekreuzigten. (HSG/GR)

MIAMI

Ich kehrte nach Miami in dem Bewußtsein zurück, daß ich mich zumindest bemüht hatte, einen wirklich wohlfundierten Bericht über das Turiner Grabtuch zu verfassen. Es gab keinen unter den mir bekannten Sindonologen, den ich nicht ausführlich befragt hatte, und ich hatte mir ebenso die Meinung von Wissenschaftlern aus allen jenen Fachgebieten eingeholt, die mit dem ganzen Fragenkomplex auch nur im entferntesten im Zusammenhang stehen konnten. Ich verfügte über genug Material und hatte Zeit zum Nachdenken.

Zwei Hauptfragen waren zu lösen: zum ersten war es die nach der Echtheit der Reliquie und zum zweiten die, wie das Abbild tatsächlich auf die Reliquie gekommen sein mochte. Und ich kam zu Überlegungen, von denen ich zwölf Monate zuvor noch nicht einmal zu träumen gewagt hätte.

Zunächst einmal: das Turiner Leichentuch ist einmalig in seiner Art. Wohin auch immer mich meine Reisen führten, nirgendwo war ich auf irgendwelche Erzählungen über Totenkleidung gestoßen, in die sich Körperabdrücke eingeprägt hätten. Selbstverständlich hatte ich auch kein zweites Objekt in der Art der Turiner Reliquie gefunden.

Zum zweiten: das Grabtuch ist alt, sogar sehr alt. Unter der Bezeichnung »Das Turiner Grabtuch« ist es schon mindestens 600 Jahre lang bekannt und – da es mit größter Wahrscheinlichkeit mit dem »Bildnis von Edessa« identisch ist – man kann sein tatsächliches Alter mit etwa 2000 Jahren annehmen.

Zum dritten: der Stoff und auch das prägnante Fischgrätmuster der Webe können durchaus vor etwa 2000 Jahren im Mittelmeerraum erzeugt worden sein. Insbesondere in Ägypten war das Webereihandwerk schon damals auf einem ziemlich hohen technischen Stande, und ägyptisches Leinen wurde in die anderen Mittelmeerländer exportiert.

Zum vierten: wenn man den Berichten von mehreren Dutzend profilierten Medizinern glauben darf, handelt es sich bei dem Abbild auf dem Leichentuch tatsächlich um die Formen einer menschlichen Gestalt.

Zum fünften: aus den Abdrücken ist klar erkennbar, daß der Tote auf dem Tuch mit einem römischen »flagrum« gegeißelt wurde, er weist überdies zahlreiche kleinere Kopfwunden auf. Und außerdem muß dem Mann eine schwere Traglast auf seine Schultern gelegt worden sein. Ebenso gesichert ist das Vorhandensein von schweren durchbohrenden Verletzungen an den Händen und Füßen, und schließlich steht noch fest, daß der Abgebildete – schon nach dem Eintritt des Todes – an der Seite durch eine massive Stichwaffe verletzt wurde.

Zum sechsten: die Geschichte der Passion und des qualvollen Todes, wie man sie aus dem Abbild auf dem Tuche herauslesen kann, stimmen mit der Beschreibung von Christi Leiden und Opfertod in den Evangelien vollständig überein.

Zum siebenten: bevor man aber zu dem Schluß gelangt, daß es sich bei der Turiner Reliquie wirklich um das Abbild von Jesus Christus handelt, muß man die Möglichkeit einer möglichen Fälschung bedenken. Leicht wäre die Arbeit des Fälschers allerdings nicht gewesen: zunächst hätte er sich den Körper eines frisch verstorbenen Mannes beschaffen und diesen dann unverzüglich verstümmeln müssen, um die in der Schrift genau überlieferten Wundmale und Verletzungen hervorzurufen. Noch schwerer wäre das nächste Problem zu lösen gewesen: der unbekannte und vielleicht durchaus fromme Betrüger hätte das Abbild des blutigen Leichnams auf dem Leinentuch entstehen lassen müssen. Dazu hätte er zwei Möglichkeiten gehabt. Entweder konnte man das Tuch zunächst an die vordere und dann an die hintere Körperpartie des Toten anpressen, bis ein Abdruck entstand – eher unwahrscheinlich, wenn man an die diesbezüglichen ebenso engagierten wie erfolglosen Versuche von Vignon und Judica-Cordiglia denkt. Oder aber man konnte den Leichnam als Modell verwenden und sein Bild auf das »Leichentuch« malen. Diese Theorie klingt an sich recht einleuchtend, ganz entschieden dagegen aber spricht der Umstand, daß keiner von denen, welche die Reliquie bisher auf eventuell vorhandene Farbreste untersucht haben, auch nur den geringsten Hinweis auf das tatsächliche Vorhandensein von Pigmentteilen entdecken konnten. Geht man von den gesicherten historischen Quellen aus, müßte das Leichentuch vor etwa 600 Jahren entstanden sein. Als Fälscher bietet sich dann beispielsweise die Figur eines französischen Mönches an, der in seinem religiösen Übereifer ein »unwiderlegbares Dokument« schaffen wollte, oder eben einfach ein begabter Betrüger, der sich von der Sache auf dem nach den Kreuzzügen florierenden »Reliquienschwarzmarkt« ein gutes Geschäft erhoffen mochte. Beide Theorien sind in Wirklichkeit ziemlich unwahrscheinlich. Die Darstellung Christi auf dem Turiner Leichentuch weicht von dem in Europa überlieferten traditionellen Christusbild nicht unbeträchtlich ab: eine Dornenhaube anstelle einer Dornenkrone, die Nagelung durch die Handgelenke anstatt durch die Handflächen. Und schließlich noch die unbedeckten Lenden. Eine Darstellung, die man im 20. Jahrhundert akzeptieren mag – aber wohl nicht im Europa des 14. Jahrhunderts. Das Christusbild auf dem Leichentuch hätte damals wohl nicht nur den Vorstellungen von sakraler Kunst nicht entsprochen, sondern auch religiöse Gefühle aufs gröblichste verletzt. Falls der Künstler, der das Werk geschaffen haben mochte, aus seiner Anonymität hervortrat, durfte er also nicht mit Berühmtheit und Anerkennung rechnen, sondern er hätte dieses Wagnis wohl schon ziemlich bald auf dem Scheiterhaufen heftig bereut. Es ist außerdem noch fraglich, ob all die Details auf dem Leichentuch, die selbst die moderne Wissenschaft in unseren Tagen immer wieder überraschen, einem möglichen Schwindler im 14. Jahrhundert so bekannt sein konnten, daß er sie seinem Fälscherwerk so genau hätte zugrunde legen können. Also sprechen auch solche Überlegungen für die Authentizität des Grabtuches.

Zum achten: Rein logisch muß man sich außerdem die Frage stellen, ob der Tote im Leichentuch nicht irgendein Unbekannter sein kann, der rein zufällig die gleiche Passion und den gleichen Kreuzestod erleiden mußte wie Jesus Christus und schließlich auch noch auf die gleiche Weise bestattet wurde. Paul de Gail, ein französischer Jesuitenpriester und ausgebildeter Techniker, rechnete die statistische Wahrscheinlichkeit für einen solchen Zufall aus und kam zu einem beachtlichen Ergebnis: die Möglichkeit, daß es sich bei dem auf dem Leichentuch Abgebildeten um einen anderen als Jesus Christus handelt, ist äußerst gering. De Gail errechnete eine Verhältniszahl von 1:225 Billionen für die Authentizität der Reliquie! Der italienische Wissenschaftler Tino Zeuli, der die Berechnungen von Paul de Gail in der Ausgabe der Zeitschrift »Sindon« vom April 1974 kommentierte, bediente sich in diesem Zusammenhang einer etwas bildhafteren Sprache: daß es sich bei dem Abgebildeten nicht um Jesus Christus handle, schrieb Zeuli, sei ebenso unwahrscheinlich wie die Vorstellung, »daß einem Ziegelstein plötzlich Flügel wachsen und er davonfliegt«. Zusammenfassend kann man feststellen, daß mehr als eine bloße Wahrscheinlichkeit für die Identität des Mannes im Leichentuch mit Jesus Christus spricht.

Dieser Umstand aber sagt an sich noch nichts über die Frage aus, ob Christus nach seinem Tode ins Leben zurückgekehrt und von den Toten auferstanden ist. Hier endet die Kette der Indizien und des Beweisbaren. Was sich jetzt noch ereignete, kann man schildern, aber nicht beweisen. Es ist allein eine Sache des Glaubens, und hier scheiden sich die Geister endgültig.

Geschah das wirklich, was uns die Bibel für die nächsten 36 Stunden nach dem Kreuzestod überliefert?

Dunkel und still ist es in dem aus dem felsigen Untergrund der Hügellandschaft geschlagenen Grab, und ein schwerer Stein befindet sich vor seinem Eingang. Auf einer Steinplatte in der Grabkammer liegt ein längliches weißes Bündel. Die Konturen einer menschlichen Gestalt heben sich durch den Stoff hindurch ganz deutlich ab. Jesus Christus ist es in seinem Leichentuch, ein Band ist um seinen Kopf geschlungen und hält das Kinn des Toten. Neben der verhüllten Gestalt liegen stark duftende Gewürze auf dem Boden des Grabes.

Und irgendwann in der Todesstille der Nacht ist plötzlich eine elektrische Spannung im Raum.

Ein minutenlanges feines Vibrieren zunächst nur, wie man es vielleicht bloß mit hochsensiblen technischen Geräten wahrnehmen könnte. Dann wird es stärker, mächtiger. Läßt den Raum erbeben und schleudert den Stein vom Eingang.

Und von unter dem Leichentuch her ein Leuchten, blaß nur, dann intensiver, bis es blendend hell wird. Lichtstrahlen dringen durch das Tuchgewebe, erfüllen die Grabkammer und leuchten hinaus in das Dunkel der Nacht.

30 Sekunden lang dauert diese Lichtfülle, und ihr Ursprung ist der Leichnam in seinem Tuche.

Und der tote Körper belebt sich wieder, und eine unbegreifliche Wandlung tritt ein: was leblos gewordene Materie war, wandelt sich zur Energie. Zur reinen Energie: gleißendes weißes Licht, das aus dem Tuch dringt, im Raume schwebt und dann ebenso unvermittelt verschwunden ist. Das Bündel auf der Steinplatte ist jetzt flach und leer.

Die Dunkelheit der Nacht kommt zurück, und draußen laufen zwei Wächter um ihr Leben. »Erdbeben, ein Erdbeben!« schreien sie und fliehen entsetzt. In der Luft riecht es nach verbranntem Leinen.

Das Hauptschiff der Johanneskathedrale in Turin. Das Bild wurde vom Altar aus aufgenommen. (RKW)

Schon im ersten Morgengrauen kommen die Frauen zurück zum Grab, um die Beisetzung zu vollenden. Der schwere Stein vor dem Eingang ist nicht mehr zu sehen, das Grab steht offen, und drinnen liegt das Leichentuch auf der Steinplatte. Unversehrt, aber leer: der Leichnam ist verschwunden. Bei Sonnenaufgang kommen die Jünger. Johannes steht in der Felsenkammer und preßt eine Hand auf das Tuch: es ist leer, und er kann die kalte Steinplatte darunter fühlen. Jetzt raffen die Jünger und die Frauen hastig alles zusammen, was im Grabe liegt, die Tücher, die Gewürzbehälter und das Kinnband, da sie noch im Leichentuch fanden. Schnell muß es gehen, schnell, bevor noch die Soldaten der Besatzungsmacht kommen.

Später erst, als sie sich wieder sicher fühlen konnten, müssen sie dann auch das Abbild ihres Lehrers und Meisters auf dem Tuch entdeckt haben. Eine hauchfeine Negativaufnahme, heller und zarter wahrscheinlich als Zeitablauf und Umwelteinflüsse uns Heutigen das Abbild erscheinen lassen. Die Jünger mögen gestaunt und sich gewundert haben über dieses Bild. Aber es gab Wichtigeres damals: vor seinem Tode hatte Jesus ihnen versprochen, er werde nach seinem Absterben wieder zu ihnen zurückkehren. Und sie erwarteten IHN...

DANKSAGUNG

Außer allen in diesem Buch erwähnten Personen möchte ich insbesondere danken den beiden Fratres Rinaldi und Otterbein für ihre ständige Hilfe bei der Vorbereitung des Manuskriptes, Marge Keasler für ihre Unterstützung beim Abfassen des Manuskriptes sowie William Griffin, meinem Lektor bei Macmillan, für seine Bemühungen bei der abschließenden Gestaltung.

FOTONACHWEIS:

GA	Geoffrey Ashe
LC	Leonard Cheshire
HSG	Holy Shroud Guild, Esopus, New York
KJ	Kendall Johnson
HN	Hans Naber
GR	Msgr. Giulio Ricci
LV	Leo Vala
RKW	Robert K. Wilcox
DW	David Willis
EW	Ernest Wood

BIBLIOGRAPHIE

Abbott, Walter, »Did Christ Leave a Picture of Himself on the Shroud of Turin?« *The Pilot* (Boston), 17. April 1954.

–, »Shroud, The Holy.« *Catholic Encyclopedia,* Ergänzungsbd. II, 7. Abschnitt, Band XVII, 1957.

–, »The Shroud and the Holy Face.« *American Ecclesiastical Review,* Band CXXXII, 1955.

Adams, Frank O., *A Scientific Search for the Face of Jesus.* Tucson, Ariz.: Psychical Aid Foundation, 1972.

Allen-Griffiths, D., *Whose Image and Likeness?* Nottingham: The J. & M. Publishing Co., 1964.

Andreas, Peter, »Das wahre Ende des Jesus von Nazareth.« *Esotera,* Mai 1978.

Barbet, Pierre, *Doctor at Calvary.* New York: P. J. Kenedy & Sons, 1953; New York: Image Books, 1963.

Barclay, Vera, *Face of a King.* Bognor Regis, England: Century Arts Press, 1954.

–, »Holy Shroud – Guidance of Dead Sea Skeletons.« *Catholic Herald* (London), 18. März 1960.

–, »On the First Reactions to the Photographs of the Holy Shroud.« *The Altar Server,* Juni 1959.

Barnes, Arthur S., *The Holy Shroud of Turin.* London: Burns, Oates and Washbourne, 1934.

–, »The New Evidence Concerning the Holy Shroud of Turin.« *Dublin Review,* Band CXCII, 1933.

Beecher, P. A., *The Holy Shroud: A Reply to the Rev. Herbert Thurston, S.J.* Dublin: M. H. Gill and Son, Ltd., 1928.

–, »The Crucifixion as Told in the Holy Shroud.« *Irish Ecclesiastical Record,* LV (1940).

Boyles, Andrew, *No Passing Glory.* London: Collins, 1955.

Bucklin, Robert, »The Medical Aspects of the Crucifixion of Our Lord Jesus Christ.« *Linacre Quarterly,* Februar 1958.

–, »The Legal and Medical Aspects of the Trial and Death of Christ.« *Medicine, Science, and the Law,* Januar 1970.

Bulst, Werner, *The Shroud of Turin.* Milwaukee: Bruce Publishing Co., 1957.

Caylor, Ron, »Jeane Dixon Exclusive.« *National Enquirer,* 30. Juni 1974.

Chalice, The, Sommerausgabe 1937. Brooklyn: Monastery of the Precious Blood, 1937.

Cheshire, Leonard, *The Face of Victory.* London: Hutchinson, 1961.

–, »I Saw the Face of Christ.« London *Daily Sketch,* 7. März 1955.

–, *Pilgrimage to the Shroud.* New York: McGraw-Hill Book Company, 1956.

–, »How Christ Was Crucified.« London *Picture Post,* 9. April 1955.

Furlong, Francis P., »Jesus Christ Who Was Crucified.« Linacre Quarterly, Band 19, 1952.

Green, Maurus, »Enshrouded in Silence.« *Ampleforth Journal,* Band LXXIV, 1969.

Humber, Thomas, *The Fifth Gospel: The Miracle of the Holy Shroud.* New York: Pocket Books, 1974.

Hynek, R. W., *Science and the Holy Shroud.* Chicago: Benedictine Press, 1936.

–, *The True Likeness.* New York: Sheed & Ward, 1951.

Johnson, Kendall, *The Living Aura.* New York: Hawthorn Books, 1975.

Katz, Robert, *The Fall of the House of Savoy.* New York: Macmillan Publishing Co., Inc., 1971.

Kilner, J. W., *The Aura.* New York: Samuel Weiser, 1973.

Krippner, S., und Rubin, D., *The Kirlian Aura.* New York: Doubleday, 1974.

Mackey, H. B., »The Holy Shroud of Turin.« *Dublin Review,* Band CXXII, 1903.

Mannix, Daniel P., *The History of Torture.* New York: Dell, 1964.

Meyer, Karl E., »Were You There When They Photographed My Lord?« *Esquire,* August 1971.

Naber, Hans, siehe Reban, John.

O'Gorman, P. W., »The Holy Shroud of Jesus Christ: New Discovery of the Cause of the Impression.« *The American Ecclesiastical Review,* Band CII, 1940.

–, »The Holy Shroud of Christ: Reply to Arguments Against its Authenticity.« *The Irish Catholic,* 18. und 25. Dezember 1941, 1. Januar 1942.

O'Rahilly, Alfred, Unveröffentlichtes Manuskript, Esopus, N.Y.: Sammlung Wuenschel.

–, »Jewish Burial.« *Irish Ecclesiastical Record,* LVIII (1940).

–, »The Burial of Christ.« *Irish Ecclesiastical Record,* LVIII (1940) und LIX (1941).

Ostrander, Sheila, und Schroeder, Lynn, *PSI.* München: Scherz, 1971.

Otterbein, Adam, »Shroud, Holy.« *The New Catholic Encyclopedia,* New York, 1967.

Proszymski, Kazimir de, *The Authentic Photograph of Christ.* London: Search Publishing Co., 1932.

Reban, John (Naber, Hans), *Inquest on Jesus Christ – Did He Die on the Cross?* London: Leslie Frewin, 1967.

Rinaldi, Peter M., »The Holy Shroud.« *Sign,* Band XIII, 1934.

–, *I Saw the Holy Shroud.* Tampa, Florida: Don Bosco Messenger, 1938.

–, »I Saw the Holy Shroud.« *Sign,* Band LIII, Februar 1974.

–, *It Is the Lord.* New York: Vantage Press, 1972; New York: Warner Paperback Library, 1973.

Sandhurst, B. G., *The Silent Witness.* Unveröffentlichtes Manuskript aus der Sammlung von Rev. Maurus Green, O.S.B.

Sava, Anthony, »The Blood and Water from the Side of Christ.« *The American Ecclesiastical Review,* Band CXXXVIII, 1958.

–, »The Wound in the Side of Christ.« *Catholic Biblical Quarterly,* Band XVI, 1957.

Schonfield, Hugh, Vorwort zu Kazimir de Proszymskis *The Authentic Photograph of Christ.* London: Search Publishing Co., 1932.

Sullivan, Barbara M., »How in Fact Was Jesus Laid in the Tomb?« *National Review,* 20. Juli 1973.

Thurston, Herbert, »The Holy Shroud as a Scientific Problem.« *The Month,* Band CI, 1903.

–, »The Problem of the Holy Shroud.« *The Irish Ecclesiastical Record,* Band XXIV, 1919.

Vignon, Paul, *The Shroud of Christ.* New Hyde Park, N.Y.: University Books, 1970.

–, und Wuenschel, Edward, »The Problem of the Holy Shroud.« *Scientific American,* Band XCIII, 1937.

Walsh, John, *The Shroud.* New York: Random House, 1963.

Weatherhead, Leslie D., *The Manner of the Resurrection.* Nashville, Tenn.: Abingdon Press, 1959.

Weyland, Peter, *A Sculptor Interprets the Holy Shroud of Turin.* Esopus, N.Y.: The Holy Shroud Guild, 1954.

Willis, David, »Did He Die on the Cross?« *Ampleforth Journal,* Band LXXIV, 1969.

–, »False Prophet and the Holy Shroud.« *The Tablet,* 13. Juni 1970.

Wilson, Ian, »A Gift to Our Proof-demanding Era?« *Catholic Herald* (London), 16. November 1973.

Wuenschel, Edward A., »The Holy Shroud of Turin.« *Perpetual Help,* Band XIII, 1956.

–, »The Holy Shroud of Turin: Eloquent Record of the Passion.« *American Ecclesiastical Review,* Band XCIII, 1935.
–, »The Holy Shroud: Present State of the Question.« *American Ecclesiastical Review,* Band CII, 1940.
–, »The Photograph of Christ.« *Pax,* XV (1937).
–, »The Holy Shroud and Art.« *Liturgical Arts,* IX (1941).
–, *Self-portrait of Christ: The Holy Shroud of Turin.* Esopus, N.Y.: The Holy Shroud Guild, 1954.
–, »The Shroud of Turin and the Burial of Christ.« *The Catholic Biblical Quarterly,* Band VII, 1945; Band VIII, 1946.
–, »The Truth About the Holy Shroud.« *American Ecclesiastical Review,* Band CXXIX, 1953.

PERSONEN- UND SACHREGISTER